中国物流专家专著系列·2015
ZHONGGUO WULIU ZHUANJIA ZHUANZHU XILIE

区域物流枢纽演化及规划研究

陆 华 著

中国财富出版社

图书在版编目（CIP）数据

区域物流枢纽演化及规划研究 / 陆华著 . —北京：中国财富出版社，2015. 12
（中国物流专家专著系列）
ISBN 978 - 7 - 5047 - 5929 - 0

Ⅰ. ①区…　Ⅱ. ①陆…　Ⅲ. ①区域 - 物流 - 物资管理 - 研究　Ⅳ. ①F252

中国版本图书馆 CIP 数据核字（2015）第 258003 号

策划编辑　惠　婳　　**责任编辑**　孙会香　惠　婳
责任印制　何崇杭　　**责任校对**　梁　凡　　**责任发行**　斯　琴

出版发行　中国财富出版社
社　　址　北京市丰台区南四环西路 188 号 5 区 20 楼　　**邮政编码**　100070
电　　话　010 - 52227568（发行部）　010 - 52227588 转 307（总编室）
　　　　　010 - 68589540（读者服务部）　010 - 52227588 转 305（质检部）
网　　址　http：//www. cfpress. com. cn
经　　销　新华书店
印　　刷　北京京都六环印刷厂
书　　号　ISBN 978 - 7 - 5047 - 5929 - 0 / F · 2498
开　　本　710mm × 1000mm　1/16　　**版　　次**　2015 年 12 月第 1 版
印　　张　13. 75　　**印　　次**　2015 年 12 月第 1 次印刷
字　　数　247 千字　　**定　　价**　38. 00 元

作者简介

陆华，女，1977 年生，籍贯湖北。1995 年 9 月考入武汉理工大学交通运输学院，于 1999 年 6 月本科毕业并获得学士学位；2000 年 9 月考入武汉理工大学交通运输学院交通运输规划与管理专业攻读硕士学位；2003 年 4 月获得硕士学位；2003 年 7 月进入北京物资学院担任讲师工作至今。2005—2006 年，获得 Erasmus University of Rotterdam（鹿特丹伊拉斯姆斯大学）奖学金，前往荷兰鹿特丹攻读 Maritime Economics & Logistics（海运经济物流）专业的硕士学位。2008 年考入北京交通大学交通运输学院攻读交通运输规划与管理博士学位。

前　言

在我国区域物流枢纽发展实践中，存在着盲目建设、重复布局和无序竞争等问题，造成社会物流资源的较大浪费，导致区域物流网络的运作效率低下。其主要原因是对区域物流网络和枢纽的形成演进规律没有深刻的认识，缺乏宏观的区域物流枢纽规划理论指导，导致我国区域物流枢纽规划缺乏层次性和系统性。本书在既有理论研究和实践的基础上，对区域物流枢纽的演进机制和机理、演化模型、层次划分评价体系及聚类分析，以及枢纽内部物流节点设施的动态布局进行系统地深化研究。本书主要研究工作包括：

（1）对区域物流、区域物流网络及区域物流枢纽、物流节点设施等概念及内涵进行辨析，系统讨论区域物流的结构要素、节点设施的配置方式、结构特征及主要功能；深入探讨区域物流枢纽内各层次节点划分以及相互之间的关系。

（2）从区域物流发展规律层面，对区域物流网络结构的演化机理进行较详细的研究：分析了影响区域物流网络结构演化的外部影响因素；分析区域物流网络结构演化的动力机制，分别就区域物流节点的空间相互作用机制、聚集与扩散作用、网络规模经济相应和节点竞争机制的作用进行深入分析；分析区域物流枢纽形成机理，就基于区域经济演化的形成机理、基于城市范畴的形成机理以及基于物流经济要素运动的形成机理三个方面展开深入研究；分析区域物流结构演化阶段和途径；分析区域物流枢纽的发展演变基础；分析物流枢纽城市的发展模式。

（3）在研究演进机制、机理和规律的基础上，构建三个演化模型：区域物流网络时间演化模型、以节点吸引为基础的演化模型、基于各边非均衡权值的网络生长模型。分析结果表明，以物流节点成长为基础的区域物流网络演化，由于网络节点在选择与之连接的节点时具有择优性、不同吸引力、非均衡性，促进区域物流网络演进呈无标度网络，也就是具有层次网络结构。因而，通过三个演化模型进行了不同角度的分析和论证，对现实物流节点发展特点进行了理论探索和解释，也在理论上验证了前述章节对区域物流枢纽结构特征和演化机理的分析。

（4）构建区域物流枢纽宏观布局层次分类的评价指标体系，并在此基础上进行聚类分析。针对枢纽层次划分的影响因素分析，在对评价指标海选的基础上，采用因子分析对初始指标进行筛选和优化，构建区域物流枢纽层次分类的宏观布局评价指标体系；根据所构建的指标体系对一个区域不同物流节点进行聚类分析，以期对我国区域物流枢纽的层次划分和发展规划提供理论基础。

（5）针对区域物流枢纽城市在区域物流网络中的地位和功能，对其内部的各级物流节点进行有机的合理布局，以实现区域物流枢纽在物流网络中的中枢和转换的功能。由于物流网络节点的选址决策属于长期战略决策，根据近期、中期、远期需求变化构建物流园区和物流中心两个层级的物流节点设施的动态选址模型，并进行了算例分析。

在本书的写作过程中收集数据、整理思路离不开多位专家的指导，国家发改委综合运输研究所副所长汪鸣研究员、北京物资学院物流学院院长张旭凤教授、副院长王晓平教授、陈红丽教授提出了具有建设性的指导意见，给予笔者热情帮助，在此谨表示衷心的感谢。同门赵学域、贺兴东、邢虎松、王萌等在本书写作、数据收集与研究工作中提出了宝贵意见，在此向他们表达感激之情。

由于笔者水平有限，对于区域物流枢纽演化及规划研究也难免存在不足之处，敬请广大读者提出宝贵意见，以便及时修正完善。

陆　华

2015 年 7 月

目　录

1　绪论

1.1　选题的背景及研究意义

1.1.1　选题背景

在区域物流网络发展进程中，区域物流枢纽扮演了重要的角色。在区域物流发展过程中，物流枢纽推进了物流产业运作及布局的网络化发展进程，物流节点呈轴辐式网络化发展是物流业依托枢纽实现聚集和规模发展的重要前提。在物流节点网络化的自然构建和演变过程中，主要是由网络化运作的物流企业推动的，这种推动方式因企业主要从自身运作角度考虑和缺乏社会物流资源的整合能力，在网络化运作和发展模式得到社会、企业认可的背景下，客观存在着网络枢纽节点设施盲目建设、重复布局和不合理竞争问题，对社会物流资源带来较大的浪费。其主要原因是对区域物流网络和枢纽的形成演进规律认识不深刻，缺乏宏观的区域物流枢纽规划理论作为指导，规划缺少层次性和系统性。区域物流枢纽的布局问题已经成为物流业发展的重要问题，而对于区域物流枢纽设施数量规模的确定，城市自身在区域物流发展中的定位，如何按照城市物流业发展定位进行区域物流枢纽设施的合理建设等问题，理论界虽然有一些研究，但总体尚未得到很好的解决，需要在物流区域化、网络化发展和城市物流产业发展定位的基础上进行系统性研究。本文试图在既有理论研究和运作实践的基础上，对区域物流枢纽的规划和布局决策所涉及的一系列问题进行系统深入的研究。

1. 国家政策背景

2009 年，国务院常务会议通过了《物流业调整和振兴规划》，提出包括多式联运和转运设施、物流园区、城市配送、大宗商品和农村物流、制造业和物流业联动发展、物流标准和技术推广、物流公共信息平台、物流科技攻关及应急物流等在内的物流产业主要发展任务。《物流业调整和振兴规划》将全国划分为 9 大物流区域，确定了每个区域的物流枢纽城市，并按照相关城市在全国物流业发展格局中的重要程度，确定了三个层级的区域物流枢纽，包括：全国性物流节点城市（21 个）、区域性物流节点城市（17 个）和地区性物流节点城市。2013 年，国务院又出台了《全国物流园区发展规划》，在《物流业调整和振兴规划》对城市物流产业发展地位进行规划的基础上，对城市规划建设物流园区的重要性和辐射服务范围给出了政策指引，提出一级物流园区布局城市（共 29 个）、二级物流园区布局城市（共 70 个）的区域物流枢纽规划建设与布局发展概念。国家针对区域物流枢纽节点的规划布局进行政策指引，表明将物流枢纽节点的组织、集聚作用重要性的认识上升到国家战略的高度，对指导其规划布局的理论和方法提出了新的要求。

2. 物流业发展背景

在区域物流枢纽设施建设受到中央和地方政府重视的同时，物流企业也在物流业发展的区域化、网络化特征日益明显的背景下，开始重视区域物流枢纽设施的建设，部分企业在枢纽聚集物流产业和构建服务网络过程中积累了创新性的经验，对区域物流枢纽的健康发展奠定了基础。在企业实施区域物流枢纽设施建设中，出现了两大较为明显的趋势。

（1）重视并争夺区域物流枢纽资源。现代区域物流枢纽设施多布局于综合运输枢纽区域或依托运输枢纽而建设，在交通运输布局先期完成、城市土地资源较为稀缺的情况下，在如何引导物流节点网络的合理布局，充分发挥枢纽的功能和作用方面，目前的理论指导不够，政策虽然较多，但政策的制定依据也较为缺乏，亟待在区域物流枢纽的规划布局理论研究方面取得新的突破，更好地保护调动企业建设区域物流枢纽设施的积极性，为物流网络化健康发展创造条件。

（2）枢纽规划建设模式创新。在区域物流枢纽的大规模建设中，部分企业已经积累了一定的成功经验，如浙江传化的公路港建设、广东林安的物流交易平台建设，以及卡行天下、安能、天地汇等企业在区域物流枢纽基础上的产业集成等。这些经验是否就是区域物流枢纽发展的方向，以及如何通过这些企业的发展带动全国近千个物流园区产生较好的经营效果，也需要在理论和实践两个方面进行积极的探索。

3. 区域物流枢纽问题

在国家支持、企业探索的带动下，诸多传统意义上的综合运输枢纽城市意识到进一步将自身发展成为区域物流枢纽城市，以便提高其在物流业发展中的竞争能力，并因此开始在城市经济发展的战略层面进行规划和布局。但是，从目前已经建成运营的物流园区情况来看，我国区域物流枢纽的规划与建设仍存在许多亟待解决的问题。

（1）区域物流枢纽评价体系尚未建立。目前，我国有不少学者研究区域物流枢纽的规划理论和实践，而鲜有学者研究区域物流枢纽评价体系，即需要从哪些维度对物流节点城市进行评判，应包括哪些评价指标。尽管许多学者进行了选址研究，并提出的一些评价指标体系，但评价指标体系合理性的理论研究非常欠缺。在近几年的城市发展中，很多城市提出打造区域物流枢纽的发展规划，但事实上一些城市的基础设施薄弱，物流需求不足，并不具备建设区域物流枢纽的条件，导致新建物流园区的利用率非常低下。因此，从国家、地区的宏观角度评判各个城市的物流层次等级是非常必要的。区域物流枢纽的理论研究和实践发展时间较短，构建区域物流枢纽的评价指标体系和评价方法是需迫切研究的问题。

（2）缺乏从区域和物流网络系统角度对物流枢纽进行整体规划。区域物流枢纽既是区域物流网络的重要组成部分，更是物流区域化发展的产物，区域物流枢纽的规划和发展应该从区域物流网络系统整体优化的角度进行。区域物流网络具有整体性和系统性，“牵一发动全身”，往往某一个节点或线路的改变，会引起区域物流网络格局的变化。因而，进行区域物流枢纽规划，不仅应考虑物流节点所服务区域的局部最优，更应在区域物流网络的系统最优的层面考虑物流枢纽的规划与配置。

（3）区域物流枢纽的形成和演变机理的研究深度不够。区域物流枢纽的形成和发展存在内在的必然性，一定有着某种内在规律的动力进行推动。探究区域物流枢纽形成及演变的规律，也就是研究区域物流枢纽形成演变的外在的影响因素、内在驱动机制及形成机理，可为未来区域物流枢纽的规划和新兴物流节点的发展提供理论基础。文献资料查阅显示，多数研究学者研究城市形成问题、经济中心问题，但针对区域物流枢纽形成机理的研究，既缺乏有效引导布局的深度，也缺乏必要的较为系统的研究和认识。

（4）区域物流枢纽城市节点设施布局规划研究尚处于初期阶段。作为区域物流网络中的区域物流枢纽，虽在国家相关规划中有较为明确的政策规定，但这种宏观布局主要是在既有物流需求基础上形成的，作为区域物流枢纽城市，到底应布局多少节点设施，节点设施总体应达到多大规模，应考虑区域物流枢纽在物流网络布局中的层次和连接枢纽的通道系统辐射方向及构成关系，以及区域物流枢纽城市内各个不同层次的物流节点设施如何才能高效地运作，在完成大量物流的进出和中转中如何实现物流设施相互配合、相互协调、相互衔接等，均处于较为初期的研究阶段。由于缺乏较为系统的理论研究的指导，引致各种运输方式衔接不通畅、各个物流节点的布局不合理、分工不明确，造成枢纽运作效率的低下、物流成本居高不下、城市环境恶化、交通混乱和拥堵等诸多问题。城市作为区域枢纽其各个层次的物流节点的布局规划问题，由于规划体制局限和设施布局、功能规划缺乏协调，大多是从物流节点建设者（企业或政府部门）的局部视角出发，或者是若干个同一层级物流节点的孤立布局规划，对于区域物流枢纽城市内部各个层次的物流设施布局规划研究不深入，研究的体系性不强，是一个亟待深入研究的重要领域。

（5）区域物流枢纽的规划研究的动态性、连续性不够。从区域物流枢纽演变和发展历程看，区域物流枢纽的演进从来没有停止过，虽然从短时期来看，似乎没有什么太大的变化。但从长期发展来看，区域物流枢纽并非一成不变，而是一直处在不断发展演进当中。所以，基于区域物流枢纽演进的动态性，进行区域物流枢纽规划应以动态发展的视角进行。诸多有关物流节点布局的研究是在需求不变的假设下进行的，但实际物流需求总是处于不断变化中。因而区域物流枢纽布局应分阶段进行动态性规划，为未来发展留有余地。尤其是随着物流服务创新的不断推进，区域物流枢纽往往成为金融、信息等服务平台，对枢纽研究缺乏连续性，导致在枢纽功能规划中出现“断层”，许多枢纽规划建设完成后其功能就已经落后，很难发挥应有的物流网络化运作支撑作用。

4. 理论研究方向

（1）研究的必要性。综上所述，区域物流枢纽的规划与建设过程中，面临对原有物流系统进行改造，构建科学合理的现代物流体系的问题，需要行之有效的规划理论和方法进行指导。国外物流理论与实践的发展相对比较成熟，但对于物流业发展的创新，也存在不能尽快和很好适应的问题，我国区域物流枢纽的规划与建设也就很难照搬国外的经验。因此，为解决区域物流枢纽发展中的问题，需要对相关理论问题进行系统研究。

（2）研究的基本方向。从区域物流枢纽问题的产生背景看，区域物流枢纽规划理论和方法是其理论基础。为此，需要循着规划理论需求，系统研究和解决如下问题：一是区域物流枢纽规划的基本前提，即要回答在物流节点发展达到怎样的水平，具有规划和发展区域物流枢纽的条件；二是区域物流枢纽网络布局结构研究，即在枢纽网络中如何合理布局不同节点的层次、规模和数量；三是建立区域物流枢纽发展适应性评价体系，即论证现有枢纽物流体系或未来规划方案的优劣性，它不仅是判断枢纽城市是否应进行进一步规划的依据也是评判未来规划方案的标准；四是区域物流枢纽内物流园区、物流中心的中长期的布局，即区域物流枢纽建设如何与城市经济发展、物流需求发展相协调。为此，本书提出区域物流枢纽演进机理及规划研究，试图从理论上系统、科学地回答上述一系列紧迫的问题。

1.1.2 研究意义

区域物流枢纽城市作为人流、物流、资金流的聚集地，对区域乃至全国的物流系统结构和运作水平产生较大的影响。在区域物流枢纽中，各物流功能环节相互衔接、协调配合、紧密合作，是区域物流枢纽功能发挥的关键。由于区域物流枢纽规划的理论研究相对滞后，导致我国区域物流枢纽规划缺乏层次性和系统性，区域物流枢纽的规划和建设较为混乱，运作效率相对低下。因此，对于区域物流枢纽规划理论和方法的研究具有重大的理论价值和实际意义。

（1）对区域物流枢纽建设发展规律性的研究。对区域物流枢纽形成演进的发展机理进行分析论证，探究基于物流网络化、规模化的区域物流枢纽功能、规模演进和运作发展的内在规律，可以弥补目前区域物流枢纽规划理论和方法论研究的不足。

（2）对区域物流枢纽演化模型的研究。由于现实物流网络发展的复杂性，需要在纷繁复杂的各种影响因素中选取主要因素进行抽象和概括，而模型研究是对现实系统进行抽象的主要手段，对区域物流网络在时间和空间的演化与生长规律进行建模研究，对现实区域物流枢纽规划有理论指导意义。

（3）构建区域物流枢纽规划建设的评价体系。当前理论界对这一领域研究得较少；通过对区域物流枢纽层次划分的评价体系构建的研究，可为综合评价物流节点及层次聚类提供参考，为政府部门的规划方案提供评判依据。

（4）对区域物流枢纽设施规划布局提供决策依据。研究区域物流枢纽内物流节点布局的动态规划，可为区域物流枢纽物流节点设施的中、长期规划与发展提供辅助决策支持。

（5）对政府规划提供方法论指导。区域物流枢纽作为物流网络节点设施建设发展的重点，其宏观规划主要由政府主导，本书对区域物流枢纽系统配置和布局规划的研究可为政府相关部门进行区域物流枢纽规划提供参考。

1.2 国内外研究现状

1.2.1 总体研究进展

在中国期刊网以总目录为查询范围，时间范围不限，以“主题”为检索项，以“区域物流枢纽”为检索词搜索到论文40篇，其中，博士论文0篇，硕士论文8篇；以“物流节点”为检索词，检索到论文1587篇，其中博士论文44篇，硕士论文316篇；以“区域物流”为检索词，共检索到论文4327篇，其中博士论文63篇，硕士论文597篇。以“区域物流枢纽城市”为检索词，共检索到论文13篇，其中，硕士论文3篇。以“物流园区”为检索词，共检索到论文10434篇，其中，博士论文44篇，硕士论文796篇。针对本书的研究内容，在Ei Vallage的“journal artical”领域中，以“Abstract”为检索项，按照本书的核心关键词“城市物流”，以“Urban Logistics”和“City Logistics”为关键或关联检索词，找到研究主题匹配的相关论文不超过15篇；若以本书的“物流园区”或“区域物流枢纽”为关键词，以“Logistics Park”为检索词，仅找到6篇相关文章；若以“3PL”为检索词，有关枢纽的文章相对较多，达到32篇；鉴于中国与西方经济发达国家在研究物流集聚发展或物流基础设施建设中表达“区域物流枢纽”上的差异，以“Distribution Center”和“Logistics Center”为检索词，查找到45篇，但多属于物流运作层面而非城市物流基础设施布局层面，但运作需求与布局需求具有空间上的匹配性，可以作为研究参考。

1.2.2 区域物流相关研究

1. 区域物流发展研究

（1）国外研究情况。

美国学者Bolton（1993）认为，根据新古典均衡理论思想，区域经济的发展和区域交通状况是相互促进的，经济繁荣的地区运输设施建设就更完备，而交通基础设施的完善会促进地区经济的发展。因此，用于区域经济发展与规划的相关理论完全适用于区域物流发展与规划。他深入研究了市场的趋利性在配置物流资源方面的局限性，资源往往流向经济发达地区以获取更多的利润，人流、物流均向经济发展的地区聚集，造成城市膨胀；而经济落后的区域得不到建设，区域分化愈加明显，区域发展中的产业布局和发展不均衡性会进一步扩大，对区域经济的整体发展和竞争力产生不利影响。因此，从区域经济均衡发展和创造产业布局环境与条件的角度，对区域物流枢纽进行宏观规划建设是非常必要的。

英国学者 Francisco J. Escobedo（2001）出于区域物流发展的需要，对圣地亚哥和周边城市物流发展做了深入研究，应用价值链理论分析了产品的价值流，指出区域物流发展根据产品价值流的导向进行规划，使得宏观规划更符合微观经济的规律，有利于区域物流和经济的发展。

澳大利亚学者 Olive Fisher（2002）通过对区域物流系统的研究，认为可以从物流节点和物流线路两个方面来规划物流网络，进行物流网络规划时采用了传统交通规划的“四阶段法”思想。对物流节点按照功能分为原材料储存与配送、成品的储运和转运型配送中心，根据不同功能的节点布局原则进行选址和容量的确定。

德国学者 Jorg Ackermann（2005）基于不同网络结构的类型对区域物流结构的规划设计及建模进行了研究，认为微观层面的各企业之间的供应链合作或解散已经对宏观层面的物流网络结构造成了影响，提出了以微观需求、运输平台和宏观物流基础设施三个层面进行模型的构建来规划区域物流网络，认为这样从微观、中观、宏观三个层面进行规划会使得区域物流资源配置更加合理，使物流服务的供给与物流需求更加匹配，避免资源的浪费或不足。

中国引入物流概念来自于日本，因而中国对物流的认识和研究角度受日本物流研究的影响较大。日本对于区域物流的宏观研究较为系统和深入，并在区域规划的实践中取得了较好的效果，具有较高的借鉴价值。日本京都大学学者 Eiichi Taniguch 最早开始研究城市物流，提出了城市物流的概念，并发表了许多相关的论文。文献中研究了城市物流中公共物流港站的规模与选址，指出城市物流设施的合理选址可以缓解城市交通拥堵，并可以降低能源消耗，维护城市环境。随后，该学者又在文献中论述了对城市物流进行规划和管理的目的是为实现城市物流系统的最优化，也就是城市整体效益和企业利润的整体最优；利用排队论、非线性模型构建了物流节点的选址和建设规模的双层优化模型。日本学者 Yurimoto Shigeru（2002）从社会运输系统的整体视角，不仅仅考虑企业商业效益，同时引入城市环境效益因子，建立两个非线性优化的数学模型，为公共配送中心的数量、规模和选址问题提供决策分析，深入阐述了模型的求解算法，并且应用到东京都市圈物流规划中，取得了良好的效果。Boerkamps J. H. K. 研究了在供应链中城市货物运输的模型构建，指出城市物流是供应链运作的中枢部分，并构建了城市物流节点的选址模型。Sunil Chopra（2003）指出区域物流网络是由不同层次运输线路和节点构成的复杂网络系统，根据物流节点的不同功能进行了配送网络的规划和配送路径的优化。

从国外对区域物流布局发展和相关研究状况来看，美国更重视基于市场配置资源环境下的微观企业的物流运作，政府一般不会对物流产业的市场化发展进行政策干预。区域物流的发展和服务设施及其网络建设，是通过不同区域或同一区域之间企业的协商和联盟，促进各产业合作、区域物流资源的共享，以实现区域经济的共同发展。日本作为“二战”后经济重建国家，其物流发展相对美国而言起步较晚，但日本充分利用了物流业对产业发展的促进作用，从起步发展开始就注重整个社会经济和物流之间的关系，构建从政府宏观政策到行业再到企业微观层面的物流系统，从发展的实践来看，日本的区域物流运作效率较高。欧洲各国之间贸易往来密切，欧盟组织通过运输线路的融合、设施的标准化、共享资源、设备的通用化等，来促进欧盟地区物流的发展。

（2）国内研究情况。

我国自引入物流概念起，就重视从社会经济发展的角度对物流进行宏观规划研究，这也是由我国经济发展政策和模式决定的。近年来许多学者从政府主导物流业发展出发，对城市物流和以城市为依托的区域物流系统进行研究，主要包括：城市配送系统的路径优化、物流园区（物流中心、配送中心）发展规划、城市物流管理与发展战略、区域物流枢纽规划等。总的来说，研究内容和范围较广，但还不深入，尚未形成完整的概念体系和系统的理论和方法。

李旭宏（2002）认为，现代物流产业作为新的经济增长点，已引起从中央到地方的各级政府高度重视，其发展状况已成为一个国家或地区现代化程度重要标志之一，是加快经济发展的重要基础产业之一。一些城市陆续制订了物流发展规划，但由于规划方法不成熟，使得规划真正操作起来十分困难，与物流的实际运作尚有较大的差距。结合区域物流规划对物流中心（枢纽）规划方法进行深入探讨，以期提高特定区域物流中心（枢纽）规划的可操作性。

李春海（2004）认为，包括各个层次物流基础设施在内的物流系统规划，是区域物流系统建设与发展最有效的控制手段之一。为了促进中国物流基础设施为主体的规划理论研究和基础设施层面的工程应用，以提高物流系统规划和物流设施建设的科学性，采用货运规划、物流园区规划和微观仿真的理论，在国外最新物流相关规划研究方法的基础上，建立了从宏观到微观、涵盖不同规划层次的物流系统规划方法体系，涉及货运预测、网络优化模型以及集约节约使用土地的用地布局方法，指出目前我国物流规划理论研究存在的不足和需要研究的重点课题。

李玉民（2004）提出，应建立区域物流发展评价指标体系，利用主成分分析方法能够剔除多指标间存在相关性，以及解决信息重叠的问题，通过对各经济发展水平不同地区的物流发展综合实力进行合理和科学评价，再利用综合主成分指标代替原来交叉、重叠的评价指标，对区域内各地区的物流发展进行聚类分析，不但能使原来复杂的问题简单化，而且所得结论更为客观、可信，具有较强的说服力。

林荣清（2004）应用非均衡理论分析了区域物流发展问题中的规划原则，提出了基于非均衡发展理论的区域物流系统规划模型，旨在为区域物流发展规划编制部门及其决策者提供具有技术可行性的决策工具。

董千里（2006）针对我国当前物流设施多部门管理导致的低水平、重复建设等问题，从运输网络化发展的视角，构建基于货运枢纽的区域物流系统结构模型，不但能够充分利用原有存量货运基础设施，并在此基础上进行增量货运枢纽的规划，实现存量与增量的有机结合。

冯耕中（2005）在《现代物流规划理论与实践》中认为区域物流是一个包含多个子系统的复杂系统，区域物流规划是对整个基于行政区划和行业管理范围内的物流系统建设进行总体的战略部署，以国家、地区的经济和社会发展规划为指导，以特定区域范围的政治、经济（国内、国际）、文化、自然资源、交通条件（通道和网络）等为条件，考虑区域经济发展和产业布局竞争下的物流系统发展潜力和优势，研究确定服务区域产业布局、经济运行和物流业自身提升发展的物流系统的发展方向、规模和结构，合理配置区域物流资源，统一安排物流节点和相关的交通运输、仓储等设施，使之得到合理、协调发展。区域物流规划就是在现代物流理论、区域经济理论、协同理论、系统理论等学科知识的指导下，分析区域物流发展现状，预测物流需求，确定发展思路，建设物流运输设施网络、物流信息网络以及制定物流发展政策措施体系等。

韩美贵、周应堂（2006）认为物流业发展对于地方政府推进经济结构优化、改善产业布局和投资环境，提高地区经济整体竞争力，均具有重要的战略意义。制定一定区域范围内的物流规划，需要正确认识并处理好物流产业与其他产业的相互关系、区域物流与区域经济之间的互动关系；物流系统内部不同设施、运作层次的关系；区域物流主体、客体和载体间的内在联系和系统发展关系；区域物流的宏观性与企业物流微观性之间的关系；区域物流系统整体和区域内城市、具体物流节点的局部利益关系；经济区域内在紧密联系与行政区化界面分割清晰之间的关系；各类物流节点与交通运输通道、网络和具体运输线路之间的关系。

2. 区域物流网络研究

（1）国外研究。

对于区域物流网络，国外学者更侧重于运输网络和节点选址的研究。在选址研究方面，学者 Yael 和 Arie 以最小距离为约束条件，对一个平面内单个物流设施的选址进行了研究。学者 Tamir 在一个连续平面内已知若干需求点条件下进行了封闭的多边形区域内的选址研究。轴辐式物流网络研究方面，学者主要从运输网络的角度进行研究，其代表人物 O'Kellyo 于 1986 年第一次提出“轴—辐”网络的概念，通过众多学者的深入研究，“轴—辐”网络结构不断完善和成熟，成为运输网络的主要网络结构形式。目前，在美国、日本、加拿大、欧盟等国家和地区，“轴—辐”式网络模式被广泛应用于航空航线网络、公路主枢纽网络、区域物流配送网络等领域，取得较好的经济效益。

（2）国内研究。

冯湛青（2006）阐述了长江经济发展带作为广大和具有纵深的物流腹地依托，对上海洋山枢纽港的形成起到重要的支撑和辐射范围扩展的作用。徐国平（2007）阐述了目前以枢纽港为核心在轴辐式运输网络建设方面取得规模经济和范围经济的网络经济效益实例，论证了运输网络中区域性重要枢纽港的形成机理。陆华、刘凯（2013）深入研究物流网络化发展背景下的区域物流枢纽演进及形成发展的内在机理，认为基于区域性物流网络和区域物流枢纽节点的规模经济，是区域物流枢纽形成的基本动力，需求扩张是区域物流枢纽发展的核心推力，市场竞争是区域物流枢纽演变的动力源泉和资源配置的基础，城市发展和城市之间发展区域物流服务上的竞争，是区域物流枢纽形成的节点支撑，政府按照物流发展规律和城市经济发展需要推动物流业集聚发展，是区域物流枢纽发展的外在推力，以上五个作用相辅相成，共同促进了区域物流枢纽的形成与发展。周伟（2006）提出公路运输枢纽的演进和形成是受到城市内外物流需求不断增长和辐射、运作网络形成的影响，并指出公路运输场站在运输网络形成、服务聚集与扩散效应作用下，呈现出“初生单点”“多站扩张”“场站系统”及“枢纽网络”等多种基于点、轴、枢纽和网络扩张的形态，“轴—辐”网络为运输网络的高级阶段。徐双应（2004）系统性地提出了公路货运场站新的发展模式，指出公路货运场站应拓展物流服务功能，向具备物流服务承载能力的区域物流枢纽发展的趋势。姚志刚等（2007）通过对广东省汕头市由多个公路场站构成的公路主枢纽的实证研究，证明运输网络节点在运输服务规模化和网络化下其结构演进经历了场站极化、场站扩散和运输枢纽三个阶段，公路主枢纽的形成是运输服务规模经济效应与货流聚集效应相互作用的合理结果。姚志刚等（2009）定量分析了公路货运网络结构演变的规律，提出公路运输主枢纽体系结构分布具有从双分形到单分形的演化特征。

1.2.3 城市物流研究

1. 国外研究

20 世纪 70 年代，国外众多研究者把区域物流枢纽的所在地——城市，作为研究聚焦点和对象，提出了物流在其活动较为集中的载体——城市范围内集聚发展的城市物流的概念，将城市物流的定义为“城市物流是在市场经济框架内，综合考虑城市环境、交通阻塞、能源消费等因素，对城市内物流企业的物流运作和运输服务活动，进行整体优化的过程”。这种物流概念偏向于物流企业管理和服务运作优化，并未体现我国物流后发所需要的物流集聚发展特性。

日本通过物流系统 1015 个成员进行问卷调查，获得了物流企业运作的信息，以此分析物流业的发展方向和模式，结合城市发展规划对物流业发展的需求，提出更加适合城市特点的物流产业发展和运作模式，推进物流活动较为集中的据点的集中化，发展高效率的社会共同配送，以便将分散于城市内部的流通功能从城市中心分离出去，通过建立大型具备区域集散和城市配送功能的物流园区，以提高汽车装载率、减少货运车辆、降低成本、减轻环境污染、缓解城市交通拥堵。1964 年，日本政府开始从提高城市物流效率和合理布局物流设施的角度规划和建设物流园区，从 1965 年至今已经在城市周边建成20个大型物流园区。通过物流园区这个枢纽点，控制进入城市的货运车辆类型和数量，提高车辆的实载率、降低成本、维护城市环境，取得了良好的效果。

英国学者对不同城市物流发展问题进行了调查分析，调查结果显示城市范围内物流运作效率低下的原因包括：一是实载率低，一般货运车辆的实载率为45%；二是平均行驶速度低，高峰时期车辆平均时速为21千米/小时；三是对环境的影响非常大，公路运输是各种运输方式造成环境污染最为严重的运输方式，占比达到91%。因此，英国政府充分认识到，对城市物流进行合理规划，对城市环境维护，以及对提升城市物流运行效率，都具有重要影响。地方政府在中央政府的引导下开始制定城市货物运输可持续发展规划，这些政府导向促使货运公司不得不考虑在企业运作中如何进行规划，以避免环境污染和运输效率的低下。

国外学者在城市物流领域的理论研究可以概括为三个方面。第一，城市可持续发展的物流系统研究。主要针对城市生产和消费，以及区域物流服务导致的物流快速发展造成城市环境污染、交通堵塞、能源消耗等负面影响。日本学者Eiichi Taniguchi等提出发展城市智能交通系统，并借助电子商务发展社会的共同配送，以新的物流运作模式来整合各种物流资源、减少城市内的货运车辆、提高配送效率，来构建可持续发展的城市物流体系。第二，城市配送中心的选址优化研究。Eiichi Taniguchi和L. K. Nozick等对以提高车辆使用效率和降低车辆使用强度的社会共同配送进行了研究，确立了以共同配送为基础的公共配送中心布局优化方法，提出优化模型。第三，城市物流管理战略。Tadashi Yamada认为城市物流应从一个整体的角度来进行管理，从微观的企业运作到行业及政府的管理，构建科学的城市物流服务系统，并探讨了匹配的政府管理战略决策支持系统。

从发达国家城市物流发展的情况来看，通常对宏观层面的城市物流系统进行规划，以实现对城市物流的网络结构优化，达到运输资源的合理有效配置，实现城市物流与经济发展和谐统一，主要表现在减少城市货运车辆、缓解交通阻塞、节约能源、维护生存环境以及改变配送模式上。

2. 国内研究

国内很多学者在城市物流系统领域进行了有益的探索，特别在城市物流的配送路径优化、具体的物流节点功能布局、城市物流信息平台的构建等方面提出了很多创新性的思路。何明珂（2003）在《中国交通报》上撰文指出："城市物流是一种比较特殊的物流，特殊性主要体现在比平常提到的物流企业为基础的运作服务多了空间边界，需要在这个边界范围内、既考虑内部又涉及外部，对物流涉及的诸多发展和运作方面，充分考虑地域的限制和城市的属性。"

鞠颂东提出城市经济和城市物流是相互促进、相辅相成的关系，现代城市经济的发展，因产业布局和产品辐射的边界不断扩张，必然需要城市物流网络化发展基础上的低成本、高辐射能力的物流服务支持。而城市物流发达的网络建设，是城市经济扩张发展和高效发展的必要条件，为此，对整合城市物流资源、提升物流效率提出了更高要求。城市经济和产业布局发展基础上的配套物流网络系统，对提升城市及周边区域的经济发展条件，完善物流服务功能，提高生产与流通效率，维护城市高效发展环境，提高城市在区域经济中的竞争力，均具有重要的价值和作用。作者指出，为实现不同物流基础设施在物理和运作逻辑上的衔接，需要合理规划城市内部由不同物流节点构成的物流网络的布局和功能，引导不同层次物流节点的协调发展和协同运作，不同功能节点的有序竞争。

方虹在《城市物流研究》（2006）中，从系统的角度分析了中外城市物流业的兴起与发展趋势，探讨了城市物流研究的理论、路径和方法，较为系统地总结了国内外城市物流发展环境、机理、模式和功能定位，并在建立城市物流业发展绩效指标评价体系的基础上，对城市物流发展规划理论体系进行了深入研究。提出城市物流只有依托城市区位优势和特色形象，才能提高城市物流业发展的吸引力和竞争力。

张晓东（2009）认为，目前我国对城市物流园区发展缺乏宏观的理论指导，物流园区发展缺乏系统性，作者在分析区域物流枢纽节点的基本含义和物流活动聚集形成物流节点的演进机理基础上，对城市区域内不同物流节点的空间构型做了理论分析，得出不同层次的物流节点的数量关系，对指导我国城市物流园区的建设数量和规模有理论参考价值。

彭欣、陈思源（2012）认为，城市物流规划是一个系统性工程，应采用系统论的观点和思想分析城市物流规划。从理论和实证研究两个方面深入阐述城市物流规划，主要内容包括：现代城市物流发展与规划理论、物流业发展任务与要求、各物流发展要素规划等。在实证研究方面，以广西梧州市的物流规划为案例，分别从规划概述、物流业发展现状、物流产业发展与服务需求预测分析、物流发展战略定位、物流基础设施空间布局、物流发展重要产业领域规划（包括物流公共信息平台）等方面进行系统论述。

陶经辉（2006）对城市物流园区的布局优化进行了研究，构建了以运输和管理成本最小化为目标函数的约束非线性模型，通过实例阐述城市物流园区的数量级分布。王忠伟（2008）深入分析了国内外物流园区发展的经验教训，采用SWOT（优势、劣势、机会、威胁）分析方法对我国物流园区的宏观战略问题进行分析，并使用定量化的战略目标模型对物流园区的发展提供了理论支持。

1.2.4 区域物流枢纽研究

1. 国外研究

国外学者主要利用系统论理论和方法对区域物流枢纽问题进行研究，主要是从物流系统的整体性角度规划其内部的各个子系统。

Europlatforms（2004）给出了区域物流枢纽的概念并进行具体的描述：在一个特定的区域内，由物流不同职能的参与方进行协调配合，即形成物流运作涉及的运输、仓储和配送、转运等相关活动的系统运行。H. S. Nam（2011）等则在供应链与物流网络中不同层次的节点进行分层运作功能研究的基础上，提出了海运区域物流枢纽的定义，并进行了内涵分析。H. Haralambides（2011）对东非地区的港口进行了分析，对影响港口区域物流枢纽形成与发展的一系列因素进行了辨析，并对区域物流枢纽发展的阶段对比划分。Dao Zhi（2011）等提出区域物流枢纽是物流网络中枢节点，对枢纽内部的各种物流、信息流、资金流和知识流聚集情况进行了分析，提出了融合和重新优化概念，目标在于使区域物流枢纽能提供物流增值服务功能。文中分析了影响区域物流枢纽形成的各种因素，应用关联图研究各物流运作和服务因素之间的关联性，并利用系统动力学理论和模型，量化研究了区域物流枢纽形成机制，具有较强的说服力。

2. 国内研究

国内学者对区域物流枢纽进行了多方面的研究，但总体上是围绕区域物流枢纽概念对涉及的相关问题进行探讨。代表性的研究成果有：董雷、刘凯（2008）分析了各种不同类型物流节点之间的相互关系，以运输功能为核心要素，给出了基于不同层次和功能的区域物流枢纽基本概念："区域物流枢纽是依托各种具有综合交通功能的运输枢纽，以承担区域间主要物流中转、交换、衔接功能为核心，在运输功能衔接的基础上所形成的相互间紧密协作、合理分工的物流设施群综合体。"同城拥有便捷、通畅的运输服务联系。陆华、刘凯（2013）对区域物流枢纽形成的外在影响因素和内在演化机制、发展的阶段和发展模式进行了研究。刘扬（2008）对在区域物流枢纽建设发展基础上形成区域物流枢纽城市进行了评价与分级，即从依托区域经济中心城市建设区域物流枢纽的形成机制入手，利用灰色聚类方法评判不同区域物流枢纽的功能定位问题。具体研究方法是：根据城市在区域中的性质、规模、经济地位不同，将城市进行物流节点建设中的重要性程度分类，提出不同类别的城市应进行合理、匹配的物流节点体系建设，为城市内建设不同类型的多个物流节点布局打下基础，也初步形成了多物流节点基础上的区域物流枢纽城市概念。王淑琴（2004）系统分析了影响区域物流枢纽集聚物流企业和相关功能的物流产业竞争力问题，建立了区域物流枢纽基于物流产业系统的规划思路，并提出了区域物流枢纽产业系统规划的四项关键技术：物流产业发展需求预测技术、城市物流产业发展的基础设施布局技术、大型物流基础设施产业发展功能集聚设计技术及城市公共物流信息平台设计技术。针对我国物流规划中产业发展过于分散的问题，提出物流一体化发展规划观点，并对产业集聚实施途径、梯度选择等问题进行了探讨。

1.2.5 枢纽演化相关研究

1. 国外研究

鉴于西方经济发达国家是在运输现代化中推进物流发展，国外学者进行区域物流枢纽的研究具有较好的运输枢纽发展实践和理论基础，对于综合运输枢纽的形成与发展演化机理的研究较为成熟。1980 年起，国外学者就已经开始对枢纽机场这种与小批量、多批次产业物流服务紧密的区域物流枢纽的形成及区位的重要性研究，对航空网络的轴—辐式发展形态作了深入的研究和阐述，在机场布局规划时提出了“轴—辐”式航线运输网络的运作模式，对航空运输网络和枢纽机场的空间布局的发展演进产生了深刻影响。

2. 国内研究

国内学者对综合运输枢纽的发展及演进机理的研究，比较有代表性的成果包括：丁金学等（2012）阐述了枢纽的产生和发展的基本条件和网络演变过程，分析综合运输枢纽的不同发展模式，并深入分析了综合运输枢纽微观空间布局的基本形式。金凤君等在研究国外相关理论的基础上对 hub - spoke 网络发展模式做了进一步研究，对综合运输枢纽形成和发展模式所涉及的理论研究进行了完善。孟令兴（2011）阐述了各种综合运输枢纽的经济聚集功能和通道辐射功能，以运输服务和城市产业结构优化为目标，建立了区域性综合运输枢纽型城市的经济系统动力学模型。在承载强大服务功能的交通网络形成和演化方面，荣朝和等（2012）深入分析了以运输规模经济为指向的交通网络形成和演化的内在机理，交通网络规模经济的发展过程，也是社会运输需求数量和方向的变化过程，进而反过来促进交通网络不断扩张发展和发生结构变化。董千里等（2006）研究了货物运输枢纽在区域物流枢纽中的地位和作用，论证了货运枢纽应拓宽物流功能、整合区域物流资源，向区域物流枢纽转变。王战权（2002）在研究后认为，公路货运枢纽在功能和运作形态上逐渐向物流中心转化，是城市物流系统发展的必然趋势，对货运枢纽规划与物流节点规划的相关性进行了分析，对公路主枢纽如何向物流中心转化提出了建议。刘念（2010）研究了以为沿海港口集散货物为目的和模拟港口运作的“陆港”的概念，指出陆港是陆路物流基础设施，在功能上集陆路物流交易与操作、陆路物流公共服务、陆路物流公共信息服务于一体，是以现代信息管理和信息平台为纽带，由众多物流园区、货运场站等组成的多层次内路物流综合体系。

综上所述，尽管国内学者对各种类型的区域物流枢纽进行了较为广泛、深入的研究，但不同学者由于研究背景和基础的局限，对区域物流枢纽的界定存在较大的不同，对区域物流枢纽、区域物流枢纽城市、物流园区、物流中心、货运枢纽等概念，往往混合使用，不仅造成区域物流枢纽概念的混乱，而且也导致实践中应用这些概念的困难。因此，有必要对区域物流枢纽的概念和内涵、系统要素、层次区分及相关功能定位等基础问题进行系统的研究。

1.2.6 区域物流网络结构演化研究

区域物流枢纽是运输和物流网络化的产物，是区域物流网络中的重要城市节点和运作节点，具有两个基本的层次，城市地位不同和运作节点功能的不同，使得区域物流网络的演化过程，往往是不同层次区域物流枢纽产生和形成过程。因此，研究区域物流枢纽的演进，必然要将其放入区域物流网络的演化之中。

1. 国外研究

国外学者对区域物流网络与对应的城市、区域等社会经济发展的相关关系，进行了较为系统的研究。代表性的成果包括：Bolton（1993）研究了区域交通系统尤其是具有辐射和覆盖能力的运输网络与区域社会经济发展的内在规律性关系，认为以往区域经济集聚、辐射发展的规划理论，可以应用于区域物流枢纽集聚发展的网络规划。Maria Fernanda Melendez（2002）以拉丁美洲作为分析案例，研究了区域物流网络中基础社会规划与区域经济发展的关系，指出拉丁美洲的物流网络的整合有利于区域经济的发展。Tage Skjott – Larsen、Sten Wandel 和 Ulf Paulsson（2003）以丹麦和瑞典两国共同建设的 Oresund 大桥为研究案例，分析该大桥对运输通道和区域网络效率的影响，说明物流基础设施的完善对促进物流运作效率、区域经济发展的连带作用。

2. 国内研究

国内学者对区域物流网络演化的研究，主要关注区域物流网络的物理结构和形成机理，往往应用区域物流系统动力学建模、区域物流与社会经济发展关系模型等进行研究。桂寿平等（2003）通过系统动力学建模，分析区域物流网络系统结构的形成和演变过程及规律，并对网络的各构成要素之间的相互关系进行分析。海峰等（2010）从产业集群理论的角度，对基于物流集聚的区域物流网络空间内各个物流活动构成要素之间相互作用的机理进行研究。杨光华等（2010）对区域物流轴—辐式网络结构的形成做了深入研究，构建演化模型分析网络结构形成演变，并进行了实证研究。李兆磊等（2010）从耗散结构系统理论的角度研究区域物流系统的演化，并构建了耗散结构演化模型。王伟（2010）从系统熵理论的角度研究区域物流系统的演化，指出区域物流系统的演化需要不断减少正熵流，增加负熵流。平海（2003）指出区域物流系统由四大要素构成：综合运输网络、物流节点、物流信息网络平台、多功能的物流服务。王成金（2005）从网络结构的角度，对区域物流网络进行了结构模式研究，指出区域物流网络遵从“点—轴—网—面”的发展模式。张文尝、金凤君（1992）应用空间要素关系理论，在特定的物流发展区域范围内，对物流网络的空间布局、相互作用、驱动因素进行了机理性的分析。况漠（2006）从交通经济带演化机制的角度，对区域物流系统的演变和发展符合通道化发展原理方面做了深入研究，指出交通经济带对物流要素的集聚是区域物流系统发展的最关键因素。

1.2.7 现有研究的不足及可进一步深化研究的空间

通过对以上领域文献的检索和研究发现，我国对区域物流枢纽的研究还不多，研究的视角虽较为丰富，但研究的系统性和关联性不够，存在可进一步深化研究的空间。

1. 区域物流枢纽规划理论研究不够深入

对于区域物流枢纽规划的理论研究仅仅停留在规划技术层面，没有深入研究城市或区域范围内物流枢纽体系的形成机理，因而缺乏对区域物流枢纽规划理论和方法论指导，尤其是从城市作为区域物流枢纽和承担物流活动的节点枢纽的发展角度，探寻不同层次区域物流枢纽形成的必然因素和影响因素方面的研究较为缺乏，从而很难把握其形成和发展的规划脉络，也就很难进行不同层次的区域物流枢纽的规划研究。

2. 区域物流枢纽内不同节点之间的关系研究较少

对于区域物流枢纽问题的研究，大都将视角集中于枢纽城市内的物流园区、物流中心、配送中心等节点布局规划，即选址问题的研究。然而，区域物流枢纽是物流网络中货物流的重要载体，以城市作为区域性枢纽节点，其内部多个物流运作节点因干支线运输、区域分拨和城市配送组织的需要，存在不同层级设施之间紧密的相互联系、相互配合的运作关系。因此，对区域物流枢纽进行规划，不应局限于内部各个节点布局问题，更应关注不同节点的分工协作、不同运输方式的转换与衔接、过境运输通道规划、外界联系的运输通道规划等区域物流枢纽规划问题。

3. 区域物流枢纽规划与枢纽功能实现之间的关系研究薄弱

不同城市作为区域物流枢纽存在较为明显的竞争关系，同一城市枢纽内部不同枢纽节点之间，也因聚集物流资源和拓展服务市场需要而存在竞争。因此，规划的目的不完全在于按照规划的原理确定枢纽的位置和规模，还需要研究枢纽规划与实现之间的关联关系和市场发展关系。目前，从区域物流的宏观视角考虑，单纯的区域物流枢纽规划问题并不是很多，许多研究成果对这个问题的解决提供了理论和方法论的支撑，但大多数研究从单个城市自身的条件去规划该城市的物流节点，没有结合区域经济、区域竞争和产业竞争来考虑区域物流枢纽的建设，导致枢纽规划发展缺少宏观经济、产业层面的分析，容易造成不同城市之间、不同枢纽节点之间的恶性竞争，以及重复建设导致大量物流设施的闲置和土地浪费，需要进行规划与功能实现问题的深入研究。

4. 区域物流枢纽层次分类与网络建设之间的匹配研究不够

主要是在特定区域和城市区域范围内，对区域物流枢纽节点数量和规模的评价指标体系的构建研究不够科学系统，要合理建设区域物流枢纽，需要对物流网络中的节点进行评估，将各个节点划分不同层次，体现不同的功能和服务、辐射范围，以便形成由区域物流枢纽城市不同层级的区域物流枢纽节点来辐射周边地区，满足区域性的物流服务需求，以便依托枢纽城市建设高效合理的区域物流网络。

5. 区域物流枢纽选址研究既有定量方法存在不足

目前的研究成果，关于城市物流节点的选址研究虽然相对较多，并已形成多种不同角度的定性或定量方法。但是，现有的确定选址的量化模型，主要针对单体的物流中心进行选址和布局研究，而城市物流系统是一个服务对象多样、辐射区域较广的多层次结构，既有的物流节点选址及布局优化模型应用于城市物流大系统中，存在较为明显的局限性。因此，需要在既有定量研究的基础上，建立一种能够适应城市物流系统中多点选址与布局的技术。

总体而言，在区域及城市区域为对象的区域物流枢纽规划的理论、方法、设计技术和综合评价体系方面的研究，我国依然处于起步阶段，该领域的诸多问题亟待研究，进一步深化研究的空间较大，并且这些方面的研究有着很强的实际意义。本书是将区域物流枢纽作为研究对象，结合我国社会未来的发展需要，研究如何构建高效率运转、环境友好和资源节约型的区域物流枢纽城市和物流节点设施构成的现代物流体系问题。因此，需要在前人的基础上，深入研究相关基础理论和方法，构建区域物流枢纽规划理论框架。

1.3 研究思路、内容及方法

1.3.1 研究思路

本书主要以复杂系统理论、协同学理论、区位理论、空间经济学、运筹学、城市规划理论、城市交通规划理论等相关理论为指导，在分析国内外研究成果的基础上，研究区域物流枢纽演进机制及动态发展规划的问题。

第一，研究区域物流枢纽的基本概念和包括复杂系统理论、区位及增长级理论、产业集群理论、协同学等基础理论，分析这些理论对于区域物流枢纽发展的重要启示。第二，应用基础理论研究区域物流枢纽网络结构演化机理与动力。第三，对区域物流网络在时间和空间的演化与生长规律进行建模研究，为现实物流系统规划做出指导。第四，用定量分析和定性分析相结合的方法，研究区域物流枢纽划分的标准和原则，构建区域物流枢纽分类的评价指标体系，并通过 AHP（层次分析法）和层次聚类法将区域物流枢纽节点进行聚类分析，将物流节点进行聚类和层次划分。第五，区域物流枢纽节点城市内不同功能层次的物流园区、物流中心、配送中心等物流设施的布局与选址问题，是区域物流枢纽建设的重要组成部分之一，通过动态规划的方法为枢纽城市内物流设施中、长期的规划建设提供参考。本书研究基于思路框架如图 1－1 所示。

1.3.2 主要研究内容

1. 主要研究内容

（1）物流枢纽演化的相关基础理论研究。

对区域物流枢纽及其概念的形成与发展过程的研究，发现存在着内在规律性，本文对这些基础理论从枢纽的形态与功能的视角进行简要论述，以期为区域物流枢纽问题的研究和协调发展寻找可以借鉴的研究方法与思路。

（2）区域物流枢纽的概念、结构及特征分析。

当前物流发展中涉及的一些区域物流枢纽相关重要概念，往往由于层次不清、概念混淆、内涵不定、属性不明，进而导致枢纽节点的层级、功能关系不顺，严重影响涉及物流管理的不同政府部门之间，以及政府与企业之间，对物流发展的职责界定与划分。

（3）区域物流枢纽的演化机理及动力机制研究。

在理论研究的基础上，分析区域物流枢纽与物流系统及社会经济发展的关系，据此研究区域物流枢纽形成的客观机理，相关影响因素分析，及区域物流枢纽的发展演化规律。形成机理研究是对区域物流枢纽存在必然性的理论分析，是把握区域物流枢纽发展规律、进行规划和评价的重要前提。

区域物流枢纽是在区域网络结构中的内因、外因相互影响下发展演化形成的。形成的内因本质上是网络的内部要素和结构的相互作用，影响的外因本质上是物流网络系统所在环境，是系统以外的一切影响因素的总和。形成区域物流枢纽网络结构的系统内部的要素，包括物流网络中的节点、线路和域面等。影响物流网络中枢纽形成的外因包括，物流网络外部的经济发展、产业结构、地理条件、交通运输、信息技术、政府政策等。

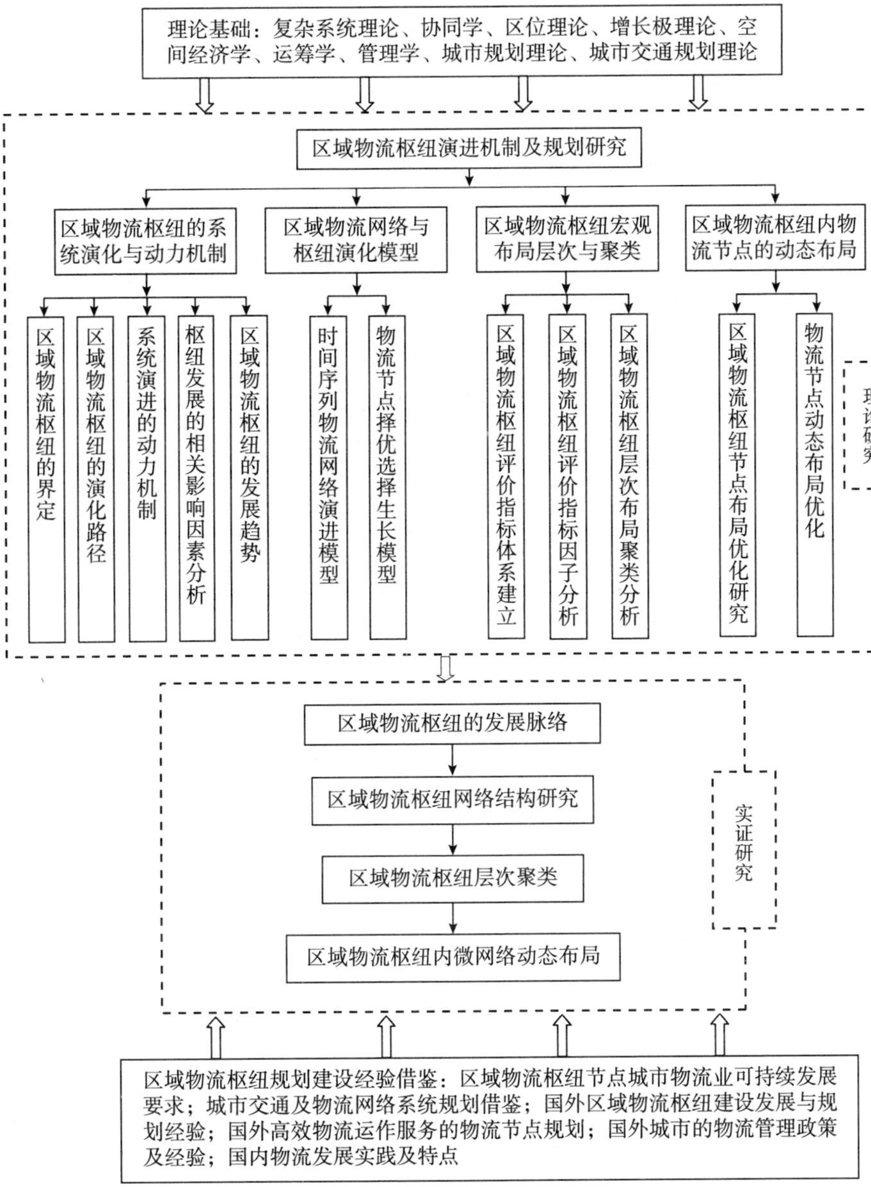

图 1－1　论文研究基本思路框架示意

（4）物流枢纽演化模型研究。

在研究现实物流系统演化规律时，由于现实世界物流系统的复杂性，需要在纷繁复杂的各种影响因素中选取主要因素进行抽象和概括，而模型研究是对现实系统进行抽象的主要手段。根据前述物流网络结构演化机理与动力研究，对区域物流网络在时间和空间的演化与生长规律进行建模研究，以期为现实物流系统规划做出指导。

（5）区域物流枢纽层次分类评价体系构建与聚类研究。

现代物流发展中越来越呈现较为明显的网络化布局和整体性运作趋势，网络化的基本特征是在区域内的不同城市以及同一城市不同地区，存在具有不同功能和作用的区域物流枢纽节点，从规划的角度，需要对这些节点进行功能分类、作用分层分析，以便通过科学合理的规划，形成依托枢纽节点具有整体性物流业集聚和功能互补的区域物流枢纽，达到降低区域物流成本和提高区域整体物流效率的目的。为此，对区域物流枢纽进行层次分析和规划研究，成为物流发展中需要在理论和方法论层面上解决的重要问题。

（6）区域物流枢纽城市内物流节点设施动态布局规划研究。

针对当前国内外区域物流枢纽规划工作中存在的问题，就区域物流枢纽规划的含义、研究对象、研究内容、研究方法、研究性质和研究地位等内涵问题进行研究分析，构建区域物流枢纽布局规划理论体系结构。区域物流枢纽配置与布局规划研究，对物流节点的层次结构及其特征进行分析，在此基础上构建物流各节点的布局优化模型，确定节点的结构、数量与规模。

2. 各部分内容的内在逻辑关系

本书研究内容存在着紧密的内在逻辑关系，如图 1－2 所示。第一，理论研究是本书研究的基础，为后续研究找到理论根据；第二，区域物流枢纽的基本内涵与特征分析是对本书研究对象进行界定，以及理清相关概念的区别与联系，为后续清晰表述打下基础；第三，区域物流枢纽的形成动力机制与演化机理分析是对物流枢纽演化的外部影响因素和内在规律进行探索，为后续构建演化模型、选取层次分类评价指标打下基础；第四，区域物流网络中物流枢纽演化模型分析是对演化机理研究的印证，同时证明物流枢纽的演化形成是必然的趋势；第五，区域物流枢纽层次分类评价体系构建与聚类研究对区域物流网络中物流枢纽进行层次划分，是科学规划物流枢纽内部物流节点设施布局的前提；第六，区域物流枢纽内的物流节点动态布局规划研究对区域物流枢纽内部的各级物流节点设施进行短期、中期、长期的动态布局规划，以适应物流需求的变化，达到节约成本提高效率的目的。

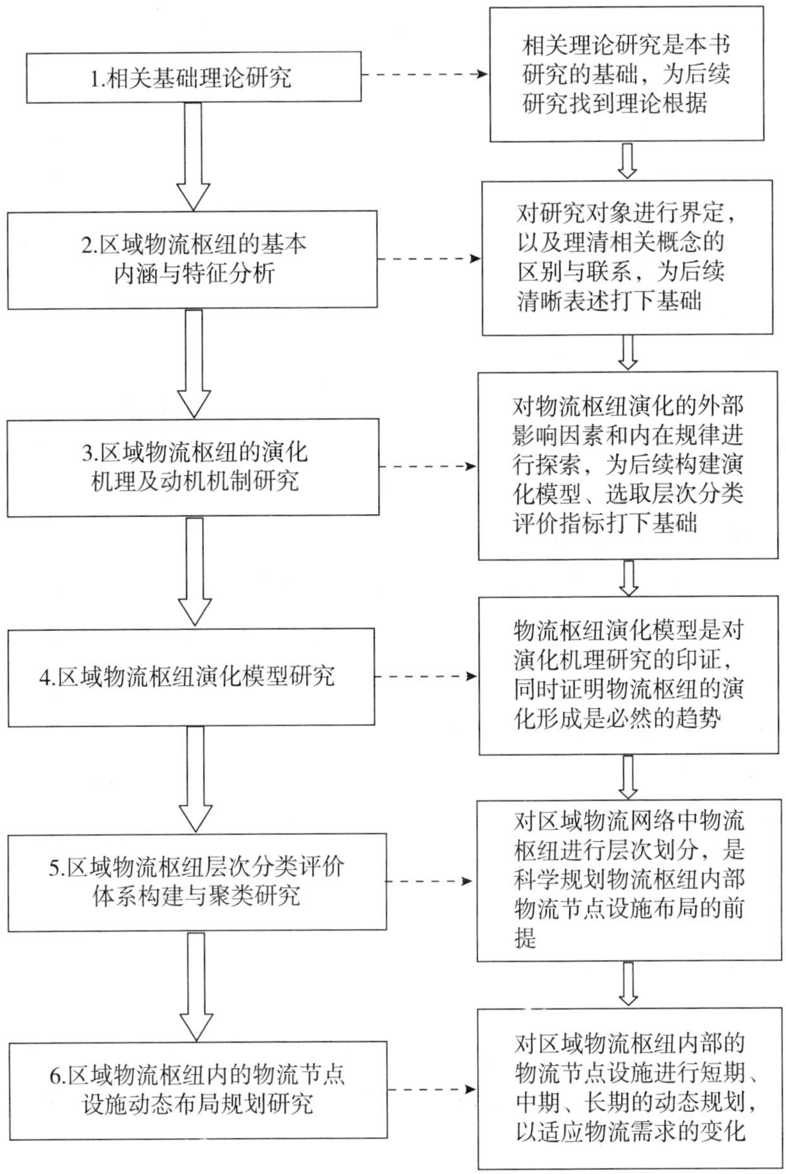

图 1－2　各章研究内容的内在逻辑关系示意

1.3.3　研究方法

1. 以多学科的理论和技术为支撑开展研究

区域物流枢纽既是一个由不同部分组成的相对完整的带有边界的复杂系统，又是一个时刻与所服务和辐射区域发生物质、能量、信息等频繁交换的开放系统。因此，研究过程中应综合运用区域经济学相关理论、区域物流系统理论、城市物流网络理论、运输网络和规模经济理论、物流供需关系理论、复杂适应系统理论、协同学理论等多学科理论进行综合性分析，不仅注重分析物流及相关经济、产业系统内部各组成要素之间的相互联系、相互影响和相互促进的关系，还要分析研究物流枢纽系统和外部自然、区位和经济环境之间的相互作用关系，分析不同层次、能级的区域物流枢纽、枢纽内部不同节点的演进动力和机理。

2. 定性研究与定量分析相结合

本书在研究不同层次区域物流枢纽、物流节点的发展演进机理基础上，采用定性研究和定量分析相结合的方法，对区域物流枢纽进行系统配置和布局规划研究，并对区域物流枢纽发展进行适应性评价研究。

3. 归纳和演绎相结合

一方面，研究区域物流枢纽的发展路径，抓住事物发展的本质，从而概括出一般规律；另一方面，根据复杂适应系统理论和协同学理论的研究范式，对区域物流枢纽的布局规划与评价进行理论分析，并就其发展趋势进行推理。

4. 理论研究和实证分析相结合

本书首先从理论上分析区域物流枢纽的内在发展机理和规律，并在此基础上构建区域物流枢纽评价体系和规划模型，在理论研究的基础上，对湖北省内各物流节点进行实证分析。

1.4 本章小结

本章阐述了本书选题的背景及研究意义，综述分析了有关区域物流、区域物流网络、区域物流枢纽及其演化等国内外研究现状，提出本书研究目标、思路、内容，以及研究方法。

2 物流枢纽演化相关基础理论研究

依托物流行业的蓬勃成长与物流网络的拓扑演变，物流枢纽的概念应运而生，并且逐渐完善。对于物流业、交通业乃至整个服务行业而言，物流枢纽发挥着不可替代的作用。作为整个物流网络的重要节点与交互平台，物流枢纽保证了整体网络的通达性，联系着网络中其他的次级节点与供应链的上下游端口对象，实现设施的系统性与协同性。物流枢纽的形成与发展存在着必然的内在规律，必须分析物流枢纽逐步演变的作用机理，兼顾多个学科知识，才能对物流枢纽进行系统的规划与设计。基于以上考虑，本文通过梳理物流枢纽相关理论与研究方法，分析其适用性与局限性，寻求物流枢纽演变分析的研究思路与适宜方法。

物流枢纽是随着物流业的发展和物流网络体系的逐步形成出现和发展的。物流枢纽是分析物流服务业发展与产业聚集特点与机理的重要研究对象，在形态和功能上较为复杂。目前，理论界对物流枢纽较为普遍的认识是保证物流网络畅通、联结物流网络中各节点、实施宏观调控、各个物流功能相互配合的联系纽带，在区域性物流发展的宏观、微观两个层次的物流网络的形成，以及在特定区域实现物流业的聚集和规模发展，具有特殊重要的地位和作用，物流枢纽已经成为各种区域层次，尤其是城市区域物流规划的重要内容。

因此，有必要对物流枢纽的形成演变相关理论问题进行研究。对物流枢纽及其概念的形成与发展过程的研究发现，其存在内在规律性，本章对这些基础理论从枢纽的形态与功能的视角进行简要论述，以期为物流枢纽问题的研究和协调发展寻找可以借鉴的研究方法与思路。

2.1 复杂系统理论

2.1.1 理论描述

根据系统自身的规模、子系统的拓扑结构以及子系统之间逻辑关系及相互作用的特点与复杂水平等因素，大多数学者将系统区分成为简单系统与复杂系统两大类别。此外，随着对系统研究的深入与技术的演进，近年来学者们基于复杂系统研究的特点与已有的研究基础，提出巨系统的相关概念和理论。

作为系统科学发展的前沿研究领域，针对复杂系统的定义，许多学者提出多方面的认知与观点，其类别包括层次系统论，多样性系统论与耦合度系统论等。其中比较重要的定义有：

（1）美国圣菲研究所（Santa Fe Institute，SFI）研究人员认为复杂系统是由相互联系的众多子体组织构成，并且系统中的每个子体都对其他子体产生作用，并提出复杂性的概念，用以研究复杂系统内在组织规律与相应的行为作用。

（2）美国《Science》（《科学》）杂志关于“复杂系统”专辑的前言中对复杂系统的描述是：无法通过研究系统内分量部分（子系统）来获得并解析系统的整体特点与行动机理。

（3）成思危教授（1999）提出的定义是：复杂系统的个体具有相当的自我学习与分析能力，可通过感知其所处的环境，预测其变化，并完成预定动作与目标，这是其最本质的特点与属性。

综上所述，相对于简单系统而言，复杂系统具有较复杂的拓扑结构，子体间联系较强，具有非线性结构与混沌性的特点，内外部因素作用机理复杂，具有开放边界，并可对内外部环境进行动态预测，产生动态变化，系统信息具有不完备性。复杂系统所具备的特点主要包括：

（1）系统具有较复杂的拓扑结构，可分解成为多个子系统，系统具有庞大的规模性，其子体相互联系，作用能力强，构成一个网络，每一个子体的变化都会受到其他子体变化的影响，并会引起其他子体的变化；

（2）复杂系统具有非线性结构与混沌性特点，因此无法使用普通线性系统的迭加原理进行分析与讨论；

（3）复杂系统所涉及的内外部因素较多，作用机理极其复杂，作用机理具有多样性，其表现包括并不限于静止性、周期性、混沌性或不稳定性；

（4）系统具备开放性，可与内外部环境相互作用，并可通过不断进化更好地适应外部环境；

（5）系统具有动态性，随时间而改变，并可根据自身对未来的发展变化的预测做出适应变化；

（6）由于复杂系统的非线性以及存在大量不确定因素和人为因素的影响，

系统信息具有不完整性与不完备性。

2.1.2 复杂系统理论对物流枢纽发展的启示

在物流枢纽的内部，其子系统存在相互作用与协同发展的非线性关系。作为区域物流枢纽的外部环境，区域经济与产业的发展与区域物流枢纽的发展息息相关，并且该联系也是非线性的。同时受到来自系统内外环境的非线性综合作用力，物流系统的演进得到一定程度的促进。基于此分析，可以利用耗散结构理论来研究物流枢纽的演化机理。又考虑到物流枢纽演化的本质在于通过外部经济环境变化而重新组织与架构经济空间内的物流节点。在此意义上，元胞自动机（CA）理论和 GIS（地理信息系统）技术是物流枢纽的演化规律和路径分析的较好方法。

（1）作为一个开放的系统，物流枢纽具有耗散结构的特殊性质。物流枢纽与其外部环境之间存在着不可分割的关系，由于系统的内外部环境之间时刻进行着信息与物质的流通，随着区域经济的发展以及外部环境的演进，系统的开放性逐渐增强。物流枢纽不仅需要物流各类功能子系统可以实现和谐协同并有条不紊的运作，而且需要区域系统内外环境可以实现协调发展，使区域物流系统发展有序进行。同时，物流枢纽体系的发展也会影响外部环境，使其产生相应的变化，如经济的发展、不可再生能源的消耗，以及自然环境的恶化等，只有实现物流枢纽与之所处的环境实现和谐统一的发展，才能实现资源的有效合理配置，优化资源的利用效率，从而发挥物流枢纽应有的作用。

（2）物流枢纽系统具有整体稳定性和局部变异性。在这两种特性的作用下，物流枢纽体系会在稳定与不稳定的循环中推演并发展。可以推断，适宜友好的社会经济环境、配置优化布局合理的城市规划环境、行之有效的政策和合适的措施，加之物流枢纽内部各子系统之间的协调配合等会有效地推动物流枢纽的演进。

（3）为了达到物流枢纽系统整体输出的功能大于系统内各子要素功能的简单加和，需要构成要素合理分工与协作，相互配合、减少能量损失，理想的物流枢纽的子要素配置，在数量上需要各要素比例适中，在质量上需要各要素之间紧密配合，高效运作。

（4）物流枢纽处于复杂的物流网络体系中，网络中不同层次的节点相互联系，相互作用、相互交织，形成相对稳定的系统结构。从宏观的角度出发，依照各种类型的节点的规模、运营范围、业务水平、服务功能的全面程度等方面的因素，对物流节点设施进行层次划分，自上而下可划分为综合物流枢纽（区域物流中心城市）、一般物流枢纽、物流园区、物流中心、配送中心、货运场站等若干层次。通过不同层次与不同类别节点的分工、合作与组织协调，以及结构配置的优化与完善，物流枢纽体系的功能会得到充分的发挥。

（5）物流枢纽系统是一个不断变化的发展体系，物流枢纽系统会随着时间的推移与外部环境的变迁，经历着产生—兴起—衰败的循环过程，如城市物流园区完善了城市物流在速度、方便性、时效性、经济性等方面的特征，推动了物流枢纽的进化。因此，研究物流枢纽系统的演进发展必须从动态的角度出发。

总而言之，物流枢纽是通过节点、线路、运输仓储技术和运营组织等多个方面组建的复杂系统。在研究物流枢纽体系的演进发展问题时，要整体、系统、动态地分析物流枢纽系统与环境、枢纽体系内部构成要素的相互关系，来揭示其发展和演进的规律，探究实现区域物流整体功能优化的规划理论和方法。

2.2 区位理论

2.2.1 区位理论的基本论述

区位理论是研究区域物流枢纽发展和演进规律的重要理论基础。该理论主要研究人类社会中经济活动行为的地域空间选择以及空间内经济活动的组合优化理论。简言之，区域理论是研究经济行为选择与空间关系问题的理论。关于区位理论，总结前人的主要研究成果如下。

（1）杜能的农业区位论。起始于1826年的古典区位思想，最早出现在德国的杜能所著的《孤立国同农业和国民经济的关系》一书中，其中的观点成为农业区位理论的主要思想。通过这一理论，杜能提出农业布局最佳决定因素是级差地租，而非自然条件。

（2）韦伯的工业区位论。以杜能的论点为基础和指导，德国经济学家韦伯提出其主要的区位法则与论点：运费是工业区位的基本引导，越理想的工业区位，越能优化运距与运能；此外，劳动力费用集聚效应也被认为是区位选择的重要因素。

（3）克里斯塔勒的中心地理论。作为最典型的区位理论思想，德国地理学家克里斯塔勒所提出的中心地理论将区位理论的研究范围扩展到产业聚落和市场的微观特性，其主要思想是：生产与物流的最佳活动空间的基本结构是一个中心城市及其由相应的周边多级市场区域共同构成的多元化格局，即克氏六边形中心网络体系。

（4）廖什的市场区位理论。在前人的基础上，德国经济学家廖什将利润原则的基本原理与区位理论相结合，将空间宏观均衡的思想作为市场区位研究的切入点，分析了市场规模大小和市场需求结构对区位选择和产业配置的影响。

（5）点轴理论。以上论点更多是研究产业在空间上以节点与连线的形式构建布局的问题，但该类研究具有局限性，仅仅研究城市、工业和市场等某一方面的要素，研究结论也不太适用于现代物流业的发展。中国学者陆大道在前人研究的基础上，综合考虑点—线—面连锁的空间综合布局问题，以宏观区域发展作为研究对象，探究区域空间内各种经济要素与空间布局的关联与机理，产业与城市的集散效应，集聚点与区域的联动机理，提出点轴理论。该理论的核心思想是：在区域经济发展过程中，大多数经济要素会聚集在“点”上，“点”与“点”之间的连接线形成“轴”状基础设施。一般地，“点”主要是指中心城市，“轴”指的是各种运输方式的线路及通信通道构成的“基础设施束”。

陆大道（1999）认为，“点”由于聚集了各种经济要素和基础设施，因而对周边区域具有强大的经济吸引力；另外，“点”上集中的经济活动要素通过“轴”，将信息、人员、货物、技术、资金等向周边区域扩散，并与周边区域的各种经济要素相结合，促进周边区域的发展，进而推动整体区域的经济发展。该理论根据不同点轴的影响力，划分为一级城市、二级城市。连接一级城市的“轴”则为一级发展轴，例如高速公路、航空干线等。这些一级轴线会经过二级城市，因而会带动二级城市发展。同理，连接二级城市的轴线为二级发展轴，将会带动三级城市，也就是小城镇和广大的农村地区。可以这样比喻，各级“点”如同门上的铰接合页，各级“轴”如同铰链联结的门轴。铰接合页转动门轴，进而带动整个门的扇面，也就带动了整个区域的经济发展。

（6）佩鲁的增长极理论。法国经济学家佩鲁认为增长出现的次序是：首先根据集聚节点的强度出现在少量节点中，然后采用不同的方式进行推广，因此最终产生的影响也不尽相同。“增长极”有两种内涵：一是经济意义上特指对经济发展有重大影响的主导产业部分；二是地理意义上特指具有区位优势的城市。应该看到，“点—轴发展理论”是在增长极理论和生长轴理论基础上的进一步延伸，该理论不仅关注“点”（枢纽城市）的规划和建设，同时关注“轴”（点与点之间的运输干线）的规划和发展，以点的发展带动轴的发展，进而带动整个点轴网络的区域发展。

2.2.2 区位理论对物流枢纽发展的启示

（1）物流枢纽由于有着便捷的交通运输条件，是带动区域经济发展的重要基点。城市经济发展与物流相互作用、相互影响，中心城市由于聚集了众多的生产、消费、信息、金融等要素，会形成区域物流枢纽。区域物流枢纽的研究对象应该是中心城市，城市内聚集的各种物流基础设施是其成为物流枢纽的必备物质基础。

（2）“点轴理论”强调的是点轴联动系统的相互作用机理，不仅强调集聚节点的开发，而且强调节点间的发展“轴”的开发。物流枢纽事实上就是一个由若干物流站点和运输通道组成的网络组织结构，这一组织结构是不断生长和演变发展的，无论港口、空港、铁路货运场站还是公路货运场站，其功能也在不断丰富，物流枢纽是在物流网络的点轴系统不断完善和演变的条件下出现的。

2.3 区域产业集聚理论

2.3.1 物流区域产业集聚

区域物流网络空间的主要构成要素包括：区域内物流节点、物流产业带、物流经济圈。区域内的物流节点的经营与扩展，是产业集聚发展的主要动力，随着集聚效应的不断深入与发展，聚集点之间发生聚散效应，产生物流产业带，推动现代物流技术、设备、信息、设施等多方面因素的发展，最终形成物流经济圈。

在现有区域产业集聚内，环环相扣的上下游企业之间的经济合作与商业活动包括了物流系统的所有过程与环节，而且相互之间的信息传导与资金流动也为物流活动的开展奠定基础。产业集聚后的网络以及其衍生出来的人际关系网，将有助于减少运输与仓储成本，并加快信息与资金的流通，促使产业集聚的区域内部容易形成联系多方利益、各项工作紧密连贯的物流链。产业集聚的区域内部物流链使得区域中的各企业协调互助，齐头并进，使物流链的工作有序进行。同时，物流链上下游具有合作与供求关系的多个企业，相互连接形成区域物流网络系统，建立起物流链主要环节的对象供需之间紧密的联系。

产业发展不仅是企业之间的合作或者兼并，而是整个区域产业系统内外环境相互协调的结果。区域内各产业之间形成合理的区域分工、优化资源配置、优势互补、协调发展，形成带动力强、辐射面广、竞争力强的优势区域产业集聚。

2.3.2 区域产业集聚对区域物流系统形成的作用

物流产业与其他生产或服务产业息息相关，物流产业集聚常和其他产业互利共存，区域内其他产业的集聚对物流服务具有极大的需求，这在客观上也促进了区域物流系统的发展。主要表现在以下两个方面：

（1）区域产业集聚促进物流需求与资源的集聚。在区域产业集聚背景下，由于产业链中形成的上下游关系决定了企业的功能定位与分工合作。为了让客户在较短的时间内迅速找到与其流通活动相适宜的物流企业，将各种功能的物流企业和设施集聚在一个功能区域内是明智的做法。由于物流是多环节与多产业相关的服务产业，并兼容为整个产业链提供信息化支持或服务引导等功能的代理物流行业。在区域的其他产业聚集的情况下，势必引起物流需求和资源的集聚化发展。

（2）产业链的需求多样性决定了区域物流产业聚集。物流产业需要为不同产业链服务，由于各类型产业链的需求具有多样性。因而为保证每一个产业集聚的畅通运转，根据各类产业的综合特性，需要将各种服务功能的物流企业聚集起来，以提供高效、多样化的一站式物流服务。物流需求的多样性，必然使各类特色不一功能多样的物流企业实现产业集聚，并将物流业所涉及的资金流、信息流与人才技术等各类资源集中在区域内，从而促使物流集聚区成为资源丰富技术先进的物流桥头堡。

2.3.3 物流产业的空间聚集对其他产业集群发展的作用

（1）物流空间系统为产业集聚与外界的联系提供了桥梁。物流产业所提供的综合服务使得其他企业在区域物流系统内可得到专业化的便捷服务，从而吸引其他产业链的更多企业在此聚集，加大其他产业聚集的深度和速度。

（2）物流基础设施的聚集和完善可降低物流运作成本，促进其他产业各种资源的聚集。企业可以利用外部的专用物流资源，而专注于自身核心竞争力的提高，在客观上又促进区域产业集聚的发展。

（3）物流空间网络具有多种类型的服务功能，为处于产业链不同环节的企业提供服务，在发挥产业自身特点的同时，也加强上下游产业间的合作联系，促进它们之间的信息共享与知识沟通，从而成为价值链信息交流平台。此外，物流空间网络统一物流需求，整合物流资源，集中物流服务对象与供求关系，可降低交易的不确定性，有利于物流企业的价值创新。

2.3.4 产业集聚与物流空间系统的相互作用机理

在区域资源整合与需求统一的前提下，企业完成区域内的聚集，在外部经济社会环境的影响下，区域产业集聚日趋完善。对于物流产业来说，区域产业集聚效应会引导外部企业与物流企业产生纽带与需求关系，统一物流需求，整合物流资源，推动物流区域网络的发展与演化。同时，在物流需求的引导作用下，物流网络节点也在扩散与演化，覆盖更大的区域，承担更多的业务。因此，产业集聚的发展推动着区域物流网络的演化，促进物流产业在区域中的发展。区域物流网络空间系统与区域产业集聚相互促进，共同发展，两者的相互作用机理如图 2－1 所示。

2.3.5 产业集聚理论对区域物流网络空间体系规划布局的启示

1. 遵从区域物流空间系统演化的规律进行规划和布局

通常情况下，物流枢纽成为商业产品信息与资金、人才、技术的集散地，且需求旺盛，流动资本较大，商业活动密集，交通区位优势较好，具有与周边区域形成非对称关系的特点，完成与周边区域的资源交互与供需联动，可作为核心与周边区域形成商业网络或商业圈，共同完成商品流通、资金周转等商业活动。作为整个物流网络的主要集散枢纽，物流枢纽由不同等级的物流节点设施通过多种运输线路连接，从而形成枢纽内部具有“微网络”特性的物流系统，实现各种经济要素的集散与交流。而城市之间通过区域内的运输线网相互连接，最终可以形成区域的物流网络，实现区域内部的资源流通与市场供需运作。另外，区域物流空间系统规划重点应是地区多层次的物流

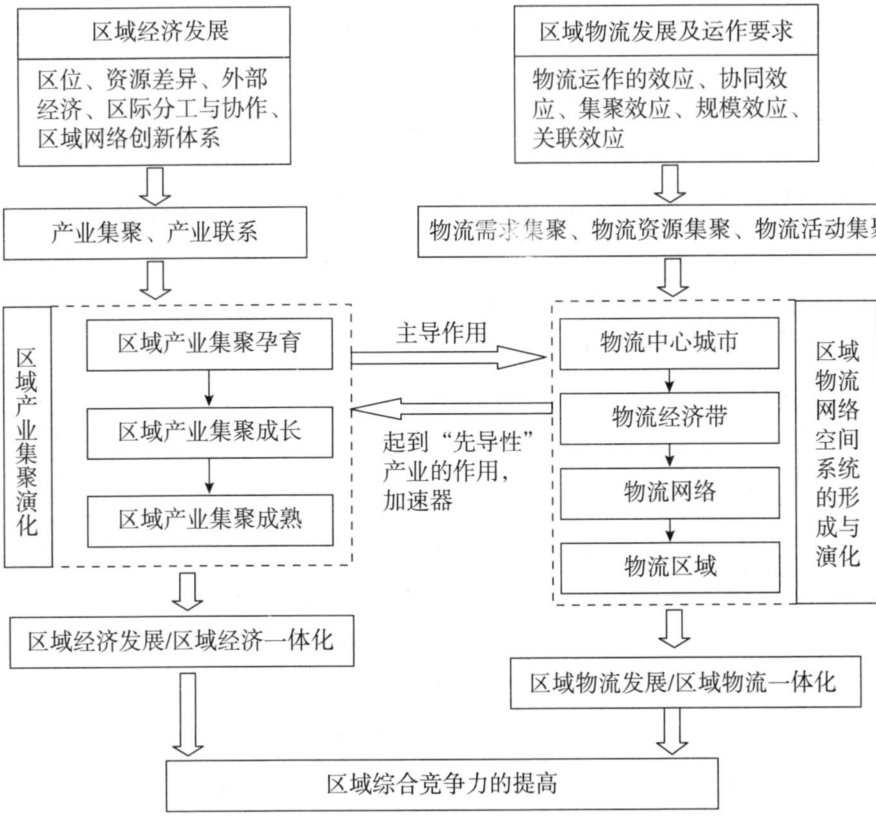

图 2－1　区域物流网络空间系统与产业集聚的相互作用机理示意

枢纽或节点的布局以及综合物流空间系统的扩展发散，并着眼于不同功能的物流设施的整合与优化配置。

2. 从产业集聚发展的角度对物流网络进行规划和布局

（1）根据区域集聚的产业不同特性，各产业对物流服务的需求也不尽相同，物流产业的规模、运价、服务半径等指标也会因为不同的产业需求而变化。因此区域物流网络的配置与规划需要兼顾综合性与专业性两种导向的特点。其中，专业型区域物流网络转为特定的主营行业提供专业物流服务，其服务对象相对明确而稳定。综合型物流空间系统可面向多种零散的多个行业，由各种不同产业共同协同组成物流网络的需求方。

（2）根据产业集聚的不同阶段，动态规划和发展物流空间系统。每个地区的产业集聚区都会面临萌芽、发展、中兴与衰败这四个阶段，因此不同阶段的产业集聚会有不同的物流需求。由此可见，区域物流网络的建设战略应为可调整的动态战略，根据不同阶段所催生的物流需求，修正并完善区域物流网络的规划与思想。

在区域产业集聚发展与中兴阶段，地区政府需要提供合适的扶持政策，筑巢引凤，吸引资金与企业的入驻，让区域物流网络可以为区域集聚产业提供便捷的物流运输服务与信息支持；在区域产业集聚衰败阶段，应注重物流产业的整体战略，引导物流行业的衍生服务如咨询、展览、技术培训、融资服务等，发挥物流空间系统在区域产业集聚中的支撑作用。

2.4 协同学

2.4.1 协同学的基本论述

协同理论是20世纪70年代以来在多学科研究基础上逐渐形成和发展起来的一门研究不同事物共同特征及其协同机理的新兴学科，是系统科学的重要分支理论，其创立者是著名物理学家哈肯（Hermann Haken）。协同理论具有广阔的应用范围，它在物理学、生物学、经济学以及管理科学等许多方面都取得了重要的应用成果。协同理论着重探讨各种系统从无序变为有序时的相似性，其主要内容包括协同效应、伺服原理、自组织原理。

1. 发挥协同效应是物流业发展的本质要求

协同效应是指复杂开放系统中大量子系统相互作用而产生的整体效应或集体效应。系统能否发挥协同效应是由系统内部各子系统的协同作用决定的。如果一个管理系统内部，人、组织、环境等各子系统内部以及他们之间相互协调配合，共同围绕目标齐心协力地运作，那么就能产生“1+1 > 2”的协同效应。反之，如果一个管理系统内部相互冲突或摩擦，就会造成整个管理系统内耗增加，各子系统难以发挥其应有的功能，致使整个系统陷于一种混乱无序的状态，会出现“1+1 < 2”的负效应。

2. 伺服原理提供了解决物流业发展问题的基本方法

伺服原理是指系统在接近不稳定点或临界点时，系统的变化通常由少数几个集体变量即序参量决定，而系统其他变量的行为则由这些序参量支配或规定。

在物流枢纽系统的发展中，尽管影响因素很多，但只要能够区分关键因素与次要因素，找出从中起决定作用的序参量，就能把握整个物流枢纽系统的发展方向。关键因素不仅主宰着物流枢纽系统发展的整个进程，而且决定着其发展的结果。

3. 自组织成为了物流业发展的有效形式

自组织是相对于他组织而言的。他组织是指组织指令和组织能力来自系统外部，而自组织则指系统在没有外部指令的条件下，其内部子系统之间能够按照某种规则自动形成一定的结构或功能，具有内在性和自生性特点。

自组织原理解释了在一定的外部能量流、信息流和物质流输入的条件下，系统会通过大量子系统之间的协同作用而形成新的时间、空间或功能有序结构。物流枢纽系统要想从不稳定状态向稳定状态发展，实现自我完善和发展，自组织是达到这一目的的根本途径。

物流枢纽系统要实现自组织过程，就必须具备自组织实现的条件。首先，物流枢纽系统必须具有开放性，能与外界进行物质、技术和信息的交流，确保系统具有生存和发展的活力；其次，物流枢纽系统内部各子系统必须协调合作，减少内耗，充分发挥各自的功能效应，通过协作自我完善，获得发展。

2.4.2 协同学对物流枢纽体系的启示

第一，物流枢纽体系是一个开放系统，它不断与经济、资源、人口、社会等外界环境之间进行物质与能量的交换，从外界获得形成有序的能量。

第二，物流枢纽体系的协调发展需要宏观控制，宏观调控是外界所提供能量的一部分。物流枢纽体系的协调发展，主要得力于自组织过程，但是，呈现何种功能和结构归根结底是由人的随机行为决定的，政府对其的宏观调控，为人有目的和自觉的行为提供指导。因此，政府的宏观调控，对于物流枢纽体系实现协调发展起到非常重要的作用。

政府的宏观调控，总会使物流枢纽体系产生或大或小的涨落。如果宏观调控合理且所引起的涨落足够大，会加快物流枢纽体系协调发展进程，如国家出台的有些运输政策．对物流枢纽体系结构的完善和功能的发挥产生很大的推动作用。

第三，涨落是形成物流枢纽体系有序结构的原动力。交通科技的发展、社会经济的发展、运输政策的合理实施等，都会导致物流枢纽体系发生涨落。这些涨落使得各子系统的独立运动不会停止，如果涨落得到放大，物流枢纽体系就会从无序走向有序或从低层次的有序走向高层次的有序。

第四，序参量是控制物流枢纽体系结构和功能的决定性因素。找到系统的序参量，就可以描述系统发展的状态。在不同状态下或不同的发展阶段，会有不同的序参量主宰着物流枢纽体系。

第五，各子系统和要素的自组织活动是物流枢纽体系实现协调发展的内因和决定性力量。物流枢纽体系由运输、仓储、装卸搬运、配送、信息等多种要素构成，每种要素都自成系统，各自有其独特的技术经济特征，独立完成相应的物流任务，同时，在外界环境如经济发展、政府出台的物流政策等的影响下，每种要素都要受到其他要素非线性的影响和作用，这种复杂的非线性影响又形成着某种反馈调节的机制，彼此之间产生了协同运动。每种要素对物流枢纽体系而言是大系统中的子系统，而对其自身而言，其又是由若干个子系统构成的系统，同样遵循自组织原理。如果从更高层次的系统角度看，物流枢纽体系与经济、资源、人口、社会等，是更高系统——社会经济大系统中的子系统，它们之间也会产生协同作用。因此，物流枢纽体系与其他开放系统一样具备实现协调发展的条件，遵循协同学原理。

2.5 可持续发展的思想

2.5.1 可持续发展思想的论述

可持续发展这一概念的提出是人类在环境与发展关系问题认识上的一次飞跃，是人类对自身命运的一次重大选择。可持续发展已成为我国的一项基本发展战略。对于可持续发展的内涵，尽管在理论上还有一定的差别，但以1992年联合国环境与发展大会通过的《21世纪议程》为标志，人们已经跨过出了理论探讨的范畴，把可持续发展推向人类共同追求的实现目标。

1. 从自然属性定义可持续发展

较早的时候，可持续性概念是由生态学家首先提出来的，即所谓“生态可持续性”，旨在说明自然资源及其开发利用程度间的平衡。1991年，国际生态学联合会和国际生物科学联合会联合举行了关于可持续发展问题的专题研讨会。该研讨会的成果深化了可持续发展的自然属性，将可持续发展定义为“保护和加强环境系统的生态能力”。即可持续发展是不超越环境再生能力的发展。从生物圈概念定义可持续发展是从自然属性方面表述可持续发展的另一种代表，即认为可持续发展是寻求一种最佳的生态系统以支持生态完整性和人类愿望的实现，使人类的生存环境得以发展。

2. 从社会属性定义的可持续发展

由世界自然保护联盟、联合国环境规划署和世界野生生物基金会共同发表《保护地球可持续生存战略》，将可持续发展定义为“在生存不超出维持生态系统承载能力的情况下，改善人类的生活品质”，并提出人类可持续性生存的九条基本原则。在这九条基本原则中，既强调了人类生产方式与生活方式要与地球承载能力保持平衡，保护地球的生命力和生物多样性，同时，提出了人类可持续发展的价值观和130个行动方案，着重论述了可持续发展的最终落脚点是人类社会，即改善人类的生活质量，创造美好的生活环境。这份报告认为各国可以根据自己的国情制定各不相同的发展目标，但是，只有在“发展”的内涵中包括有提高人类健康水平、改善人类生活质量和获得必需资源的途径，并创建一个保障人们平等、自由、人权的环境，“发展”只有使我们的生活在所有这些方面都得到改善，才是真正的“发展”。

3. 从经济属性定义可持续发展

这类定义有不少表达方式，但都认为可持续发展的核心是经济发展。巴伯在其著作中，把可持续发展定义为“在保护自然资源的质量和其所提供有服务的前提下，使经济发展的净利益增加到最大程度”。有的学者还提出，可持续发展是“今天的资源使用不应减少未来的实际收入”。当然，定义中的经济发展已不是传统的以牺牲资源与环境为代价的经济发展，而是“融资渠道降低环境质量和不破坏世界自然资源基础的经济发展”。

4. 从科技属性定义可持续发展

实施可持续发展，除了政策和管理因素以外，科技进步起着重大的作用。没有科学技术的支撑，无从谈起可持续发展。因此，有的学者从技术选择的角度扩展了可持续发展的定义，认为“可持续发展是转向更清洁、更有效的技术，尽可能接近‘零排放’或‘封闭式’工艺方法，以此减少能源和自然资源的消耗”。有的学者还提出，“可持续发展就是建立极少生产废料和污染物的工艺或技术系统”。他们认为污染并不是工业活动不可避免的结果，而是技术水平差、效率低的表现。他们主张发达国家与发展中国家之间进行技术合作，缩小技术差距，提高发展中国家的经济生产能力。同时，建议在全球范围内开发更有效地使用矿物能源的技术，提供安全而又经济的可再生能源技术来限制导致全球气候变暖的二氧化碳的排放，并通过适当的技术选择，停止某些化学品的生产与使用，以保护臭氧层，逐步解决全球环境问题。

2.5.2 可持续发展的思想对物流枢纽规划发展的启示

物流枢纽可持续发展的核心在于：一是要发展，发展是物流可持续发展的归宿。物流在社会经济发展中的地位和作用，决定了发展是物流业的第一使命。通过发展，更好地为社会经济的发展提供支撑和保障。不应再把可持续发展简单地等同于环境保护、生态保护以及资源的利用，而是要用完善的物流体系提供足够的服务能力来适应不断发展和提高的社会需求，用可持续发展的视觉或方法去解决发展中的问题，如果连适应都解决不了，也就谈不上可持续性。二是要从环境的角度考虑减少对资源的浪费，减少对生态环境的伤害，通过与环境、资源的协调，确保交通运输业发展的可持续性。

2.6 本章小结

本章是全书的理论基础，通过对系统论、协同学和价值流理论观点和成果的简要介绍，分析了这些理论对于物流枢纽协调发展的重要启示，为后续章节的研究提供了依据和思路。本章主要结论如下：

（1）综合运输体系是由若干子系统和要素构成的系统，同样具有一般系统开放性、整体性、结构功能统一性、等级性、动态性等特征。研究综合运输体系的协调发展问题，要以这些客观特性为依据。

（2）协同学是站在中观层面上研究系统发展演化的一门科学。综合运输体系具有一般系统的特性，同样遵循协同学提出的非平衡相变理论、序参量理论、绝热消去原理、涨落理论和自组织理论，这些理论对于本书从定性和定量角度研究综合运输体系的协调发展提供了重要思路。

（3）经济问题是任何事物发展的本质和主线。价值流理论提出，市场经济条件下，一切事物的发展是以价值的顺利流动为基础的，而价值流动的动力是价值流动过程中涉及的所有主体的利益都得到满足。该理论为研究市场经济条件下一切经济问题提供了新的研究思路。因此，价值流理论是本书研究综合运输体系协调发展有关经济机理的主要依据。

总之，本章节分析归纳了复杂系统理论、区位理论和区域产业集聚理论的重要观点与理论思想，阐述了这些理论和思想对于物流枢纽与网络的演进与规划的重要启示，为后续章节的研究奠定了理论基础。

3 区域物流枢纽的概念、结构及特征分析

区域物流枢纽是在区域物流网络化发展基础上逐步形成的物流产业集聚而产生的。目前，在区域物流枢纽规划中，对物流枢纽、物流园区、物流节点等相关概念存在一定的模糊、混乱的认识，对区域物流枢纽的科学规划有不利的影响，尤其是在宏观区域物流网络发展中，一些中心城市发展成为区域物流枢纽，与物流节点设施（物流园区、物流中心、配送中心）之间易产生概念混淆，不仅在规划表述上形成概念的混乱，而且给设施层次和规划布局也带来不利影响。因此，需要以区域物流枢纽相关概念的内涵辨析为切入点，分析区域物流、区域物流网络、区域物流枢纽和物流节点设施等相关概念的内涵特征，探讨它们的功能和属性，厘清它们的相互关系，为研究区域物流枢纽规划问题奠定基础。

3.1 相关概念分析

3.1.1 区域物流

1. 区域物流概念辨析

对于“区域物流”概念的定义目前尚未形成一致的共识，但对其属于“区域经济”范畴的问题是确定的。区域物流与物流概念的不同在于：“物流是指从原材料、半成品、产成品一直送至客户的一系列服务和活动”，描述的是微观物流的运作问题。而区域物流属于宏观范畴，指以一个地域、城市群、都市圈或贸易区为活动范围，以区域产业经济发展为基础，以大中城市为核心，向周边腹地辐射，形成在区域内各物流活动要素有机集成的一个物流组织系统。

区域物流所涵盖的范围并不是绝对的地域范围，根据规划层面的不同，区域物流所涵盖的地域范围也不同，既可以是一个跨越不同国家的贸易经济区，也可以是多个城市构成的都市经济圈，或者是一个省级行政区，所关注的是区域系统内各个物流节点相互作用的关联性。根据相关文献，有关对区

域物流的概念描述如下：

（1）刘志学在《现代物流手册》（2001）中将区域物流定义为："区域物流是指在区域范围内的一切物流活动，包括包装、运输、装卸、保管、加工流通及信息传递等功能实体性的流动以及在物流过程中各个环节的货物运动。"

（2）冯耕中在《现代物流与供应链管理》（2003）中将区域物流定义为："在一个国家、一个城市、一个经济区范围内的物流都属于区域物流，国内物流和城市物流是区域物流关注的重点。"

（3）海峰在《怎样认识区域物流》（2003）一文中将区域物流定义为："区域物流是以区域经济的规模和范围为基础，以大型城市为中心，在一定的区域地理环境下，结合区域物流辐射范围，对区域内外的各类物品从供应地到接收地进行的有效实体流动；在区域物流基础设施的基础上，衔接铁路、公路、水运、管道及航空等多种运输方式，以及区域物流节点，且集成信息处理、包装、配送、运输、储存、装卸搬运及流通加工等基本物流活动，扩大区域物流辐射的范围和规模，为区域的经济发展服务，提高区域物流的效率和发展水平，提高区域经济的综合实力。"

（4）王之泰在《新编现代物流学》（2005）一书中对区域物流的定义为："区域物流是指在特定区域范围内物流活动及相互之间进行的物流活动，这里的区域范围既可以是城市内部、国内的也可以是国际的特定区域。"

2. 区域物流的基本内涵

根据以上学者对区域物流的研究，并着眼于区域范围内的物流枢纽发展与规划问题，对区域物流的特点归纳如下：

（1）从区域物流的宏观地域范畴来看，可以是一个省级范围内的较小的行政区域范畴，也可以是一个区域内若干个国家，取消关税壁垒，形成一个货币统一、人员自由通行、货物自由流通的经济贸易区，例如欧盟地区。

（2）区域物流网络设施是区域范围内物流活动的物质基础，区域物流枢纽作为区域物流网络中物流资源的聚集地，通过以点到线再到面的形式向周边地区辐射，各种物资通过在枢纽内的集结和疏散，由区域物流枢纽对各种物流、信息流、资金流进行合理规划、协调统筹、整体监控，实现物流资源的有效配置，达到区域物流整体效益的最大化，推进社会经济协调发展。

（3）根据区域内各种物流基础设施的状况，要求合理布局各种综合运输枢纽，促进水路、公路、航空、铁路等各种运输方式有效衔接和转换；要求合理规划聚集各种物流服务功能的物流枢纽，对物流枢纽进行有层次、有重点的规划和发展；要求区域内的各物流节点能够合理分工，实现各个节点的物流活动紧密配合，达到区域物流系统整体的最优化。

（4）区域物流的产生是物流产业发展的开放性、网络性、边界性特征的必然结果。从区域物流的网络性看，物的流动是通过点到点之间的连线完成，物流活动自然形成由点及线再及网的区域范围。网络性是区域物流的内在属性，网络中的通道把区域内的各城市节点连接起来，构成一个物资可以相互交换的有机整体。从开放性来讲，区域物流系统需要区域内各物流节点之间以及和其他区域之间完成各种交换，从系统角度而言具有开放性。开放性的实现是通过各种运输方式将区域内和区域间联系起来，构成一种相互联系、高效流通的区域物流体系。从边界性来讲，虽然区域物流系统是开放的，但在研究过程中，也是有一定域界范畴的，由于区域网络内的区域物流枢纽的辐射具有一定的边限，不可能无限地向外辐射。因而，研究区域物流的范围是有界定的，例如我国的长江三角洲、珠江三角洲、环渤海、陇海—兰新经济带、淮海经济带等地区。

3.1.2　区域物流网络及节点

1. 区域物流网络的基本概念

要研究区域物流网络，首先要研究什么是“网络”。从抽象角度看，网络是由若干个节点和连接各个节点的连接线构成的组织结构。因此，区域物流网络可以描述为：在区域的地域范围内，物流活动赖以流通和运转的物质载体。它是由不同层次的物流节点和不同等级的物流通道组成的网状系统结构。“物流节点”在宏观层面上是指不同层次的城市，在微观层面上是指物流节点设施，如物流园区、物流中心、配送中心等设施。“物流通道”是指不同运输方式（水、公、铁、空、管道）的线路和通信干线等基础设施。

区域物流网络结构具有层次性、递阶性、秩序性，网络中的各个节点由于自然条件、经济区位和物流基础设施的差异，因而表现出不同层次、规模、功能的等级秩序。不同层次的物流节点存在着紧密衔接的关系，依次传递着物流、信息流和资金流，表现出明显的递阶性，形成稳定、高效的物流运作网络载体。

2. 区域物流网络的拓扑结构

网络的拓扑性质是即使不依托网络节点的具体位置以及边的具体状态也

能体现出来网络结构性质，也叫网络的拓扑结构。在图论（数学的一个分支，以图为研究对象）中的顶点和边对应于网络结构中的节点和连线。网络节点之间不同的连接方式可以形成不同的拓扑结构。区域物流网络中典型的拓扑结构包括：线型结构、树型结构、星型结构和渔网结构，如图3－1所示。轴辐式网络结构是在星型结构基础上发展起来的网络结构，通过各种物流资源在“轴”的聚集，形成规模效应，并向外“辐”射，形成高效率、低成本的网络运作结构，是区域物流网络发展的高级阶段，其网络结构如图3－2所示。

3. 区域物流网络中物流节点

物流网络是物流节点和物流线路构成的有机整体，物流节点是物流网络的必要组成部分，而物流枢纽也是物流网络的组成部分，它们是极易混淆的两个概念，因此，有必要对物流节点和物流枢纽的概念进行辨析。

一般地，物流节点的内涵可以这样描述：“物流节点是物流网络的有机组成部分，是物流网络中物流线路的接点之处，是组织各种物流活动、完成物流功能、提供物流服务的重要场所。”由此可见，物的流动过程是在线路和节点上完成的，线路上的流动主要指运输及配送活动，在节点上发生的物流活动，是物在相对静止的状态下完成的一系列物流运作，包括装卸、搬运、储存、分拣、流通加工、包装等。

基于物流节点的以上内涵分析，可知物流节点和物流枢纽有如下联系和区别。

（1）物流网络是由物流节点和线路组成，而物流节点包括了所有一般物流节点和物流枢纽，物流枢纽是物流网络中重要的物流节点，也就是物流枢纽可以归属于物流节点。

（2）物流枢纽和一般物流节点在层次、规模、功能、需求、效率上存在着明显的等级关系，物流枢纽比一般物流节点的等级更高，在物流网络中发挥的作用更大。从图3－2可以看出，物流枢纽是整个物流网络运作的中枢系统，发挥着对网络中的物流、信息流、资金流进行调配、组织、监控和指挥的功能，影响着整个物流网络的运作效率。

3.1.3 区域物流枢纽相关概念及辨析

为了透彻理解区域物流枢纽的内涵，需要对一些容易混淆的相关概念进行比较和分析。首先，要了解“枢纽”的含义；其次，区域物流枢纽通常是由“运输枢纽”形成演化而来，因而有必要分析“运输枢纽”的内涵；再

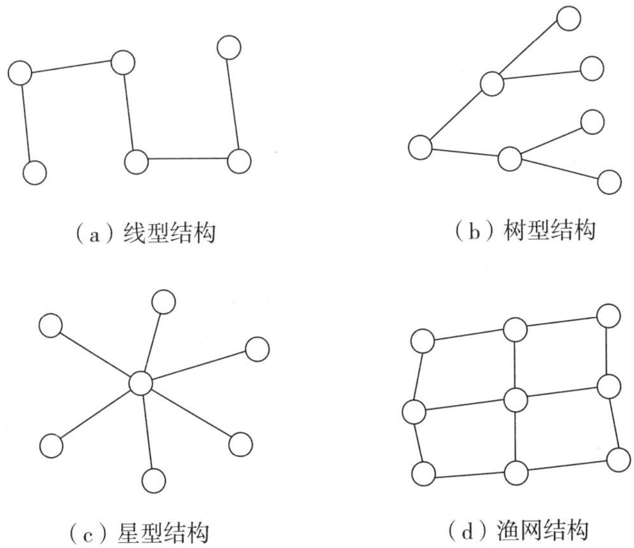

图 3－1　网络拓扑结构示意

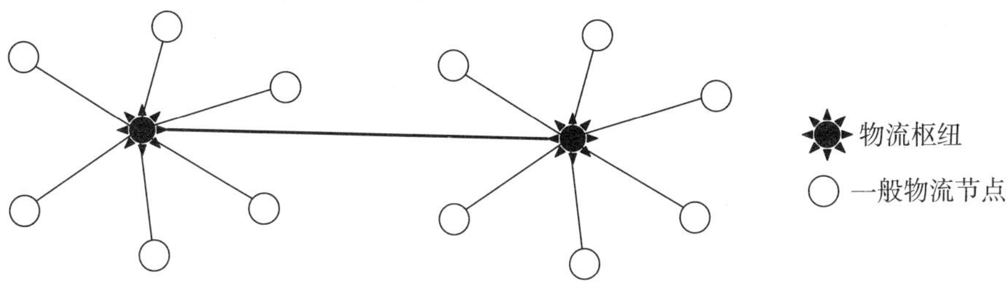

图 3－2　轴辐式网络结构示意

次，由于物流节点和物流枢纽概念容易混淆，因此有必要辨析物流节点、物流枢纽的概念；最后，对区域物流枢纽的概念进行阐述。

1. 枢纽

查阅《辞海》（1999）关于“枢纽”的解释，“枢”指事物的重要部分或中心部分；“枢纽”比喻要冲的地点或事物的关键所在，事物相互联系的中心环节。鉴于现代经济发展中产业通常在特定的区域聚集和需要通过聚集发展实现规模经济，“枢纽”一词被广泛应用于表述产业发展中的空间布局形态和产业组织形态，甚至通过规划和政策手段引导、促进枢纽的建设，以期通过枢纽的建设，实现产业的合理布局和集约化发展。

2. 运输枢纽

在现代交通运输与物流发展逐渐融合的背景下，运输枢纽与区域物流枢组往往在概念和内涵上具有很强的接近性。一般而言，运输枢纽具备物流枢纽的部分功能，物流枢纽通常也是运输网络的重要枢纽节点。因此，分析区域物流枢纽问题，很难绕过运输枢纽，需要对各种运输方式的运输枢纽特别是多种运输方式交汇、衔接的综合运输枢纽进行分析，以便更好地确定区域物流枢纽的概念和特征。

（1）基本概念。运输枢纽是货物运输发展中因运输服务组织的需要而形成的运输基础设施和运输服务集聚形态，一般是指在两条或两条以上运输线路的交汇、衔接处，通过基础设施建设和不同运输方式的衔接，以枢纽基础设施为载体、以不同运输方式转换和衔接为目标，具有运输组织和管理功能，可以实现中转、换装、储存、装卸、搬运、多式联运、信息等功能的综合性运输设施与服务系统。

（2）运输枢纽的作用。各种运输方式的运输枢纽和多种方式结合的综合枢纽，其基本作用是为同一运输方式内部和不同运输方式之间进行衔接服务，是综合交通运输体系的重要组成部分和综合运输服务的重要体现形式。从运输服务的组织层面看，运输枢纽是协调运营、组织联合运输的中枢；从物流服务的组织层面分析，运输枢纽由于集中了不同环节的运输服务和提供仓储、信息等服务，实质上也具有区域物流枢纽的部分功能，是货物转运与储存较为集中的场所。由于运输枢纽是物流系统的重要组成部分，现代运输枢纽的规划与建设通常服从物流系统整体要求。随着物流业发展和物流理念的更新，综合运输枢纽的规划与建设不仅要考虑多种运输方式高效便捷的转换，还要考虑仓储、配送、流通加工、包装、信息等多种物流服务功能，使综合运输枢纽成为物流活动的重要载体。虽然目前对综合运输枢纽有多种不同的定义，但基本形成了如下相对一致的特征认识。

①运输枢纽是运输衔接和集散地。在交通运输的空间布局和地理位置上，运输枢纽通常处于两种及以上的运输方式衔接地区，以利于实现“门到门”的运输服务，运输枢纽也因此成为旅客和货物的重要集散地。

②运输枢纽是运输网络节点。在运输设施和服务构成的网络上，运输枢纽是多条运输干线通过或连接的交汇点，是运输网络的重要组成部分，对连接不同方向上的客、货流，完善运输服务网络具有重要的节点组织作用。

③运输枢纽是运输产业的组织中心。现代运输服务业发展中形成的“轴辐式”运作模式，使运输枢纽成为运输活动的组织、控制和管理中心，运输枢纽不但承担着各种物资的装卸搬运，同时，也承担着运输服务的组织管理

工作。

（3）运输枢纽的发展现状。随着我国经济社会发展水平的不断提高，各种运输需求增长迅速，运输市场规模日益扩大，为适应运输服务规模化发展和跨区域、城际、城乡之间不同层次的货物运输服务组织需要，我国在全国主要城市和产业集聚区逐步建设了各种货运枢纽，包括公路枢纽、铁路枢纽、水路枢纽、航空枢纽。为发挥各种运输方式的技术优势、实现各种运输方式的有机衔接，近些年来，在部分重要经济中心城市开始探索建设集各种运输方式于一体的综合运输枢纽。

（4）运输枢纽的发展趋势。由于各种运输方式市场开放程度的差异，以及运输服务衔接不畅等多种原因，目前相当一部分的运输枢纽仅仅具有单一的运输方式服务功能，使运输枢纽作用的发挥受到极大的限制，也制约了运输服务效率的提升。自 2008 年 3 月交通运输部成立起，进行了大部制改革，将国家民用航空局、国家邮政局等部门并入到交通运输部管理。2013 年 3 月，铁道部被撤销，将铁道部的行政职责（包括拟定铁路发展规划和政策）并入交通运输部。由于四种运输方式均由交通运输部统一规划与管理，从总体上提升了运输基础设施规划的视角，可以从国家运输战略的层面进行综合运输的整体规划，对于我国综合运输体系的建设起到了积极的推动作用。同时，随着对物流服务概念的广泛认同，一些综合运输枢纽已经开始增加多式联运、仓储、包装、流通加工、信息服务等物流功能，并通过重新规划和改造，使运输枢纽逐步向具有多式联运为支撑的区域物流枢纽转变，对推动我国运输服务整体水平的提升和促进物流业的发展产生了积极作用。

3. 物流枢纽

现代物流的发展过程中，因供应链管理需要和第三方物流企业开展物流服务运作的需要，逐步形成了分拨中心、物流中心和配送中心等物流节点设施，以适应物流服务的高效率、低成本的组织需要，因而促使物流枢纽的产生。物流枢纽与综合运输枢纽既有区别又有联系，一般具有如下特点。

（1）物流枢纽的载体一般是经济发达、物流需求较多的中心城市，也可以是物流服务效率较高的综合运输枢纽城市。

（2）物流枢纽内部是各个层级、各个功能不同的物流节点设施（包括物流园区、物流中心、配送中心、货运场站等）和通道（一般以公路、轨道作为联络线）所组成的物流运作体系，各个物流节点设施之间具有合理的职能分工、密切的运作联系和便捷的交通运输连接。而综合运输枢纽强调不同运输方式转换。

（3）物流枢纽与综合运输枢纽的划分方式不同，不同层次的物流枢纽是根据在物流网络布局的作用和各层次枢纽的关联性进行划分的；综合运输枢纽往往只是体现各种不同运输方式在点的汇合和转换，体现的是运输方式运作和布局的衔接作用。

（4）物流枢纽的服务内容、运作模式相对综合运输枢纽更为复杂，不仅涉及不同运输方式的有机衔接和服务，还涉及通过对物流枢纽的物流设施的合理布局和物流组织的规模化、集约化，以达到所服务的各企业在物流成本、效率方面的要求，是运输合理化与物流运作合理化的有机结合。

（5）现代物流枢纽的功能和作用超过传统综合运输枢纽，是建立在运输枢纽功能之上、集结多种物流活动和服务的复合体系。运输枢纽是物流枢纽发展的重要基础，物流枢纽是运输枢纽发展的更高阶段。

因此，按照现代交通运输服务和物流服务方式的内在联系和相互关系，本文对物流枢纽做了如下定义：物流枢纽是位于物流活动或需求较为集中的城市，依托综合运输枢纽或赋予综合运输枢纽功能，拥有一定物流活动规模且不同辐射范围层次之间物流作业联系较为密切，具有合理的物流业务分工协作和便捷的运输服务联系的重要物流中枢节点。

4. 区域物流枢纽

区域物流枢纽是将物流枢纽放在区域物流网络范围内进行研究的，是其所在区域物流网络的核心接合部，是在物流服务的网络化过程中形成的物流基础设施和服务组织形态，既是区域性物流活动的重要物质载体，也是物流服务网络化运作的重要中枢。它联结区域内的各个经济空间，具有海路、铁路、公路、水路及管道多种方式联合运输的集结和疏散的组织构架，在此构架上形成运输、仓储、配送、流通加工、信息等多种物流服务功能，对物流、资金流、商流、信息流等要素合理组织和优化配置，进而形成一种有效利用区域内物流资源的服务体系。区域物流枢纽作为一个复杂的“微网络”系统，由各个要素构成，其中包括各层次的物流节点及节点间的物流线路，其结构是一个具有多级递阶结构的节点网络系统，如图 3 – 3 所示。

在宏观层面，区域物流枢纽是物流网络中的核心节点，是影响整个网络物流运作效率的中心环节，是实现物流网络各要素间相互作用、相互衔接的联系纽带，是实施各种物流、信息流、资金流宏观调控的关键点，是组织各种物流活动的集散地，在物流网络中起着非常重要的作用。在中观层面，区

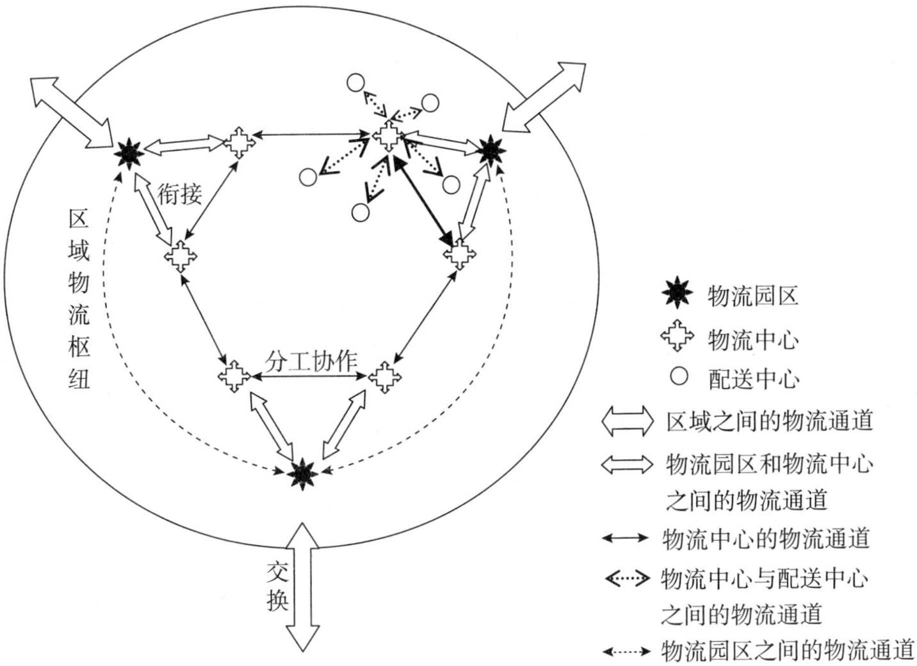

图 3－3　区域物流枢纽内各级物流节点设施结构网络示意

域物流枢纽是一个微网络结构，其内部是由各种物流设施、设备相互配合、紧密协作，构成集各种物流服务功能为一体的复合组织结构，是物流活动发生的重要载体。

3.2　区域物流枢纽的结构要素与特征

3.2.1　区域物流枢纽结构要素

区域物流枢纽是一个具有“微网络”结构的物流网络结构，主要要素包括各层次的节点和各级物流通道组成。

1. 物流节点及其层次划分

根据服务功能、服务需求、服务范围等要素的不同，将物流节点划分为：区域物流枢纽、物流园区、物流中心、配送中心及货运场站。区域物流枢纽城市是本书的研究重点，在下一小节予以详细论述。

（1）物流园区。物流园区是一种为物流活动提供服务的物流公共基础设施，是地域的空间布局与综合物流服务功能融合在一起的物流节点或物流平台。它是物流企业与相关企业（如运输、仓储、中介服务机构）的集聚区。它是有效整合物流资源，实现物流现代化作业、建立一体化运输体系、实现设施共享与高度信息化的物流市场载体。

物流园区是为城市物流活动提供服务的物流企业聚集地，能够提供多种运输服务、仓储服务、信息服务、配送服务、流通加工、包装服务，对于具有对外口岸功能的物流园区，还可以提供检验检疫、通关、境外商品的展览，是整个城市物流服务体系的重要节点。物流园区一般具备完善的运输装卸搬运设备，拥有适应各种类型货物的仓储设施，可以处理进出城市的各种物流业务，完成城市内部的配送服务。其地理位置可以位于港口、机场、铁路编组站等运输枢纽的附近，也可以位于工业园区、经济开发区等物流需求较多的地区，通常具有两种以上运输方式相互衔接，为完成多式联运提供便捷。为了避免对城市交通和环境的干扰，适当远离市中心区，使大城市的流通机能、道路交通、城市环境能够得到改善。为了适应未来物流需求的增长，要有足够的发展空间，为工业、商业及流通企业的发展留有余地。

（2）物流中心。中国国家标准《物流术语》（GB/T 18354—2001）将物流中心定义为："从事物流活动的场所或组织。应基本符合下列要求：①主要面向社会服务；②物流功能健全；③完善的信息网络；④辐射范围大；⑤少品种、大批量；⑥存储、吞吐能力强；⑦物流业务统一经营、管理。"

物流中心属于区域物流枢纽城市内的二级体系，相对物流园区其规模较小，起着承上启下的作用，是城市配送和加工配送物流的主要载体，具有商品的运输集散、商品的分拣、配货、商品储存、流通加工、信息处理等功能。工商业及流通企业是物流中心的主要客户，要求物流中心紧邻工业、商业企业的聚集地。物流中心主要负责城市范围的物流作业，主要运输方式是公路运输，所以一般位于高速公路和城市交通主干道的出入口。

（3）配送中心。中国国家标准《物流术语》（GB/T 18354—2006）将配送中心定义为："从事配送业务且具有完善信息网络的场所或组织。应基本符合下列要求：a）主要为特定客户或末端客户提供服务；b）配送功能健全；c）辐射范围小；d）提供高频率、小批量、多批次配送服务。"

配送中心是供应链链条中为下游的经销商、零售商以及最终顾客完成配送服务的一类物流节点，具备现代化的拣选配送设施、信息系统平台，可以进行装卸、分拣、流通加工、包装、选择最优的配送路线、最佳的运输方式等功能，为顾客提供高效的配送服务，降低运输成本、提高客户满意度。主要为特定范围的用户服务，规模较小。

（4）货运场站。货运场站是货物运输过程中进行货物集结、暂存、装卸搬运、信息处理、车辆检修等活动的场所，它具有六大主要功能：①运输组织功能；②中转换装功能；③装卸储存功能；④多式联运和运输代理功能；⑤通信信息功能；⑥综合服务功能。货运场站可以分为公路货运场站、铁路货运场站、空运货运场站和港口货运场站。

2. 物流通道及特点

（1）航空运输通道。航空运输通道是区域物流枢纽与枢纽外进行物流交换的重要联系。随着物流需求准点化、快速化要求不断上升，物流企业之间的竞争日益激烈，航空货物运输在完成价值较高、时间要求紧迫和产品生命周期较短的运输服务时，具有很大的优势。区域物流枢纽拥有高密度和高频率的航空线路，是吸引大量物流需求进入枢纽的重要原因。

（2）铁路运输通道。铁路运输通道在陆路运输中占有重要地位，主要完成大宗物资的中长距离运输任务。随着高速铁路和重载铁路的快速发展，高速铁路在快递服务的业务量快速增长，重载铁路在诸如煤炭、矿石、钢铁、粮食等大宗物资运输中发挥重大作用，铁路运输通道成为物流枢纽的大动脉。

（3）公路运输通道。公路运输通道在完成短距离运输，尤其是最后一公里的配送服务中具有不可取代的地位。公路与航空、铁路、水路等其他运输方式衔接和转换，完成多式联运的末端服务，是城市配送的主要通道。区域物流枢纽一般具有呈辐射状、高等级的公路通道系统，与周边物流节点紧密相连。

（4）水路运输通道。水路运输通道是进行国际贸易的主要物流通道，占国际贸易的90%以上。水路运输最大的特点是运量大，诸如矿石、石油、纺织品、食品的进出口贸易大都通过水路运输完成，因而水路运输通道对于区域物流枢纽发展成为国际物流枢纽起着决定性的作用。

（5）管道运输通道。管道运输通道是较为专业的运输通道，主要服务于石油、天然气等流体类物资，是石油工业的基础设施。世界上一些著名的国际物流枢纽往往也是炼油中心，例如新加坡和鹿特丹，由于这些物流枢纽具有发达管道运输体系，有较广的辐射范围，因而吸引着大量油轮停靠，进一步促进物流枢纽的炼化工业和经济发展。

3. 物流枢纽的虚拟网络

物流枢纽的虚拟网络是控制物流枢纽信息传输的关键网络，主要包括数据中心、调度中心、服务终端及传输网线，是进行数据处理和信息传输的基础设施。正确的物流决策往往需要实时信息数据的传输，可以说，没有信息网络的发展就没有物流业的发展，没有信息传输，区域物流枢纽的运作会陷入停顿和混乱。

综上所述，区域物流枢纽由各级不同规模和功能的物流节点设施和各种物流运输通道组成一个与外界紧密联系，内部运作有序的“微网络”结构，在区域物流网络中发挥重要作用。区域物流枢纽的结构要素及其物流形式和功能如表 3－1 所示。

表 3－1　　区域物流枢纽的结构要素的物流形式与功能

区域物流枢纽内的微网络		物流形式	物流功能
实体网	物流节点	物流园区、物流中心、配送中心、货运场站	仓储、装卸搬运、流通加工、检验检疫、通关等
	物流线路	公路、铁路、航空、航道及管道	运输
虚拟网	物流节点	数据中心、调度中心、服务终端等	数据处理
	物流线路	Internet、VLAN（虚拟局域网）	信息传输

3.2.2　区域物流枢纽内物流节点设施的配置模式

1. 运输场站设施及线路配置模式

（1）石墨网状型。石墨网状型的配置模式（如图 3－4 所示），是各层之间交换不多、层级之间相对独立的运输场站配置模式，每一层表示一种运输方式在各自的体系中形成网络结构，不同运输方式之间缺乏有效的衔接和转换，造成不同运输方式的功能雷同，不能取长补短，产生不必要的竞争，效率较为低下。

（2）钻石型。钻石型的节点配置模式（如图 3－5 所示）是根据不同运输方式的功能，进行合理组合和配置形成一种复合型运输网络，可以综合考虑不同运输方式特点，取长补短具有高效率和低成本的特点；从实际发展情况和趋势来看，我国运输节点设施配置模式以钻石型配置为主要的发展方向。

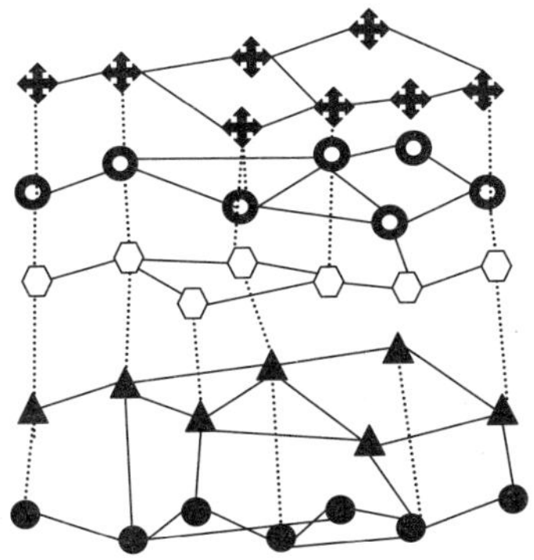
图 3－4　石墨网状型配置网络

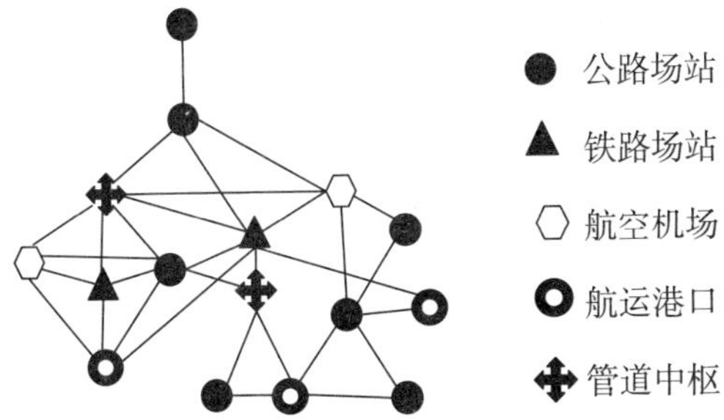

图 3－5　钻石型配置网络

2. 物流节点设施的配送模式

一般而言，由四种物流节点设施（物流园区、物流中心、配送中心及货运场站）构成的区域物流节点结构包括以下配送模式。

（1）一级模式。在这种模式中，只有一个物流节点完成物流配送任务，是最简单的物流节点配置模式。在一级物流节点配置模式中，随着现代物流产业的发展，以配送中心为转换节点比例逐步增多，并且越来越多传统型货物站正逐步向配送中心（物流中心）转变，如图 3－6 所示。

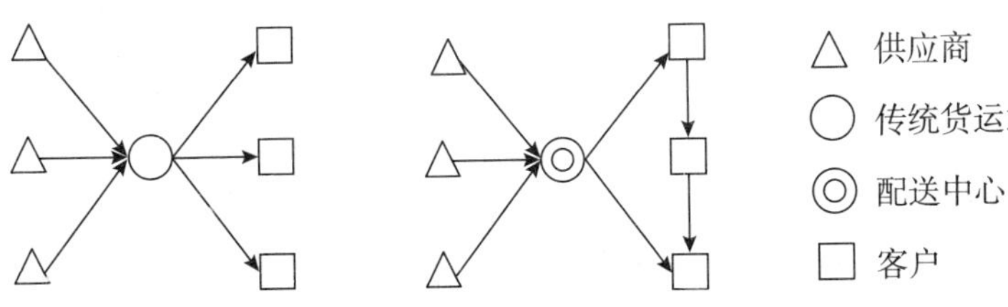

图 3－6　物流节点一级配送模式示意

（2）二级模式。在这种模式中，通过两个层级的物流节点分阶段地完成物流配送活动。在二级物流节点配置模式的三种配置方式中，物流需求较小的中小城市以传统货运场站到配送中心的配置模式为主，如图 3－7（a）所示，大城市或者城市群以物流中心到配送中心，或物流园区到配送中心的配置模式为主，如图 3－7（b）、图 3－7（c）所示。

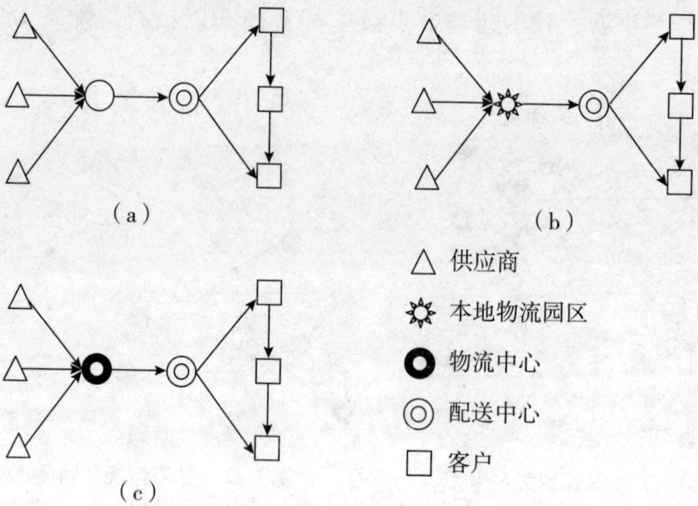

图 3 -7　物流节点设施二级配送模式示意

(3) 三级模式。在这种模式中，通过三个层级的物流节点依次递阶完成物流配送任务，是物流实际运作中典型的配置模式。三级物流节点配置方式较多在都市圈或大城市等地域范围较大的物流网络中配置，如图 3 -8 所示。

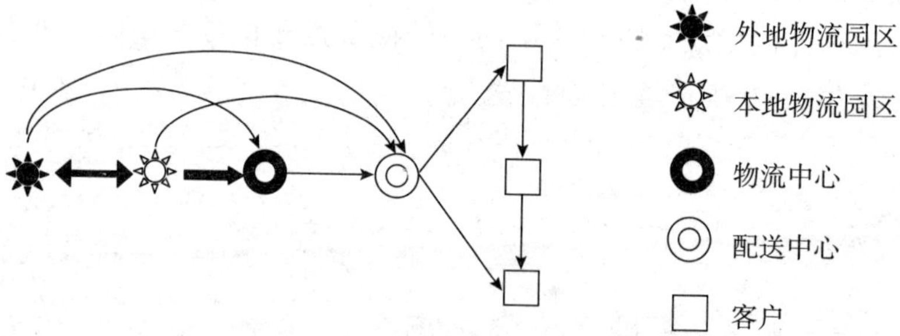

图 3 -8　物流节点三级配送模式示意

3.2.3　区域物流枢纽的特征

从宏观角度看，区域物流枢纽是区域物流网络的重要物流节点，从中观角度看，区域物流枢纽内部也包括多种物流要素，是一种具有复杂组合关系的空间组织类型，其空间结构是存在于一定城市空间范围内，区域物流枢纽设施依托城市发展，使城市成为区域物流枢纽节点。总体来看，由各要素构成的区域物流枢纽具有以下主要特征。

1. 区域性

区域性是指物流枢纽存在于一定区域范围内，是属于局部空间范畴的概念。区域物流枢纽虽然可以抽象为物流网络中的一个节点，但其内部结构也是由不同物流设施组合配置而成。因而，区域物流枢纽内的物流要素和物流活动需要一个区域范围作为物质“载体”，一般以中心城市为运作载体。既然每一项物流活动都必须落实在一定的区域上，从空间维度来分析，考察区域物流枢纽的区域性就成为理解和分析区域物流枢纽问题的根本出发点。以区域物流枢纽的概念为分析基础，从物流产业网络化空间布局逻辑角度出发，由于区域物流枢纽内不同功能的物流节点（物流园区、物流中心、配送中心)、运输场站（机场、港口、公路和铁路货运场站）以及各种运输线路在城市内分布，且服务于城市生产生活，或以城市为聚集载体服务于一定区域。因而，区域物流枢纽的载体是城市，是在城市范围内进行运作，并与城市外各种物流需求通过物流通道产生联系。区域物流枢纽通常位于中心城市，也可位于重要综合运输枢纽城市。

2. 整体性

整体性是指区域物流枢纽结构整体效用大于各要素之和的特征，区域物流枢纽结构是具有不同功能、不同特征、不同目标的各种要素通过一定的组织形成的相互作用、相互衔接和相互牵制的具备一定功能的统一整体。区域物流枢纽内的各级节点和线路存在密切的联系，具有稳定的结构联结，在这个具有整体性的结构中，往往“牵一发而动全身”。例如新的物流线路的联通，新的物流园区建成都会导致整个区域物流枢纽的结构、运作和效率的变化，从而对物流网络上各个方向上流的聚集和扩散产生影响。从系统论来说，区域物流枢纽结构作为一个系统，其整体效用根据各个子要素的不同组织结构而不同，一般不等于各个要素之和。如果各子要素组织结构是合理的，各个要素相互配合、相互提升，那么系统的整体效用大于各要素之和；如果各个要素之间相互牵制、相互抵消，系统的整体效用小于要素之和。从这个观点看，无论是做物流园区或线路局部的优化，还是进行区域物流枢纽结构整体优化，都必须从整个系统的角度出发，关注系统的整体运行效率，避免局部优化降低系统整体的优化。

3. 复杂性

区域物流枢纽是一个复杂巨系统，由多层级子系统耦合构成的多级递阶结构系统，是集成多种物流服务子要素的设施群综合体。表现在构成区域物流枢纽的要素以及要素之间关系的差异性、多样性和复杂性，区域物流枢纽要素包括：各级物流节点、货运场站、各种交通路线和在网络上进行物流活动的各种参与者。区域物流枢纽内的子系统本身就属于复杂系统，例如多个层次的物流节点、货运场站和运输网络的复杂子系统。枢纽内物流活动有不同层面的参与者，其中包括政府部门、工商企业、物流服务提供商和客户等要素，各要素之间相互作用、相互联系、相互制约，使得网络系统运作存在随机性、不稳定性、动态性和演进性等复杂系统动力学特征。

4. 层次性

区域物流枢纽结构是一个具有多个层次节点的递阶系统，从宏观区域物流网络来看，区域物流枢纽根据其辐射区域范围的大小分为国际性物流枢纽、区域性物流枢纽、地区性物流枢纽；从物流枢纽微网络角度来说，枢纽内节点层次由高到低可以分为物流园区、物流中心、配送中心、运输场站，由上一层次的节点向下一层次的节点进行辐射，递阶式地完成区域物流的整个过程。各个节点之间存在相互交织、相互作用、相互联系，在功能与结构、作用与地位上体现出等级序列，形成层次清晰、布局合理的多层级的物流网络结构。区域物流枢纽具有多层级递阶性是区域物流网络不断发展和演进的必然结果，通过各级物流节点设施的不同分工和协作，提高物流网络的运作效能、降低整个区域物流运作的成本，实现区域经济和物流一体化运作。

5. 开放性

系统论认为，所有的系统都具有开放性，区域物流枢纽作为一个系统也不例外，它可以被看做是一个由各种物流要素构成的具有边界的系统。但是，从更高的宏观层面来看，它又可以被看做是区域物流网络中的中枢子系统。区域物流枢纽与物流网络存在各种交换，各种运输方式将枢纽内和枢纽外联系起来，构成一种相互联系、高效流通的区域物流体系，随着区域内各个城市的经济往来更加密切，货物流通越来越多，城市节点之间的运输线路越来越多，城市之间不断融合发展，多个城市节点可能会融合发展成一个区域经济共同体。从这样的发展脉络看，区域物流枢纽空间结构的界限似乎是模糊的。对区域物流枢纽开放性的理解，可以帮助我们辨别区域物流枢纽空间发展的演进方向，明确区域物流节点开发的空间和时间序列。

6. 辐射性

区域物流枢纽作为区域物流网络的重要节点，起着增长极的作用，有着强大的吸引力和扩散力，对周边区域经济及物流活动具有强烈的辐射效应，像磁场极点一样形成吸引聚集效应，并向周边扩散。根据增长极理论的极化效应和扩散效应，可以说明区域物流枢纽对周边地区的辐射性。

极化效应的产生是因为区域物流枢纽所拥有的资源、交通、区位和政策等优势对物流要素产生强大吸引力，周围地区的生产要素和经济活动不断向区域物流枢纽集中，枢纽内的物流资源的不断改善会促进其他产业的繁荣，经济发展带来更多需求进一步带动物流业的进步，使得区域物流枢纽无论是基础设施，还是运作效率都处于领先地位。扩散效应是枢纽城市对周边地区的辐射作用，使得周边地区从区域物流枢纽获得资本、信息、技术、人才等，并刺激促进被辐射周围地区的进步，逐渐缩小与枢纽的差距。区域物流枢纽的高效率运作也会带动周边地区经济产业发展，从而引发出新的物流需求，物流需求的产生会带动相关物流要素进入周边地区，推动该地区物流业发展。扩散效应可以说明区域物流枢纽在带动周边地区方面的重要作用。

7. 演进性

区域物流枢纽的发展是由自然地理条件和人类不断建设和改造逐步演变和发展而来，产生一个“自然 + 人工”的复合型系统。其形成之后并不是固化不再改变了，而是一直处在不断发展变化中，特别是受到社会、经济、政策及管理思想方法等因素变化的影响，这些因素相互作用也不断推动区域物流枢纽向前演进和发展。例如交通基础设施的改善、信息技术的革新、新的产业政策的发布，都会引起区域物流系统要素的变化和迁移，从而影响区域物流枢纽结构布局的变化，推动区域物流枢纽向前发展，也就是具有时间上的演进性。一般来说，短时期发展较好的区域物流枢纽，随着时间的发展，各种影响因素的变化，发展到一定时期，可能成为衰退的旧的区域物流枢纽，被新的区域物流枢纽所取代。正是由于区域物流网络结构演化性的客观存在，使得区域物流枢纽结构优化和重构在长期发展上成为必要。

3.2.4 区域物流枢纽的主要功能

区域物流枢纽是区域物流网络系统的主骨架，在物流运作服务范围不断扩大的背景下，一般具备交换、衔接和中转功能，提供满足区域经济社会发展需要的物流服务。从区域物流网络系统的角度看，区域物流枢纽具有如下功能。

1. “点”的配置优化功能

“点”的配置优化功能是指区域物流枢纽对其内部的各级物流节点设施的

层次与结构进行优化配置，来提高区域物流网络整体运作效率的功能。从宏观层面看，物流枢纽是区域物流网络的一个节点，但从中观层面看，由于内部各级节点、线路较多，结构复杂，实质上构成区域物流网络中的“微网络”结构。并且，在物流枢纽内部的各级物流节点设施（物流园区、物流中心、配送中心）并不是独立运作的节点，而是具有递阶关系，相互衔接、相互作用，共同构成具有对外辐射、对内服务的物流节点系统——区域物流枢纽。如果布局合理、紧密协调，那么区域物流枢纽的整体功能大于各部分的加和。反之，节点之间的布局不合理，功能配置混乱，不能协调配合，整体功能则小于各部分的加和。因此，区域物流枢纽从中观角度整合物流资源，系统规划各级物流节点的选址、规模、功能、辐射区域等微观问题，使各级物流节点从以往零散的竞争关系转变为紧密的协作关系，实现枢纽系统整体功能的提升。

2. “线”的转换功能

线的转换功能是指货物在物流枢纽进行不同运输方式或不同线路的转换，实现物流过程的优化。随着贸易交换的范围日益广泛，从始发地到目的地，由于物流量不足要实现完全点对点的长距离直达运输服务，从运输经济学原理来看是不经济的，需要通过区域物流枢纽站点将具有相同方向不同目的地的分散货流聚集起来，使用大容量的载运工具完成长距离的运输任务，以降低货物运输的单位成本，提高经济效益。区域物流枢纽在整个过程中起到汇集和中转的作用。在区域物流枢纽规划设计中要考虑并非所有流体都是为枢纽城市本身所需的，大量货物要通过枢纽实现中转、过境。因此，区域物流枢纽规划中要将物流需求根据流向分为中转物流、过境物流、入境物流、出境物流以及内部物流，在此基础上合理规划各级物流节点、运输场站、过境通道和城市内的物流联络线，以优化物流组织结构、发展多式联运，通过枢纽高效的“线”的中转功能，提高物流组织效率、降低总体物流成本。

3. “网”的联结功能

“网”的联结功能是指区域物流枢纽在网络中起到衔接和构筑网络的作用。从宏观层面看，物流枢纽是网络中各个方向物流需求汇聚的联结点，把不同运输线路联结起来，汇聚不同功能的各种物流设施，形成一个物流网络的集结点，提高物流网络的通达性，使区域物流网络运作形成一个整体。首先，是不同运输线路、运输方式之间的对接，完成各种运输方式和载运工具的无缝衔接，合理布局枢纽内各级物流节点，成为区域内的物流极点，形成强大的物流吸引力；其次，是区域物流枢纽和所在辐射区域内的一般物流节点的连接，实现各个节点的物流需求到物理枢纽集结并进行各种转换进行下一个阶段的物流活动；再次，是区域物流网络中各个区域物流枢纽之间的联通，通过主要的物流通道进行跨地域的物流活动；最后，由于区域物流枢纽对区域内外的有效连接，构成“轴辐式”多式联运的区域物流网络结构。

4. “面”的辐射功能

“面”的辐射功能是指物流枢纽作为物流网络中的极点，通过极化和扩散效应，对周边地区的物流、信息流、资金流实现“点—线—网—面”的聚集与扩张。首先，物流枢纽汇集各种运输线路、各种物流服务，能提供快捷的衔接、中转功能，具有较高的服务效率。其次，由于其规模经济效应、范围经济效应，可以有效降低物流成本。因而，呈扇面吸引周边物流需求在此聚集，并向其他区域扩散，增强区域网络各个节点的物流需求往来。区域物流枢纽内在节点的布局越合理、功能越完善、运作越快速，成本消耗越低，吸引的物流需求就越多，通过“辐”的扩散范围就越大，枢纽在网络中的“轴”的地位就越突出，形成强大的辐射功能。

3.3 区域物流枢纽及枢纽内节点设施的层次划分

3.3.1 区域物流枢纽的层次划分

由于不同区域物流枢纽在经济发达程度、交通运输基础设施、物流服务和环境均存在较大差异，因而不同的物流枢纽在城市空间物流组织以及辐射范围上存在功能与地位的差异。正是由于这种差异，在区域物流枢纽设施的空间布局上需要进行基于辐射范围和服务功能的层次划分。

鉴于我国区域物流总体上处于网络化和集聚发展的初期阶段，为提高规划对区域物流枢纽空间布局优化和产业聚集的引导作用，以及提高区域物流枢纽在整个区域物流网络中的地位和作用，根据区域物流枢纽在区域内所辐射的区域范围和作用，可以将区域内的物流节点分为：国际性物流枢纽、区域性物流枢纽和地区性物流枢纽。

1. 国际性物流枢纽

属于等级最高的区域物流枢纽，一般需要跨越两个以上的国家，并衔接两种及以上的交通运输方式，具有货物的中转及换装的联运职能。主要国际物流功能包括：衔接国内国外的物流运作、多种运输方式便捷转换、商品检验检疫、海关报关、保税仓库等。主要国内物流功能包括：长距离的跨行政区域运输、短距离市内配送、各种货类的仓储、高效率的装卸、快速的流通加工和完善的包装等。需要海关和联检部门联合办公才能实现其国际物流的功能，要求较高的作业技术和检验设备。一般而言，国际性区域物流枢纽应该包括在海港、空港或内陆口岸等可以从事国际物流运动的重要据点。

2. 区域性物流枢纽

区域性物流枢纽主要的辐射范围包括多个城市构成的城市群、都市圈或经济发展带。一般其所辐射的区域将货物汇集到区域性物流枢纽，或从区域物流枢纽分散运至各个腹地，以实现支线运输与干线大规模运输的有效衔接。在区域物流枢纽中，中转换装的业务量巨大，需要各种运输方式的高效衔接、高频率的运输航班线、完善的仓储设施，向省际乃至全国的物流腹地进行辐射。

3. 地区性物流枢纽

地区性物流枢纽主要是以城市及周边县区为辐射范围，因而物流节点设施的规模较小，主要功能是配送、仓储、包装、流通加工等。由于城市范围一般处于公路运输的经济里程范围，故一般采用汽车配送服务。

3.3.2 区域物流枢纽内节点设施的层次划分

目前，理论界对区域物流枢纽内各级物流节点设施的层次关系界定较为模糊，实际规划中对节点设施的名称使用较为混乱，例如物流团地、物流基地、物流园区、物流中心、配送中心等专业术语等。对物流枢纽内各级物流节点设施的统筹规划、功能定位、运作协调等方面造成许多不利的影响。因此，界定枢纽内各级物流节点的层次关系以及功能定位，有利于区域物流枢纽的规划研究。

因此，从区域物流枢纽内不同物流节点设施的地位、功能、作用出发，可以划分为四个层次：物流园区、物流中心、配送中心和货运场站。若按照完整的物流网络构成要素，末端配送点、快递取送货点等，也是物流网络的重要组成部分，其中末端性节点为客户终端节点。在区域空间范围内，不同层级的物流节点设施在数量、选址、规模，以及对应的辐射能级和服务功能等具有明显的差别。一般来说，层次越高的节点选址建设越复杂、功能越齐全、数量越少、规模越大、辐射能级越强大。但也并非绝对，例如某些运输港站的规模较大，如海港的堆场面积甚至超过物流中心的规模，但是其功能仅是运输以及与运输有关的装卸、搬运和储存，因而从功能角度讲，货运场站仍然处于物流节点的最底层。区域物流枢纽节点的层次关系如图 3 –9 所示。

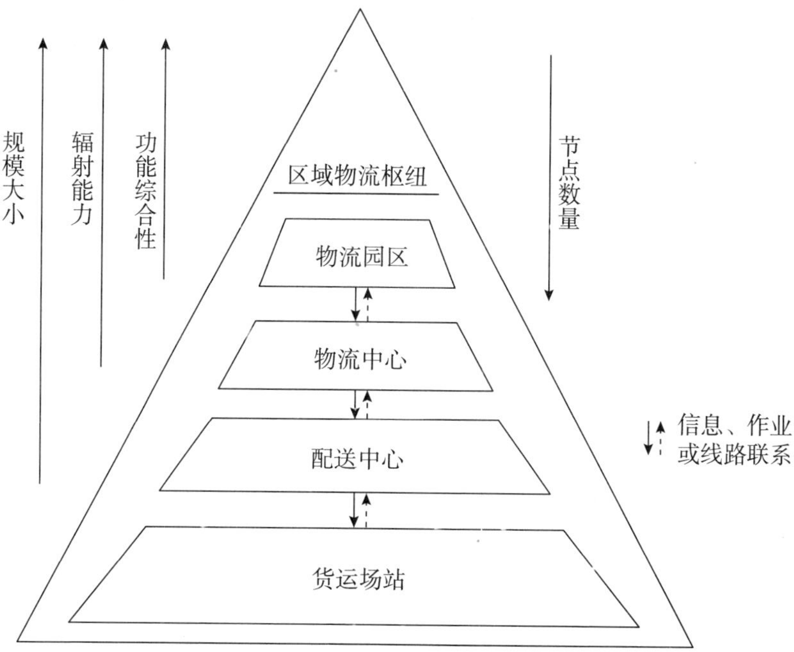

图 3 –9　区域物流枢纽与物流节点的关系及层次划分示意

1. 物流园区

物流园区是区域物流枢纽内的重要物流节点设施，是物流活动汇集的空间集散地，是具备多种现代化物流设施和多家经营主体的大型物流服务场所，是具有多种综合物流服务功能的大型物流业务载体。一般设置于区域物流枢纽城市的边缘地带，是货物进入城市的中转站，是长途运输和城市配送的分界点。物流园区是介于区域物流枢纽城市和物流中心之间的物流节点，即区域物流枢纽范畴内的物流园区属于区域物流枢纽，而园区可以包括多个具有不同功能和服务范围的物流中心、配送中心。

2. 物流中心

物流中心是处于物流园区和配送中心之间、起到承上启下作用的节点设施，既可以存在于物流园区内也可以独立存在，但其作业的层级处于物流园区的下游，同时向下一级物流节点设施（配送中心）提供物流分拨、仓储、配送、流通加工等服务的物流运作基地。它的功能可以是具有某类单一货种的专业物流中心，例如冷冻货物、生鲜货物，也可以是功能相对综合的公共物流中心，往往由一家组织机构营运管理。

3. 配送中心

它是层次较低的物流节点设施，在物流链中处于其上游节点设施（物流园区或物流中心）和下游节点设施（零售店或终端用户）之间，是离终端客户较近的物流节点设施。其辐射范围较小，主要服务周边区域；其数量较多、规模较小；主要功能是实现对城区内的各类需求点进行小批量、多批次、多品种的配送服务。由于离消费者较近，一般在配送中心储存消费速度快，价值较低的货物，以提供快速响应能力，并降低出货运输成本。

4. 货运场站

基本处于物流网络节点的最低层次，分布较为广泛，其服务功能主要是货物运输相关的货物集散、装卸、中转、交付和暂存。其功能比较单一，配置的设施设备比较简单，属于传统的运输节点，在我国物流运作中特别是广大城乡区域仍然发挥着重要功用。

3.3.3 区域物流枢纽与物流节点设施之间的相互联系

区域物流枢纽的层次划分虽然可以在物流网络的空间布局方面提供层次区分，但要完成各级区域物流枢纽的规划与建设，需要研究区域物流枢纽与其内部物流节点设施之间的相互关系，主要解决两个层面的问题：第一，各级物流节点设施之间的功能关系，重点研究各级物流节点设施在功能上的差异性和内在物流运作的关联；第二，各级物流节点设施之间的空间布局配置关系。两个角度的研究，将在一般性网络层级的基础上，形成功能与布局匹配的网络节点空间关系，这种基于功能和辐射能级的空间关系，也是本研究期望探索重要枢纽设施规划布局的核心问题。

1. 区域物流枢纽是各级物流节点设施的集成

从概念上讲，区域物流枢纽是各级物流节点设施集成的载体，是通过枢纽城市将物流园区、物流中心、配送中心等节点设施以及相应物流通道有机集聚在城市范围内，形成与城市社会、经济和物流产业发展战略地位匹配的区域物流节点设施系统。正是因为区域物流枢纽是多种物流节点设施的有机构成，在特定的区域范围内不同城市因集成的物流节点设施数量、功能的差异，才导致城市在区域物流发展中的功能和地位的不同，而区域物流系统的效率又很大程度上依赖区域物流枢纽功能的合理发挥。因此，在规划研究中确定在各级物流节点设施集成基础上的区域物流枢纽总体功能，成为当前在理论层面和实际操作中要重点解决的问题。

2. 物流枢纽内部各级物流节点设施之间的关系

物流园区、物流中心和配送中心都可归属于物流节点设施，随着现代物流服务的多元化和功能的多样化，这三者之间的关系主要不体现在具体功能上，因为它们可能均拥有数量不同的仓储、包装、装卸搬运、流通加工、集货配货、信息服务等设施，即单纯考察其设施功能，三者之间存在很强的趋同性，在概念和空间结构方面有一定包容和隶属关系。它们之间的关系主要体现在辐射范围差异及完成区域物流全过程服务中的序列接续上。因此，从规划层面对区域物流枢纽问题进行研究，主要解决枢纽内部各级物流节点设施的层次关系，以及基于层次关系的规划要点因素分析，最终通过科学合理的规划布局实现物流节点设施之间的良性互动，构建完整的区域物流枢纽的“微网络”系统，以发挥区域物流枢纽在区域物流网络中的作用。

（1）层次关系。区域物流枢纽规划与物流节点设施建设在层次上的关系是规划和实施的关系。规划主体是区域物流枢纽城市或者包括枢纽城市在内的区域，是通过城市层面的物流产业发展规划，确定在枢纽内的物流节点设施的数量、规模、功能等空间布局问题。区域物流枢纽既是宏观区域物流网络中的节点，又是各层次物流节点设施布局的载体，是一个微网络结构。

由于区域范围内不同层次的区域物流枢纽在物流产业发展中的地位不同，其物流节点设施的规模、功能和作用也就不同。因此，从规划层面考虑，需要确定物流枢纽在区域物流系统中地位的基础上，通过规划确定其承载的物流节点设施的数量、规模、功能和布局。这种物流枢纽和各级物流节点设施在产业布局层面的相互关系，是枢纽城市物流产业发展规划的关键和难点所在。因此，在进行区域范围内物流规划时，根据区域物流枢纽在区域物流网络中的自然区位、基础设施、社会经济条件，以及辐射覆盖能力的差异，将区域物流枢纽划分为国际性物流枢纽、区域性物流枢纽和地区性物流枢纽。

物流园区是物流枢纽内的关键物流设施，物流枢纽在区域物流网络中地位很大部分是由枢纽内物流园区的数量、规模和功能决定的。它是其载体城市承担物流产业聚集发展的重要物流功能设施，是沟通区域之间物资流通的接洽点。物流中心服务的范围相对较小，一般服务于城市内部范围，服务功能较为单一，可以是物流园区的重要组成部分，也可以独立存在为社会和企业提供物流服务。

（2）功能关系。区域物流枢纽由于包含各级物流节点设施，在物流网络中提供各种综合物流服务、信息服务、金融服务。物流园区集装卸搬运、仓储、运输、配送、流通加工、信息服务以及各种生活配套服务于一体。物流园区由于聚集各类物流组织机构，其物流资源协同、整合的功能要比物流中心强。物流中心的主要功能是仓储和配送功能，配送中心的功能则主要是完成最后一公里的配送服务。

（3）规模关系。区域物流枢纽是包括若干个物流园区、综合运输场站、物流中心和配送中心等节点设施在内的物流设施群。物流枢纽的规模与其在区域物流网络中的地位、功能以及枢纽城市发展物流产业的战略选择有关。区域物流枢纽规模大、辐射区域范围广，其区域物流枢纽节点的总体规模就大，辐射能级也就高。物流园区是枢纽内关键的物流活动场所，包含各类物流服务功能，其规模和功能决定了物流枢纽在网络中的地位和作用。所以，物流园区相对物流中心和配送中心规模要大得多。物流中心主要承担物流分拨功能，相对配送中心来说，货物的品类要多，数量要大，因而规模也较配送中心要大。配送中心是完成最后一公里配送服务的，离客户最近，配送中心内储存的货物一般是客户需求量较大，而对于需求量小且价值较高的货物，配送中心不备货，因而配送中心的货物类别相对物流中心少，规模在物流节点设施中也最小。因此，在城市的区域物流枢纽节点设施布局中，通常不会将配送中心作为规划的重点，将其按照终端节点进行布局和建设，在规划中往往重点规划物流园区和物流中心的布局。

（4）数量关系。张晓东在《物流园区布局规划理论研究》（2004）一书中，对不同层次物流节点设施的数量比例关系做了深入的理论研究，探讨了在考虑市场因素的情况下，上下层次的物流节点的比例关系为1∶3；在考虑交通因素的情况下，上下层次的物流节点的比例关系为1∶4。在区域物流枢纽规划中，首先根据区域物流枢纽在区域物流网络中的层级，确定枢纽内物流园区的数量；再根据上下层级物流节点设施数量的比例关系，从上到下依次确定物流中心、配送中心的数目。然而，实际中对某一特定的物流枢纽内物流园区、物流中心和配送中心而言，并没有完全确定的数量比例关系，至于多少合适，将取决于城市的空间规模、城市交通特性和城市物流业辐射服务的范围等。

（5）能级关系。国家对于区域物流枢纽城市进行的层次划分，主要考虑的是基于需求规模基础上的辐射能级。按照国家层面的这种布局考虑，在规划区域范围内，高一层次的区域物流枢纽的能级最强，其物流服务对所在区域、全国甚至国际，辐射覆盖范围很大，且主要承担区域之间物流枢纽系统的衔接。物流园区服务范围主要定位于区域内和所在城市的物流能级。低一层次的物流节点设施的能级次之，辐射范围也相应缩小，但依然可以通过建设物流园区、物流中心或配送中心等物流节点设施来实现对相应范围的物流辐射服务。

物流园区、物流中心、配送中心之间的区别，如表 3 –2 所示。

表 3 –2　　物流园区、物流中心、配送中心之间的区别

比较项目	物流园区	物流中心	配送中心
功能	全面	单一或全面	较单一
规模	大	一般较大	可大可小
在供应链中的位置	处于物流中心、配送中心的上游	一般在物流园区下游、配送中心上游	下游，供应链的末端，最接近客户
物流的特点	多品种、大批量、多供应商	少品种、大批量、少批次、少供应商	多品种、小批量、多批次，多客户
服务对象	比较广泛	提供第三方物流服务	为众多终端客户服务
辐射范围	向周边区域辐射	辐射范围中等	辐射城市内部
规划建设主体	政府、大型企业	企业为主	企业
政府介入程度	较大	一般	较少

3.4　本章小结

本章对区域物流、区域物流网络及区域物流枢纽、物流节点设施等概念及特征进行了辨析。区域物流枢纽是区域物流网络的中枢节点，而区域物流枢纽自身具有“微网络”的结构，其内部包括物流园区、物流中心、配送中心和货运场站等不同功能与层次的物流节点设施，其载体是区域物流网络中的物流枢纽城市。从区域物流网络到区域物流枢纽，再到枢纽内的各级物流节点的分析脉络，可以看出物流规划根据规划的范畴不同可以分为宏观、中观和微观规划。区域物流发展规划属于宏观层面的规划，而区域物流网络内选取和界定区域物流枢纽属于中观层面的规划，区域物流枢纽内部各节点设施的规划布局属于微观层面的规划问题。宏观战略规划是对中观、微观规划的引导、保障和管理。反过来，中观、微观规划是对宏观规划实现的具体运作和保证。不同层面的物流规划须要由上到下、由下到上的相互配合，方能达到区域物流网络规划的整体目标。

4 区域物流枢纽的动力机制及演化机理研究

区域物流枢纽是在区域网络的内因、外因相互影响下发展演化形成的。为了科学发展区域物流网络，把握区域物流枢纽的发展演化规律，建设高效区域物流枢纽设施，有必要对区域物流枢纽的形成的动力机制和演化机理进行分析。

4.1 区域物流枢纽形成演化的外部因素

4.1.1 区域经济的发展

区域物流枢纽的形成和发展，取决于区域经济的发展水平。区域经济发展的不同阶段对物流需求数量和服务功能要求具有很大的差别。在工业化之前的农业社会，由于区域间的贸易交换甚少，各地区之间的物流联系少，物流网络呈现各节点之间联系甚少的均匀的网络分布。工业化开始后，对各种原材料大宗物资的运输需求急剧增长，从而引发相关装卸搬运和仓储的需求，储存和运输两个基本物流需求加速增长，催生货运场站的出现。制造业高速发展时期，产成品的物流需求大量产生，运输需求和仓储需求出现了多样化的发展要求，相关物流服务出现多样化的需求，如流通加工、特殊包装、快速装卸搬运等。信息化产业发展时期，由于信息技术的发展带来的经济发展模式的转变，各地区之间的联系急剧上升，物流需求数量快速增长，服务功能也日益多样化，物流业发展出现质变，不再是传统的仓储与运输的基本功能和服务，而是以原材料为起点一直到最终送至客户手中的全过程服务，物流功能呈现系统化、整体化发展。在这种情况下，各种物流活动需要相互衔接、紧密配合、统一运作，促使各种物流活动和功能不断聚集在物流网络交通便利的节点上，这类节点不断地壮大发展，区域物流枢纽因而逐渐产生。

4.1.2 区域产业布局的不均衡

区域产业布局不均匀、产业发展不平衡造成了区域物流网络节点之间物流需求的不平衡性，也是区域物流枢纽形成的直接影响因素。例如，我国各种能源矿藏分布极度不均，煤炭、石油资源主要集中分布于人口稀少的西北部地区，东部制造业、商业发达的地区各种资源匮乏，因此直接导致能源产品需要由西北部地区远距离运至东部地区，运输距离跨度极大，形成西煤东运、北煤南运和北粮南运等格局，逐渐促进能源产品的运输及物流枢纽的产生，例如秦皇岛、曹妃甸、连云港等港口成为我国主要的能源输出港口。一般而言，产业布局越不均衡，物流网络的不均衡性也越大，其上的物流节点的不均衡性也越大，在交通便利的节点不断发展壮大就会形成具有枢纽性的物流节点。

4.1.3 物流需求多样化和网络化的扩张

物流运作规模经济的基本前提是，针对某个或多个在特定区域物流节点的物流活动，具有持续的扩张性，这种扩张性来自物流需求的不断增长，物流需求扩张是物流网络存在的基础，也是区域物流枢纽形成的核心推力。现代经济发展具有较为鲜明的规模扩张性，不论是区域、城市和产业发展，均处于不断地扩张中。因此，物流服务需求不断增长为区域物流枢纽发育提供了动力机制。

1. 需求多样化扩张

随着生产技术不断进步和消费的多样化，物流需求呈现多样化特征。这种多样化在两个方面产生了对区域物流枢纽的组织服务需求：一是进入物流运作的产品多元化，这种多元化产品在总量上是不断增长的，但需求频率不断增加、需求批量却在减少，使单一产品的物流运作呈现规模不经济特征，只有将多种产品在区域物流枢纽进行集中运作，才能产生规模效应；二是物流运作需求的多元化，不仅仅是运输与仓储等，同时需要提供信息服务、金融服务、供应链管理服务等，而很多服务通常不是单个企业所能承担的，往往需要更多种类的物流企业共同参与运作，这就对设施较为完备、运作空间和功能更强的区域物流枢纽产生了内在的需求。物流需求的多样化，是物流活动集中、物流服务集中和物流功能集中的核心推动力量。

2. 需求网络化扩张

现代经济发展的重要特征是区域经济的一体化，是不同地区之间经济较为广泛的合作发展。在经济区域化发展中，生产消费的空间分离成为常态，对跨区域的物流服务提出了规模不断扩张的要求。跨区域的物流服务需求，具有较为典型的网络化特点，而物流网络化运作需求，既对网络结构和网络外部性具有紧密相关性，同时网络结构也能间接影响客户效用，通过区域物流枢纽提供更全面、更优质的物流服务，吸引更多的物流需求。

首先，将各个分散的货流和服务流集中到转运中心、配送中心等各类区域物流枢纽节点，对于物流服务提供方来说，由于物流需求的大量涌入，使得这些物流设施、设备因为更高频率的被使用而降低物流成本，从而变得更加经济。与此同时，区域物流枢纽拥有完备基础设施、各种物流企业及相关企业、先进的信息服务平台，区域物流枢纽可以通过实现大容量、成本更低廉的运输服务，提供更便捷中转服务，并通过枢纽提供的配套服务功能，为客户提供更多选择，可快速、便捷地完成物流活动，为客户节省时间、资金和人力。因此，区域物流枢纽培育并吸引了更多的物流需求。

其次，区域物流枢纽所在地和辐射区域范围内，成为某些严重依赖物流强度的业务活动集聚地，如会展中心、零部件生产供应作业、信息处理中心等。同时，这些作业中心会产生劳动力需求和其他相关专业化服务需求，也吸引更多的相关企业进入区域物流枢纽。最终的结果是区域物流枢纽内集结的货主和物流企业越来越多，最终形成聚层，产生产业集聚效应，给参与各方都带来正的外部性，间接促进、带动枢纽城市乃至一个区域的发展。目前许多城市都在努力使自己的港口、机场成为航运和航空网络枢纽节点，其主要目的就是获得枢纽带来的聚集效应。因此，需求因素是区域物流枢纽发育并发展的核心推力。

4.1.4 物流节点的区位优势

1. 根据区位理论研究物流枢纽的形成基础

根据古典区位理论，交通区位是指物流节点所在地域的位置以及与其他节点之间的空间联系。根据区位理论的发展脉络，从杜能和李嘉图的农业区位理论，到韦伯提出工业区位理论，以及洛什的多种产业区位分析，对物流节点区位选择产生影响的因素包括自然地理的基本条件（如河流、气候、位置），以及社会经济因素（运输成本、规模经济、范围经济等）。现代研究学者也对经济区位理论做了进一步的研究，管楚度教授（2000）提出交通区位是指交通线路在地理空间上的交通运输活动的高发地带，高发是概率统计的结果，也就是大概率事件发生。可以这样认为，所有大概率事件发生的内在机理一定是必然性（规律性）和偶然性（随机性）相互作用的结果，一般必然性的作用力较偶然性要大得多。交通运输是实现社会经济活动的连接桥梁和纽带，交通线路的繁忙程度可以体现不同区域经济交往的频繁程度，这有力地揭示了社会经济贸易活动与交通运输的密切关联性。

所有的经济社会活动都是在一定地理空间内发生的，因此，经济社会的发展是依赖自然地理的条件的。良好的交通区位是区域物流枢纽形成的先天条件，在区域经济发展良好的地区，具有交通区位优势的物流节点，由于四通八达与周边地区联结方便，具备各种交通方式（相对没有水路运输的节点，具备水路运输的节点更具优势），成为各个方向货物流的必经之地，货物流在此聚集汇合，吸引物流中转需求大量进入，是形成区域物流枢纽的基本条件。

2. 物流资源的不断聚集进一步推进物流枢纽的区位优势

发达的交通运输网络和便捷的交通运输条件是区域物流枢纽城市发展的基础。物流枢纽城市首先是地区或国家综合交通运输网络中的重要综合运输枢纽城市，在广阔腹地中通过便捷快速的公路、铁路、港口码头、机场航空设施形成四通八达的交通通信网络，在其中处于中心地位，实现四方物流迅速中转与传递，并在物流吞吐量、频率和辐射广度等方面达到一定规模。为此，国际性区域物流枢纽城市还应具备开放、达到国际水平、能按国际惯例运作的现代化口岸。

区域物流枢纽城市是区域物流组织中枢，扮演区域物流中心角色，是开展现代物流服务的推进器与连接器。与周边地区相比，区域物流枢纽城市在区位和交通方面拥有更多优势，一方面吸引大量物流要素涌入，实现物流规模效益和增值作用；另一方面在物流要素聚集到一定规模后，向周边地区扩散，产生聚集极化效应和扩散效应，推动区域物流一体化发展。

4.1.5 物流设施、设备要素

设施设备要素是保障物流服务运作的硬件载体设施，是指完成各项物流作业所需的各种设施和装备的统称。其中，设备包括完成装卸、搬运、包装、流通加工、分拣、配送、检验、信息等各种物流活动所需的各种机械装备；设施包括各种仓库、物流园区、物流中心、配送中心、运输通道等基础设施。区域物流枢纽的设施设备是提高物流活动效率、服务水平、企业利润的重要因素，是区域物流枢纽发展的基础要素。

物流枢纽所具有的物流设施条件是影响区域物流枢纽形成的功能性因素。其所具备的物流设施布局、设备的机械化程度、物流服务功能、物流组织的成本对区域物流枢纽的辐射覆盖范围和满足度产生重要的影响。枢纽内如果各种物流设施服务效率高、成本低、功能完备，从而货物的储存与中转非常便利，则会吸引大量中转物流，与周边地区的货物流通不断增长，服务腹地半径不断扩大，区域物流枢纽的作用和功能不断强化；而物流产业不断发展的同时，也进一步促进物流设施、设备优化，也促使区域物流枢纽的地位更加巩固。

现代区域物流枢纽内的运输、装卸、仓储等作业普遍采用自动化、标准化、专业化、智能化的物流设施设备。组织运作与信息传输紧密结合、各种运输方式实现无缝衔接、装卸和中转效率大大提高、分拣和配送能力不断提升，都可极大地提升区域物流枢纽在区域物流网络的地位和作用。

4.1.6 服务体系的完善

物流业属于服务业，先进的现代服务体系是构成区域物流枢纽发展的基础保障。物流活动伴随着物流、信息流、资金流以及人员流动的传输，从区域物流枢纽发展的实际也可以看出，区域物流枢纽产生和繁荣必须以金融、保险、代理、法律、信息以及人力资源等服务保障为基础。

1. 金融服务

巨大的物流量一定伴随着巨额资金的周转，因而发达的金融业是促进物流业发展的重要保障，金融业不但可发挥其在保险、结算、物流投资等方面的作用，各种供应链和物流金融服务还可帮助物流企业解决暂时的资金周转问题，促进物流企业的发展。区域物流枢纽形成之前，其载体城市往往已经是金融中心、航运中心，有着完善的服务体系。例如，国际航运枢纽新加坡、纽约、上海、鹿特丹、香港等都是著名的国际金融中心。

2. 代理服务

完善的代理服务是物流组织的重要部分，在物流运作中存在各种货代、船代、航空代理、报关代理和保险代理等，它们为运输企业和货主服务，完成伴随物流活动发生的各种业务，包括揽货、上门提货、送货上门、保险、信息跟踪、货款代收、检验检疫、通关等服务。这些服务方便货主，也使得各种运输仓储企业可以专注于自己的主营业务，是物流运作不可或缺的部分。

3. 信息服务

信息服务是现代物流作业的必要组成部分，是进行综合物流决策的基础。可以说，没有信息服务就没有现代物流，完备的信息网络设施是沟通诸如货源、运力、在途运输、库存、通关、检验检疫、道路状况等各种物流信息要素的基础设施，是提高物流效率关键之一。

4. 法律服务

物流组织中存在各种物流参与者，他们之间存在着各种法律关系，例如承运人与托运人、托运人与代理人等，他们之间存在各自的义务和责任。在物流运作过程中，由于操作不当、信息不对称或认知不同等原因，可能会因货物包装或装卸不当造成货物的贬损或灭失，或者时间的延误等，对物流活动某一参与者造成损失，因而产生纠纷。因而，完善的法律服务是解决这些物流活动中存在问题的必要手段。

5. 保险服务

物流活动中存在各种风险，如不可抗力的自然灾害或人为因素在成货物贬损或灭失，为了规避风险或转移风险，需要对货物的物流过程进行投保，当事故发生时可以减轻企业受到的损失。完善的保险业为物流业的发展保驾护航。

4.1.7　物流产业发展政策的支持

区域物流枢纽存在规模经济、需求扩张特性，依托区域物流枢纽的规模扩张可以形成枢纽城市。同时，区域物流枢纽本身以及区域物流枢纽城市可扩张产业的特质，决定了载体城市政府对这种产业发展路径的重视，并充分利用枢纽物流业发展的引导作用，积极建设区域物流枢纽城市，培育枢纽经济。载体城市政府利用政策手段推进区域物流枢纽城市的建设，成为区域物流枢纽发展强大的外在推动力。鉴于政府推进产业发展主要依托产业政策，政府对区域物流枢纽形成的影响主要表现在以下两个方面。

1. 通过制定政策鼓励发展

通过产业政策鼓励区域物流枢纽的发展，既见诸于国家政策，更多的是地方和城市的政策行为。2009 年 3 月，由国务院印发的《物流业调整和振兴规划》，提出根据市场需求、产业布局、商品流向、资源环境、交通条件、区域规划等因素，重点发展全国性物流节点城市、区域性物流节点城市和地区性物流节点城市三类区域物流枢纽城市。全国性和区域性物流节点城市由国家确定，地区性物流节点城市由地方确定。全国性物流节点城市共有 21 个，区域性物流节点城市共 17 个。2013 年，国务院又出台了《全国物流园区发展规划》，在《物流业调整和振兴规划》对城市物流产业发展地位进行规划的基础上，对城市规划建设物流园区的重要性和辐射服务范围进行了政策指引，提出一级物流园区布局城市（共 29 个）、二级物流园区布局城市（共 70 个）的区域物流枢纽规划建设与布局发展概念。国家针对区域物流枢纽节点的规划布局进行政策指引，充分证明了物流业发展中对枢纽节点的组织、集聚作用的重要性的认识上升到国家战略的高度。

2. 通过战略定位支持发展

虽然依托区域物流枢纽可以培育物流枢纽城市，并可将现代物流业培育成城市的支柱产业，但通过分析也可以看出，企业对所投建物流网络节点设施的位置选择，以及多个区域物流枢纽节点在特定城市的布局，通常依靠企业对其网络布局偏好和选择完成的。因此，其相互间必然存在较为激烈的竞争。为此，许多地方城市政府通过在其规划和政策中明确提出城市物流业和城市在区域物流发展中的战略定位，以期通过竞争获取区域物流枢纽城市的地位。载体城市在区域物流枢纽发展中的定位，对区域物流枢纽的形成和发展会产生极大的推力。

综上所述，区域经济发展是区域物流枢纽产生的基础环境；产业布局不均衡导致物流节点发展的不均衡；物流市场需求不断扩张是支撑规模经济的核心推力；具有优越的区位条件是区域物流枢纽形成的载体支撑；设施设备要素是保障物流服务运作的硬件载体设施；先进的现代服务体系是构成区域物流枢纽发展的软环境；政府通过政策规划等手段对物流节点系统结构调整的宏观调控与引导会加速区域物流枢纽的形成过程。以上七个外在因素，不断推动物流网络的演变，逐渐形成以区域物流枢纽为中心的轴辐式网络结构。

4.2 区域物流网络结构演化的动力机制

区域物流网络结构的演化发展并不是线性的，除了受到各种外界环境因素、内部因素以及自身结构的影响而呈现出一定的波动性，有时甚至会出现暂时的衰退现象外。更重要的是在区域物流网络结构的演化发展中，还有一种内在的动力机制在推动其演化。其他学科也从不同学科的视角，对空间结构演变机制及空间形态作了解析。

但是，关于区域物流网络结构和枢纽形成演进的内在动力机制的理论研究，远滞后于实际发展，是较为薄弱的部分。虽然国内外学者在发展阶段原理、集聚原理和经济产业原理的范式下，对不同阶段的区域物流结构特征和演化过程进行过研究。例如，况漠（2006）关于TEB演化机制的产业聚集和扩散对区域物流系统优化的研究等。这些研究主要涉及区域物流的演化过程，对其演化过程和原理等各学者的研究仍缺乏统一的模式，彼此之间缺乏有机的联系，缘由是研究者们采用不同的方法，各自强调自己的重点，彼此相互孤立，缺少区域物流网络结构演化和区域物流枢纽形成的动力机制的深入研究。结合网络空间结构演变机制的特点，笔者认为以下几种区域物流枢纽形成演进的动力机制的作用明显。

4.2.1　空间相互作用机制

区域物流网络结构的形成和演化是网络内部和外部各种牵引力和吸引力相互作用的空间映射，是一种持续而缓慢的自然、社会、经济、产业的演化过程。要实现这一过程，需要物流网络内各要素的相互作用，形成合理的空间分布。同时，也需要产业发展、规划建设和政策等各种牵引力，促进产业聚集而产生规模经济。内部的吸引力和外部牵引力相互影响和作用的耦合过程，表现为区域物流网络内部功能要素与外部空间要素的序列重组，以及区域物流网络结构的发展和演化。

区域物流网络的演化，是物流组成要素在空间上相互作用和组合关系发生变化的时空表现形式。对于区域物流网络内各要素的相互作用是怎样推进区域物流网络结构的变化和演变，以及区域物流枢纽是如何在网络中产生的，可以根据经济地理学中的“中心地”理论和“点—轴—网”理论为基础进行分析，对物流网络各节点的相互作用构建“点—轴—网—面—域”理论模型，解释区域物流网络的形成机制。借鉴P. Haggett（1965）关于空间系统要素的分析，可把区域物流网络结构相互作用演化机制分解为如图4－1所示过程。

（A）相互作用——初始状态是存在着若干个相对孤立的物流节点，物流节点之间存在空间不稳定的相互联系。

（B）网络——物流节点之间通过轴线联结形成初始网络。随着物流量的增大，逐渐形成稳定的相互交流，需要建立运输通道作为“轴线”连接各个节点，初步形成网络结构。

（C）区域物流枢纽节点——区域物流枢纽节点中心分布的形成与网络次生。不同节点由于自然地理、交通区位、专业化分工、产业发展的非均衡性，各个节点的生长和发展也是非均衡的，因而区域产生等级化发展，区域物流枢纽产生并发展迅速。

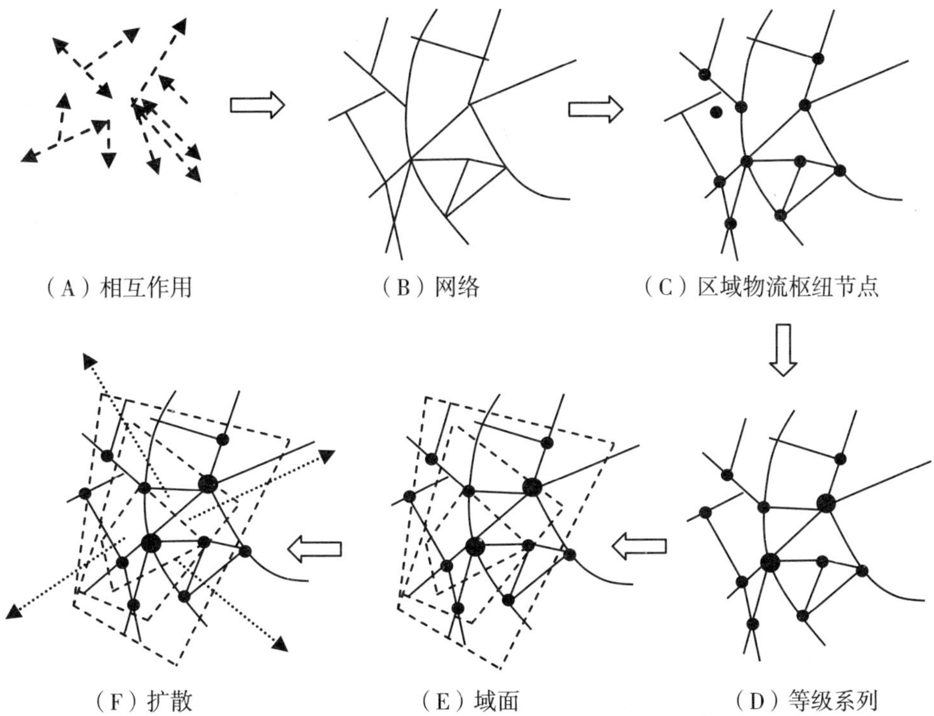

图4－1　物流网络与枢纽空间结构演化过程示意

（D）等级系列——物流节点等级体系的形成。物流网络中的节点根据其辐射范围的大小、功能的综合程度，可以分为重要区域物流枢纽、次级区域物流枢纽和一般物流节点，形成区域物流枢纽层次分明的等级化物流网络。

（E）域面——物流节点体系共同的作用域面出现。由于地理位置、行政范围或者紧密的经济联系，促使一些物流节点的通道建设大为加强，形成具有区域特征和等级化的物流网络集聚区。所谓区域物流网络集聚区，就是指众多不同等级的物流节点依托不同等级的物流轴线在相对区域物流发展空间中，通过彼此密切的物流经济联系与较强的物流空间相互作用而形成的区域物流集聚区。

（F）扩散——物流节点的扩张。由于航空、高速铁路等快速、长距离运输方式的不断发展，区域枢纽的辐射范围不断扩张，腹地范围不断扩大。

4.2.2　集聚与扩散相互作用

在区域物流网络结构形成和演进过程中，空间积聚与空间扩散一直是这一过程中两类最基本的作用形式。区域物流网络结构不断发展变化的过程，可以说是物流网络节点空间聚集和扩散不断相互作用在区域内空间布局的表象。

从空间上看，区域物流各个节点总是存在一定的物流空间聚散范围。“聚集”作用是趋利性的空间表现，聚集可以产生规模经济、密度经济和范围经济，从而实现区域物流整体成本的降低和效率的提高。随着“聚集”效应产生的各个节点非均衡性和差异性越来越大，一些物流节点的各种物流资源的聚集程度明显超出其他节点，区域物流枢纽得以产生。“扩散”效应是由于区域物流节点之间的等级化产生的物流“压力差”和“梯度”，随着区域物流枢纽与一般节点不断的物质交换、信息交换，一般物流节点的各种产业得到有力的物流支撑，产业经济发展迅速，各项基础设施得到完善，与区域物流枢纽之间的差距缩小，并最终引导区域物流网络空间结构均衡化发展。区域物流节点聚集和扩散的空间作用主要有以下三种运动形式，如图 4－2 所示。

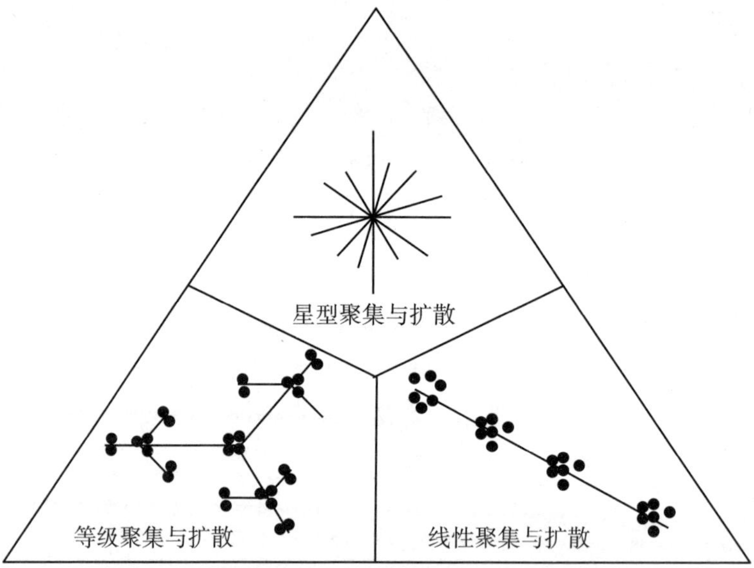

图 4－2　区域物流节点空间聚集和扩散的三种类型

（1）线性集聚与扩散。主要表现为区域物流枢纽的扩散是由于自然地理条件沿着运输通道呈线性扩散的辐射形式。以长江沿岸的各个物流节点为例，由于上海处于入海口，通过海上运输进行的国际贸易使得上海具有优越的地理位置，各种资源不断在此聚集发展成为重要的区域物流枢纽，沿着长江和沿江铁路不断向中上游物流节点城市辐射和扩散。

（2）向心集聚与扩散。主要表现为区域物流枢纽呈现明显的中心性，并通过重要物流通道向外辐射。例如以京津冀经济圈为例，北京作为首都是政治、文化、教育和国际交流中心，人口众多、高科技产业发达，因而物流需求旺盛，通过与北京相连的放射状高速公路、铁路、航空将北京与国外、京津冀的物流节点连接起来，使得北京成为重要的国际区域物流枢纽城市。

（3）等级集聚与扩散。主要表现为物流网络节点之间存在明显的等级性，是物流网络节点聚集与扩散的普遍形式，在省域范围内广泛存在。以湖北省为例，在全省范围内，省会武汉市相对其他物流节点，其各种物流资源的聚集程度远远高出其他城市，在省内是重要的区域物流枢纽。其次，宜昌和襄阳由于产业经济相对发达，因而是次级区域物流枢纽，而其他城市由于经济发展相对滞后，属于一般物流节点城市。

4.2.3 网络规模经济效应作用

为追求规模经济效益，物流企业采取的基本方式是构建区域性物流服务网络。物流企业追求物流网络运营成本最小化和经营业务的规模化，是物流网络演进的基本驱动力，尤其是轴辐式物流网络结构的出现，是形成区域物流枢纽的关键。轴辐式网络通过一般网络流合并可以产生的成本优势，这种优势直接导致起关键作用的重要节点的扩张发展，形成区域物流枢纽。轴辐式网络结构是区域物流枢纽形成的基本原因，主要是通过向区域物流枢纽的聚集，实现规模经济、密度经济以及范围经济，实现物流的低成本运营。

1. 密度经济性分析

物流需求通过区域物流枢纽中转可以增加服务密度，虽然轴—辐网络结构没有减少网络中的节点个数，也没有改变整体流量，但轴—辐网络结构可以减少网络连接数量，提高每条物流线路的流密度。以节点之间的轴的流密度提升为手段，可促进资源配置的集约化，物流服务提供商可以更好地利用服务设施、设备和人员，获取轴—辐网络结构带来的网络流密度经济收益，降低运营成本。

在轴辐式物流网络中，如果某一条非中转运输线路的流量为 q，其服务成本用 $C(q)$ 来表示，这里的 q 可以是运输量或物流量，也可以是运送货物的吨公里数，即货物周转量。当物流线路是点对点无中转的形式，线路的密度经济可以用规模经济公式计算，即平均成本除以边际成本，如公式（4－1）所示。

$$d(q) = \frac{C(q)}{qC(q)} \tag{4-1}$$

当 $d(q) > 1$ 时，线路密度经济增加，即随着线路密度增加，单位物流成本下降；当 $d(q) = 1$ 时，线路经济达到饱和点，边际成本等于平均成本。当 $d(q) < 1$ 时，增加线路密度是不经济的。在轴—辐式区域物流网络中，由于网络流合并可以提高运输工具装载率，会降低运输的单位固定成本；可以使用更高效、更大容量的仓储设施，降低单位仓储成本，因而使物流设施得到高频率、高效率的使用，这些都会使单位物流成本随物流量增加而减少，从而产生密度经济。因而，区域物流轴—辐式网络的大部分线路的密度经济性都强于点对点的普通网络，也就是说提供同样网络流量的服务，轴—辐式网络的服务成本更低，这种具有密度经济效应驱动的物流活动聚集可以说是区域物流枢纽形成的基本动力。

2. 规模经济性分析

轴辐式的枢纽运作模式的显著特点就是将各个节点的物流需求进行合并，与此相对的点对点的物流网络结构中，物流需求是沿各自的路径分散完成的，需求量不成规模，不具有规模经济。

如果一个网络由 n 个节点组成，那么单个物流节点可以服务的最大市场数为 n，最简单的情况下，如果每个市场区间只提供一种服务产品，物流公司的服务产出 q 是一个 n 维的矢量。q_i 表示第 i 个市场的运输产出。基于轴—辐式网络的线路具有多产品属性，轴—辐式网络通过网络流的合并和重新分配获取网络规模效应。规模经济可以借助物流公司成本函数来表示：

$$s(q) = \frac{C(q)}{\sum_{i=1}^{n} q_i \frac{\partial C(q)}{\partial q_i}} \tag{4-2}$$

在极端简化情况下，某个市场的成本函数为 $C(q_i) = F_i + c_i q_i$，即成本构成包括物流设施固定成本和运输每一单位货物的边际成本。整个系统的成本则为：$C(q) = \sum (F_i + q_i c_i)$。

通过计算，规模经济函数可得：$s(q) = 1 + \frac{\sum F_i}{\sum q_i c_i} > 1$。说明通过枢纽进行聚集，形成规模化运作，提供的物流服务越多，每项服务分摊的固定成本就会越低，从而降低整个网络的成本。因此，区域物流网络的“轴—辐式”

运作带来的规模经济性是区域物流枢纽形成的重要机制。

3. 范围经济性分析

密度经济和规模经济分析是从物流运作的数量上反映成本如何降低，从而产生对区域物流枢纽的组织要求，促进枢纽的形成和发展。范围经济则是通过不同种类物流服务的共同生产活动来降低成本，因此范围经济对物流网络结构的发展与演变也具有重要影响。范围经济的基本原理是共同生产的总成本会低于分别生产成本之和。

物流网络服务具有多产品属性，区域物流网络通过“枢纽”进行网络不同服务功能的整合和重新分配获取网络范围经济效应。范围经济存在于同一物流设施和设备可以提供多种不同的物流服务，各种服务分别单独生产的成本之和大于多种物流服务共同生产的总成本。假定物流服务 T 中可以分为 k 种服务 T_i（$i \in \{1, 2, \cdots, k\}$），满足 $T_i \cup T_j = T$ 且满足 $T_i \cap T_j = \varnothing$，($i \neq j$)，$T_i \neq \varnothing$，则对满足式（4－3）条件，即共同生产的成本小于单个产品和服务单独生产成本之和，可以认为存在范围经济：

$$\sum_{i=1}^{k} C(q_i) > C(Q) \tag{4-3}$$

对一个有 N 个节点 K 种物流服务的网络，某种节点的物流服务 i 的成本是 $F_i + c_i q_i$。当每个节点每种服务单独生产时总成本 $\sum_{j=1}^{N} \sum_{i=1}^{K} C(q_i) = \sum_{j=1}^{N} \sum_{i=1}^{K} (F_i + c_i q_i)$ 当通过枢纽内的物流设施共同生产时，其生产总成本为 $C(Q) = F + \sum_{j=1}^{N} \sum_{i=1}^{K} c_i q_i$，当式 $\sum_{j=1}^{N} \sum_{i=1}^{K} (F_i + c_i q_i) > F + \sum_{j=1}^{N} \sum_{i=1}^{K} c_i q_i$，也就是 $\sum_{j=1}^{N} \sum_{i=1}^{K} F_i > F$ 时，式（4－3）成立，也就是说轴辐式网络中的枢纽运作模式具有范围经济。

当 $\sum_{j=1}^{N} \sum_{i=1}^{K} F_i$ 越大，式（4－3）就越可能成立，因此，当物流设施固定成本越大时，物流设施的共同使用生产不同物流服务时，范围经济越明显。

当 n 越大，即网络节点数量越多时，式（4－3）越可能成立，网络中节点越多时，轴辐式网络运作比点对点的运作模式更具有范围经济效益。因此，区域物流网络节点越多，越容易产生区域物流枢纽。依托物流网络实现共同生产，实际就是在同一物流节点扩张物流组织服务的范围和内容，导致物流节点规模的扩张和功能的提升，从而形成区域物流枢纽。

从现代物流业发展的现状与趋势分析，密度经济、规模经济和范围经济是促进区域物流枢纽的建设与发展的内在动力。现代区域物流枢纽设施、设备的机械化和自动化发展，使得物流服务的固定成本较高，因此，在物流网络中既存在范围经济的内在需求，也使得范围经济普遍存在；而在区域物流网络中，区域范围越大，物流节点越多，在密度经济、规模经济和范围经济的共同作用下，形成区域物流枢纽的可能性就越大。这也可以说明为什么区域物流枢纽主要存在于经济发达、产业布局密集、生产和消费都比较旺盛的城市，尤其是大城市，如北京、上海等。因此，规模经济是区域物流枢纽形成的基本动力。

4.2.4 节点竞争机制作用

市场机制的作用使得不同物流节点之间存在着某种程度的竞争。当区域内存在多个物流节点时，各个节点的辐射覆盖范围往往会产生交叉，因而节点之间存在着腹地空间竞争关系，各节点的辐射覆盖边界通常会出现“此长彼消”的动态生长和网络重构的演进过程。在这个过程中，节点竞争的强度也随着各种要素的变化而变化。这种竞争强度的变化，成为区域物流枢纽在功能、影响范围和方式等方面演进的动力来源。

1. 为了取得竞争优势，扩张市场范围是关键决策

市场机制的作用下，由于生产、运输、仓储成本不同，众多物流企业相互竞争，形成每个企业的市场范围，将市场进行分割。由此，产生物流企业服务范围存在一定的边界。通过构建物流企业选址决策的简单模型，来分析在节点竞争机制作用下各物流企业为了扩大自己的服务边界产生的选址决策。为了简化模型有如下假设：

（1）物流范围为线型的；

（2）客户均匀地分布在 0 ~ 1 的线段上，客户的总需求为 1；

（3）物流企业的竞争以离客户远近为衡量标准，即客户总是选择离自己较近的物流企业；

（4）只有两家物流企业，即物流企业 1 和物流企业 2，各自离 0 点的距离分别为 a 和 $1-b$。

那么，物流企业 1 由于距离的原因，其客户包括线段 $[0, a]$ 的全部和线段［a，$1-b$］的1/2。即物流企业1的客户需求量为：$d_1 = a + \frac{1-b-a}{2} = \frac{1-b+a}{2}$；相应地，物流企业2的客户需求量为：$d_2 = b + \frac{1-b-a}{2} = \frac{1+b-a}{2}$。显然，在市场竞争机制作用下，两个企业都想最大化其客户范围，当 $a = b = 1/2$ 时，两个企业选址都选在线段的中心，其市场覆盖范围都是［0，1］。因此，市场竞争的作用，使得物流企业往往会选择区域位置较为中心的物流节点，在此节点众多物流企业的聚集产生聚集的正外部效应，即可以吸引更多的物流需求；而需求的增多也会吸引更多物流企业在此聚集。因此，在这种需求与供给的正向循环下，该物流节点的物流设施规模不断扩展，例如综合运输站点的建设、物流园区的兴建等，都会吸引各种物流在此中转，该节点逐渐发展成为区域物流枢纽。

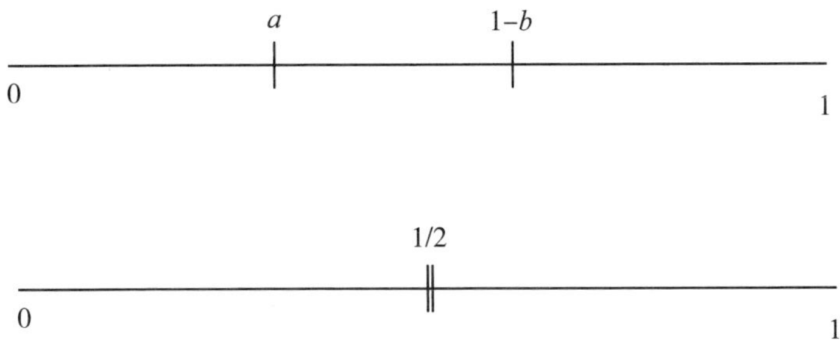

图4－3　市场机制下的物流企业选址决策模型示意

在物流网络和物流枢纽的实际发展中，物流节点间的竞争更加复杂。交通网络的联系使得各个节点之间的服务范围边界趋于模糊，各个节点空间辐射范围趋向彼此渗透和交融。因此，节点之间的衔接和协作就成为必然选择，各个节点的分工协作体现在，一般物流节点负责将物流需求向枢纽节点输送，区域物流枢纽则对汇集来的物流需求进行中转，并提供多种功能的物流服务。

2. 为了取得竞争优势，区域物流枢纽功能整合成为必然趋势

区域物流枢纽为了取得竞争优势，在各种物流企业聚集的基础上，要实现系统功能大于各个部分的功能之和，必须对各种物流功能进行整合。现代物流是将传统运输、仓储、配送、装卸、流通加工、包装、分拣和信息服务等各种功能以系统整合的观点进行运作的。因此，合理规划包含各种物流功能的物流园区、兴建综合运输枢纽站点、投资港口建设以及保税仓库等成为区域物流枢纽取得竞争优势的必然选择。例如，上海兴建中国最大的集装箱港口洋山港、规划筹建自由贸易区、建设虹桥综合运输枢纽、建设高等级的道路设施，都极大地增强了上海作为亚洲区域物流枢纽的地位。

4.3 区域物流枢纽形成机理分析

区域物流网络结构不是自然形成的，它作为一种社会经济结构，是在外部影响因素的作用下，以及在物流本身要素演化动力机制下形成和发展的。由前述分析可知影响区域物流网络外因主要有区域经济以及区位空间，物流设施、布局等，而区位空间、物流设施、布局等这些在某一区域内主要由城市来起决定作用。这样区域物流网络结构的形成，可归结为由区域经济的演化、物流城市节点的演化和物流要素演化三者相互作用而形成的。

4.3.1 基于区域经济演化的形成机理

1. 区域经济的空间演化

经济地理学理论认为，由于经济客体与社会和自然等其他客体具有较为复杂的关联性，对于基础设施等资源而言，其作为经济客体的关联性表现为实现社会公共服务基础上的资源共享，正是由于这种共享关联，使得基础设施和相关资源在特定地域具有集聚关联效益，从而在经济和社会效率、效益的驱使下改变特定地域范围内原始的均质状态。随着经济发展和社会进步，会在不同地域范围出现更多的基础设施资源（经济客体）集聚现象，并由于跨地域的基于网络服务的基础设施连接，由集聚点、运输线路或运输通道等线状基础设施，在服务辐射区域共同组成最基本的网络化设施空间发展格局。集聚点和运输线路或运输通道等现状基础设施的不断发展和壮大，最终会形成城市和经济聚集发展带（发展轴），并随着规模经济推动的服务集聚规模的日益扩大和部分均质化，逐步演化成社会经济带。经济地理学的“点—轴”发展理论，对于现代经济发展和产业布局产生了极为重要的影响。

物流业作为利用基础设施（包括运输枢纽和运输通道设施）布局发展的产业，依然遵循传统的经济地理理论。尤其是区域物流发展总体上遵循区域经济空间演化规律，即特定区域内包括物流基础设施、服务资源等在内的物流资源，作为物流经济客体，在规模经济发展的内在推动下，在地域上的具体空间位置关系、集聚程度、相互作用的方向和强度等方面，遵循经济地理的空间布局结构机理。

2. 区域产业的空间演化

区域物流网络是为区域经济服务的，区域经济空间演化主要以产业的空间演化为主，所以产业在空间的运动方式，必然在区域物流网络空间结构形成方面得到充分体现，并成为其空间演变的主要机理。

近代产业发展的基本特征是规模化和网络化，由于空间布局发展条件和阶段的不同，导致这种发展特征以不同的方式得以体现，具体在空间结构的演变上，则存在着对立统一的两种趋势：聚集与扩散。这两种趋势既体现在不同的发展阶段，又互相依存、互相制约，并在一定条件、环境下转化。集聚为主的过程中有扩散，而扩散阶段中伴随新的更高层次的集聚。当宏观视角的产业在空间上向少数几个地点集聚时，则在微观上表现为产业围绕着增长中心沿轴线向外围扩散；反之，当产业由聚集区向周围中小城市扩散时，也就是产业在各个中小城市的聚集和高端服务业向中心集聚的过程。

在特定区域，只有产业组成一个规模适当、结构合理的内在发展和运作联系密切的产业聚集地时，才能最大限度地取得聚集基础上的规模经济效益。由于聚集的方式和内容的不同，能产生聚集基础上的经济效益的聚集体，大致有如下几种类型：一是生产布局指向性相同而形成的聚集体；二是经济联系密切而形成的产业聚集体；三是地方化的经济聚集体；四是城市化的经济聚集体；五是沿主要交通运输线路（通道）形成的产业聚集体。

扩散则主要是经济活动规律和创新驱动下的产业从中心向外围渗透发展的离心活动，是聚集的反向或阶段发展特征。产业的扩散作用趋向于使中心的企业和资源分散到主要聚集体以外的其他地区，目的在于解决聚集体内部产业不合理发展或产业聚集过度所导致的聚集不经济问题，通过异地发展重新获得规模经济。产业扩散的另一目的是通过产业的扩散而带动周边地区的发展，形成与中心区的产业分工与合作，提高整个区域的经济发展质量和水平。

伴随着区域产业集聚和扩散，作为其他产业发展服务支撑和产业布局发展引导性的物流产业，同样也会在这个区域内不断的集聚和扩散。现代交通条件的改善和运输能力的支撑，以及电子商务等现代流通业态的出现和发展，更是出现了脱离区域经济发展下产业布局模式，完全基于商贸服务和物流发展的产业聚集于扩散形态（区域分拨与城市配送基础上的集聚扩散模式）。但这种形态依然遵从于区域产业的空间演化机理。

4.3.2 基于城市范畴的形成机理

1. 区域物流枢纽的形成

在一个区域内，城市是人口和社会经济活动的聚集地，是生产、流通、消费的聚集地，因而是物流、商流、资金流的汇集点，与城市周边地区发展存在明显的不均衡性，这种非均衡性导致物流需求向城市集中，物流网络中城市物流系统成为“极核”，起着“增长极”和“中心”的作用，向周边地区产生辐射作用，形成一个物流网络的整体，支撑社会经济活动的运行。

以城市为“极核”的物流网络的空间结构和形态经历三个发展阶段（如图4－4所示）。区域网络城市节点均衡阶段、城市空间的极核集聚—扩散阶段、以城市枢纽为极核的轴辐式网络形成阶段。

区域物流枢纽作为物流网络上的重要节点，由各种运输方式的站点、不同层次的物流节点、城市内部运输通道组成，构成可以连接外部通道和内部物流系统的有机整体。区域物流枢纽城市内外连接的高效运转，吸引各种经济要素、物流资源的聚集和扩散，逐渐发展成区域性的物流网络“极核”。英国城市理论家埃比尼泽·霍华德认为：因为城市是产业发展和要素聚集的重要载体，一个城市节点就是一个巨大的“磁场”，吸引着各种要素的聚集，其机理就是它通过“磁力线”（要素集聚产生的规模发展效能）向外放射出强烈的磁力，吸引着城市周围众多的人、财、物向城市集中。这些人、财、物一旦被吸引到城市里来布局和发展，便会被“磁化”，即产生集聚基础上的规模经济效应，从而与城市内原有的人、财、物一起放射出较原来更为强烈的磁力，导致城市的经济和产业扩张，成为现代城市发展的重要机理。区域物流网络正是通过物流节点这种聚集物流资源的“磁场”与物流节点聚集资源后形成规模发展能力的“磁化物”之间的磁力（集聚力与扩散力），来推动区域物流发展的。由于城市存在多个物流节点设施，以及区域内不同城市同样具有区域物流枢纽的功能，导致物流节点之间、不同城市之间存在基于物流运作、物资交流基础上的引力交叉、功能分工等关系，从图4－4可以看出，正是由于城市物流节点之间、不同城市之间存在着引力场（即节点之间和城市之间相互吸引、扩散）的作用，才导致产生功能强大的区域物流网络化空间布局结构。

在区域物流网络中，城市作为物流节点，其引力场最主要的表现形式有4种：①吸引力，即物流设施资源和服务资源对物流中心节点城市的向心力；

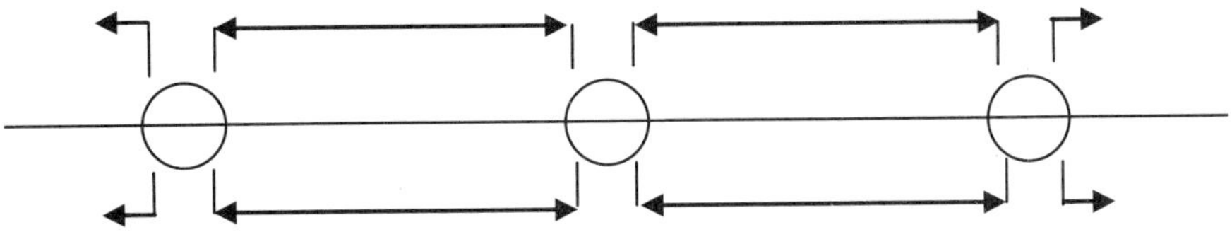

（a）区域网络节点均衡阶段

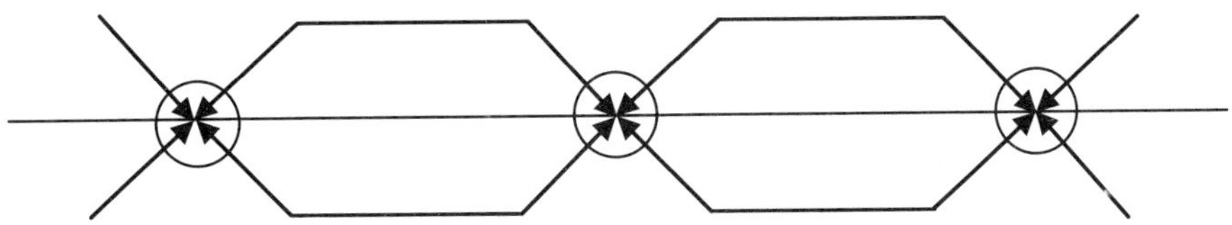

（b）城市空间的极核集聚—扩散阶段

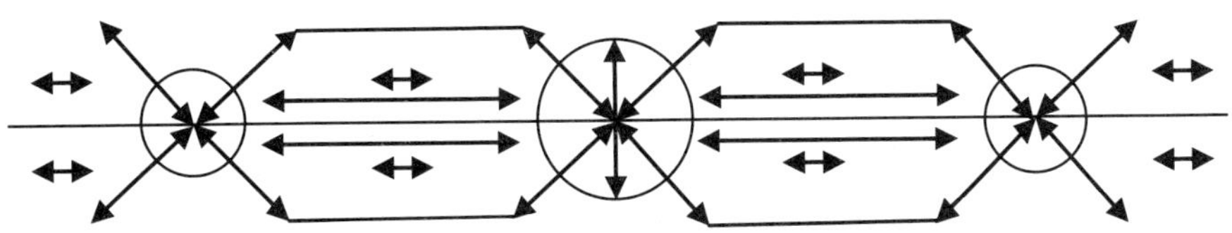

（c）以城市枢纽为极核的轴辐式物流网络

图 4-4 区域物流网络发展阶段示意

②通达性，即物流中心节点城市区域范围内各类基础设施的建设水平及发达程度；③商品交换，即不同集聚与辐射等级城镇结点之间，各类物质的相互交换、分类聚集和辐射所形成的巨大市场；④网络系统，即物流中心节点城市为提高区域物流资源集聚和辐射能力而形成的多节点设施、通道构成的网络化系统，聚集和辐射区域通常可以是城市所在区域，或全国、国际区域。

城市大规模聚集物流资源的结果，往往会使城市成为区域重要的物流节点，即区域物流枢纽城市，城市成为区域性（国际、国内）区域物流枢纽后，将具有更为强大的物流资源聚集能力，形成城市发展产业的强大竞争力，因此，许多城市将成为区域物流枢纽作为城市经济和产业发展的重要战略。区域物流枢纽城市聚集物流资源的功能主要有：人口、科技、金融、生产、商贸等产业层次的聚集，以及物流管理与服务职能的聚集。城市在物流资源大规模聚集上的作用不断形成和发挥，又反过来支撑在城市形成更大范围的区域物流枢纽，形成物流资源聚集基础上的扩张和辐射循环发展，城市因此成为区域物流枢纽节点布局的重要支撑。

综上所述，区域物流枢纽城市作为区域物流网络系统的重要组成部分和支撑，不能囿于传统的政区划的连续性，而应建构在区域经济中心城市（区域物流枢纽节点）或重要物流节点（物流服务功能节点），以及节点间的轴线（运输通道、物流服务、物流信息流）之上。

2. 区域物流枢纽与城市系统之间的关系

（1）城市系统是区域物流枢纽发展的支撑条件。

区域物流枢纽通常需要依托需求强度高的区域生存，城市尤其是区域性经济中心城市是重要的物流服务载体和物流活动较为密集的区域，是区域物流枢纽形成和发展的重要支撑。一般来讲，区域经济发展要求区域内部以中心城市为依托极化和腹地的分化，尤其是分化会带来物流需求进一步向特定区域——经济中心城市集中。经济中心城市在资源聚集上的作用不断形成和发挥，又反过来支撑城市成为区域物流枢纽，城市因此成为各类区域物流枢纽节点的集中布局区域和发展支撑。

城市与区域物流枢纽之间的依存关系发展到极致，甚至会出现以物流服务为主导产业或支柱产业的区域物流枢纽城市，这是现代城市产业分工下的区域物流枢纽演进中的特殊情况，也是电子商务产业快速崛起中寻求空间网络支撑的另一种结果。区域物流枢纽城市为所在区域或更远的区域提供各种物流服务，将区域性的采购、运输、仓储、分类、包装、加工、搬运、配送、信息处理等一系列物流活动有机结合于区域物流枢纽城市和区域物流枢纽节点，既可带来城市物流产业的繁荣，又可促进区域物流枢纽的形成与发展。因此，城市优越的经济区位条件，成为区域物流枢纽和物流节点布局的选择因素，处于特定区域或国家门户要津（如上海、天津），或者处于区域或国家的经济地理中心（如北京），则会加速这种进程，为现代区域物流枢纽城市的建设提供外在的动力。

（2）区域物流枢纽是城市物流系统的有机组成。

区域物流枢纽与城市发展的紧密结合，使得区域物流枢纽的构建本身就是城市的有机组成部分，提出区域物流枢纽问题并建设区域物流枢纽，往往不是为了把区域物流枢纽从城市物流系统中剥离出来，而是为了让区域物流枢纽及其各种物流节点更好地发挥在城市物流系统中的功能和作用。鉴于区域物流枢纽与城市发展的基本关系，城市物流系统可划分成两大子系统：区域物流枢纽和城市内部物流系统，其中，区域物流枢纽是由不同层级的物流节点构成的具有一定网络特征的基础设施为主体的系统，是城市物流系统的骨干，区域物流枢纽网络使城市与外界可以进行物流交换以及与城市内部物流服务之间进行衔接。对于物流枢纽城市而言，区域物流枢纽之所以要从整个城市物流大系统中提取出来，目的就在于发挥城市在区域中的物流功能，同时，让外部物流服务为核心的枢纽物流对城市内部的物流系统既衔接紧密又将干扰降到最低。因此，城市出于服务区域和完善内部物流系统而建设区域物流枢纽的过程，本身也是推动区域物流枢纽不断完善功能的过程，并带动整个城市物流系统的全面升级。

区域经济的快速发展和区域之间经济要素交流的不断扩大，是区域物流枢纽城市形成的物质前提，特别是我国东部、中部、西部地区经济差异明显，加之幅员辽阔，依托经济中心城市的物流活动不断积聚和发展，势必促进区域之间和城市之间、围绕中心城市的城市群城市之间的物流量剧增，为城市成为区域物流枢纽创造需求和组织条件，为城市培育物流支柱产业提供机会，建立综合区域物流枢纽也自然成为城市以产业为核心的城市系统的最基本组成部分。

区域物流枢纽就其发挥功能和作用而言，是面向其所在的整个区域的。因此，在特定区域的区域物流枢纽实质上也是区域物流系统的有机组成部分，鉴于区域内往往具有多个城市，要建设和完善区域物流系统，需要区域物流枢纽城市及各个节点城市在物流系统规划和建设上的统筹协调。区域物流枢纽城市作为所在区域物流系统中的关键物流节点城市，承担着区域内部不同层级和能级节点之间的物流交换、分拨中转、运输衔接、配送服务等多项物流功能，在整个区域中起着至关重要作用的内外衔接辐射作用，对整个区域物流系统运行效率和服务功能具有关键性作用，是区域物流系统布局规划中的核心问题和最为复杂的子系统。因此，要构建完善的区域物流系统，首要任务是培育和建设区域中起引导、支撑作用的大型物流枢纽城市，并依托中心城市对区域物流枢纽的建设问题进行较为深入和细致的规划。

4.3.3 基于物流经济要素运动的形成机理

区域物流网络是区域物流经济要素流动和开展物流活动的物理支撑，由物流枢纽城市（物流节点）和物流经济带（辐射集聚轴线）和物流通道（跨区域运行载体）共同组合构成，是基于物流枢纽城市在区域内布局形成的空间组织形态。按照区域物流网络构成，区域物流活动具有复合态运动特征，即物流枢纽城市中物流经济要素具有点状集聚运动特点，而在区域物流经济带中物流活动是带状集聚资源运动方式。

区域物流网络以满足区域物流服务和物流活动的组织为建设发展目标，注重的是物流经济要素在枢纽的配置，以沿轴线活动和向枢纽聚集为基本运行状态，而交通运输网络强调交通线路布局、客货流配置等运输资源的合理配置，强调的是对区域物流活动的运行承载和跨区域衔接。区域物流网络的结构和运行特征，决定着区域内物流经济要素有目的、有方向的集聚，这种集聚过程指引着所在区域物流的运动形态及其空间结构演化，形成集聚程度和过程的差异。区域物流网络，作为实现区域物流经济集聚的空间组织手段，最终承担着形成、调整区域性物流经济空间结构的职能。物流经济要素在区域特定空间上的集聚和扩散，以及伴随区域经济的不断发展和区域间、区域内部经济交流的不断扩大，导致区域物流枢纽城市和物流经济带在物流数量和规模上的日益扩大，并在更多的物流枢纽城市之间产生新的物流经济带，多个具有紧密内在联系的经济带进行网络化衔接，形成具有规模经济特征的物流资源网络集聚模式。

区域物流网络的形成与发展，正是区域物流经济活动高极化、地区差异日益缩小、地域上的物流活动规模分布平衡性趋于缓和的过程。因此，在区域物流经济发展不均衡产生物流成长级（物流枢纽城市、物流经济带）后，物流经济高度发展而实现相对均衡后，区域物流网络才真正发育成长起来，产生“涓滴效应”（Trickling Down Effect），最终导致区域物流生产力分布趋于分散或均衡化，逐渐缩小区域间的物流经济成长差距，通过区域物流网络上物流活动的合理分工和协同，达到物流相对平衡发展。

通过对不同阶段、不同功能和规模的区域物流枢纽的特性进行分析，区域物流枢纽总体上经历了形态、功能、规模和空间布局等的一系列出于物流经济活动规模经济要求和网络功能的演变，这种形成机理和演进过程具有较为鲜明的物流经济内在规律性。对区域物流枢纽在不同条件和发展阶段的这种形成、演进规律进行分析和研究，对于揭示影响其形成和发展的各种主要因素及作用机理，探索区域物流枢纽在区域物流网络布局空间形态下的发展规律，形成相应的分析研究方法，指导区域物流枢纽的规划、建设与发展，具有重要理论和方法论意义。

4.4 区域物流网络结构的演化阶段

4.4.1 区域物流网络结构空间拓展阶段划分

区域物流具有客观存在性，但满足和适应区域物流活动的物流网络，并非一成不变，往往不同阶段具有不同的网络空间结构，构成区域物流网络的节点因这种网络的变化过程，也具有不同的功能，由此带来区域物流网络演化因素对区域物流网络空间行为的影响，并形成相互作用。正是由于“区域物流网络因素行为—区域物流网络空间过程—区域物流网络空间格局”之间的相互作用，使得区域物流网络结构的系统演化，呈现为相互关联和相互促进的链式循环。随着区域物流业的发展，必然使区域物流网络的空间结构也会随之改变。区域物流网络的结构和功能为核心的发展历程，具有一定的以结构、功能为线索的内在规律。即区域物流网络在适应区域物流活动需求上存在结构的不断变化，但其空间结构形态和特征的演化，因物流需求的延续性和物流运作模式创新的突变性的双重作用，总体上依然呈现一定的阶段性特征。这种特征的实质是，不同的区域空间结构形态对应着区域物流网络结构的不同发展阶段。

借鉴弗里德曼（John Friedmann）的空间组织理论对该问题进行分析，为分析问题方便起见，本文将区域物流网络结构演进对应着不同区域经济发展阶段的物流网络化发展水平，大致划分为四个阶段（如图 4 –5 所示）。

1. 低水平均衡阶段

该阶段物流经济交换具有分散孤立、在区域内较小的范围内封闭式循环运行特征，不同节点城市之间几乎没有空间集聚效应上的差别，仅有少数的几个因社会和历史自然因素聚集形成的较小物流节点，物流活动的集聚和扩散基本在本城市区域范围内，物流活动规模比较小，物流设施少、规模小且功能简单，对外通道和物流线路相对比较简单，各种物流经济活动基本处于自发状态，以运输和仓储活动为主体的物流活动规模有限，物流经济活动及影响的空间范围比较小，基本没有不同城市或物流设施的等级结构。可以说这个阶段物流在空间上是均衡的，是一种较为低级的相对稳定的初始状态。

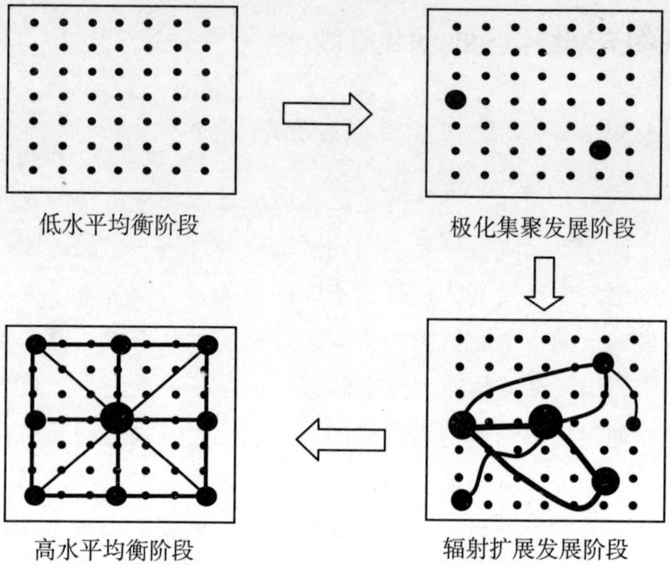

图 4－5　区域物流网络结构演化阶段示意

2. 极化集聚发展阶段

对应于区域物流网络尚处于低级结构的初期阶段，由于区域各不同物流节点之间存在物流资源和物流基础设施等方面的客观差异性，以及区域内各个城市的区位交通条件的不同，伴随区域经济的发展，各物流节点并不是同步获得规模和功能方面的发展。在物流经济活动总体趋向规模化和网络发展背景下，往往在一些物流需求旺盛、集聚区位优势突出、交通基础设施相对便利的城市，如区域性政治经济中心、交通中心产生物流集聚，形成空间上呈点状物流经济活动集聚地，在物流活动和要素流动上表现为集聚发展特征，区域物流网络极核式空间结构由此逐步形成。在初步集聚形成后，由于依托城市经济相对发达，交通也较为便利，进一步吸引周围地区的资金、货物、产业等要素不断向其集聚，形成物流活动和要素规模相对较大的区域物流枢纽。在区域物流枢纽的极化作用下，导致区域物流网络空间分异的产生，使整个区域物流网络依托区域物流枢纽的主导作用而不断发展，初期的区域物流枢纽也就成为带动区域物流网络发展的增长极核，并协调其他网络节点的逐步形成。鉴于区域物流网络发展的起步阶段对应的空间结构形态为集聚型，此阶段往往只有一个或少数几个物流节点，其物流经济活动并不发达。此阶段，物流活动空间小，整个区域内物流节点数目有限，与域外联系松散，物流线路和交通网络较为薄弱等使其吸引范围有限，物流量少，区域物流网络的空间结构体系还不完善，总体呈现为非均衡发展态势。

3. 辐射扩展发展阶段

此阶段可以看作在区域物流活动和要素集聚基础上向规模化扩张的成长发展阶段。随着区域物流需求和运作规模的扩大，物流活动空间和布局得以扩张，一些经济、产业、交通发达地区的物流业发展价值被认识并逐步得到初步网络基础上的深度开发，并形成越来越多的不同规模和水平的物流节点。物流节点数量快速增长，区域物流活动往往不再局限于区域自身的范围，辐射和影响能力不断增大，导致区域物流业发展规模也进一步扩大。一些重要物流节点对周边地区物流活动、要素的集聚和扩散作用开始显现，特别是一些沿物流轴线辐射的周边地区，一些物流节点逐步得以有目的地开发，辐射状的物流发展，催生次一级的物流节点和物流集散中心在数量和规模上的扩张，区域物流活动呈现双向性辐射特点，区域物流空间结构开始向多极化发展，并形成不同的物流服务和功能的等级体系。

随着区域内物流活动和要素规模的扩大及不同等级物流节点数量的增加，区域内物流基础设施能力发育滞后的矛盾日益显现，成为制约区域物流发展的主导因素之一。这时，政府出于发展经济的需要，往往会将建设重点转向交通运输通道、货运场站、信息服务等基础设施，使得对外运输通道和物流网络中的辐射线路得到拓展，各物流节点的集聚性增强，物流网络化发展所需要的基础设施体系逐步完善，区域物流功能已基本健全，形成了较为稳定的、影响力不断扩大的物流市场，特别是区域物流中心对区域物流的集聚和扩展作用显著，已从极核集散辐射过程中由高到低逐渐递进，转而向均衡化方向发展，即以向区域物流枢纽辐射的边缘扩散为主，对应的区域物流空间结构形态为辐射扩展型。随着区域物流网络结构中逐步形成不同等级的“点”和“轴”，区域物流“点—轴”空间结构模式成为其发展的主导模式，并使区域物流枢纽节点与周围一些中小物流节点一起，在联系紧密的物流服务活动基础上形成物流域面。在这一阶段，正是由于物流节点和物流线路的发育和完善，导致区域物流网络结构的层次性变化和外部网络形态的演进。

4. 高水平均衡阶段

区域物流扩张发展演化到一定程度后，将进入以网络化、均衡化、多中心、多域面为主要特征的新的阶段，对应的区域物流空间发展结构形态为核心枢纽和次级枢纽在功能、分工上的相对均衡。在此阶段，区域物流网络功能日益完善，更多的物流节点和物流线路得到发展和开发，形成各种物流节点的“点”与“点”之间多路径联系和多选择性的通道。正是由于这种联系和选择性，物流节点开始出现较为明显的基于分工和功能差异的层次性，形成以枢纽节点为核心、区域分拨和配送节点为支撑的节点体系。根据节点在区域内外的服务和影响范围不同，可以将这些节点分为一级、二级、三级等。但这些节点的地位并非固定不变，而是可以互相演化，一方面，许多二级、三级及以下节点，依托一级节点不断得以开发、发展，形成功能和辐射范围的扩张，演进到更高等级；另一方面，点与点之间在运输通道等改善和形成网络的情况下可以直接联系，各级物流节点集散能力得到增强，其辐射范围得以扩大，对区域内的物流节点的整体功能、规模及发展方向起着制约作用，可能改变原有的地位，导致物流节点空间结构形态同质化的动态平衡，从而呈现多中心纵横交错的物流网络层次空间结构和依托物流线路、物流轴线的网络状互动体系，区域物流经济联系增强，物流节点的功能差异逐渐缩小，逐步向区域物流网络一体均衡化方向发展，提出突破行政区边界限制的城市空间结构要求，城市作为区域物流节点的集聚能力得到强化，推进区域物流空间结构演进的长期稳定性。

在区域物流高水平均衡阶段，物流产业发展已经形成规模，物流经济效益提高明显，既得益于区域物流网络系统的改善，又在区域物流系统内部形成合理的物流分工合作体系，以及较为成熟、完备的区域层次物流网络体系，使区域物流稳定、高效、有序地运行。

4.4.2 区域物流网络演化阶段的结构形态

通过对区域物流网络结构空间拓展阶段的划分和演化分析可知，特定区域的物流网络结构，根据其组成元素相互连接方式的不同，可将区域物流网络分为以下几种网络结构形态。

1. 区域物流网络的点状结构形态

根据区域物流演化动力机制，一个地区的物流由低水平均衡阶段发展到极化聚集阶段，即某个节点具备区域内较优越的发展条件、能力而成为增长极，其“极化”效应将促使物流经济活动在该节点聚集而发展成区域性物流节点，由于此节点主要以“点”的功能和作用存在，区域物流网络呈点状结构。

点状结构是指物流节点基本没有物流线路连接成网，这种结构在区域物流网络演化的初期才出现，其区域内相互间物流往来较少，是特定的经济、地理环境下的产物，在现实中较为少见。

2. 区域物流网络的线状结构形态

区域物流线状发展阶段，处于空间结构的初极化集聚阶段向放射扩展发展阶段的过渡时期。在物流点状聚集的基础上，逐步形成不同等级的物流节点和物流连线，依次逐步发育成为连接区域物流的主要物流节点和物流发展轴，为物流经济要素沿着点和轴集聚扩散创造条件，并形成依托物流枢纽城市和物流轴线的区域物流有机整体，支撑区域物流聚集与扩散活动的不断升级。

区域物流的线状结构是指物流节点通过物流线路实现连接，但节点之间的联通性和物流运作的联系性还不够强，尚未真正形成网络，只有当区域物流发展进入极化集聚发展阶段后，在区域主要物流节点之间将实现线状连接，但依然是简单方式的连接，缺乏紧密的物流服务联系。

3. 区域物流网络的简单网络状结构形态

在区域物流网络化发展阶段，物流网络由辐射扩展阶段向高水平均衡阶段演变，物流经济活动呈现动态变化特征，区域内物流要素开始通过“点—线”之间的连接逐步融为一体，形成具有紧密物流活动联系的网络体系。区域物流网络体系为区域内物流要素流动提供了节点和通道支撑，为依托网络实现物流资源的聚集、提升区域物流吸引和辐射效应奠定了基础，进而促进区域物流经济活动的平衡发展。

这个时候物流节点基本相互连接在一起，从而形成简单网络状结构。其主要物流节点通过线路以比较有规则的方式连接成网，网络中各主要物流节点与其邻近的节点基本实现点到点的连接。但由于区域物流节点、线路、网络多极化发展，形成不同等级体系，这时区域物流网络会发展成初级的多中心（枢纽）多层次的网络结构，如“轴—辐”式网络结构可认为是这种简单的网络状结构。

4. 区域物流网络的复杂网络状结构形态

区域物流的复杂网络状结构形态出现在区域物流空间结构的高水平发展阶段，此时的区域物流网络具有均衡化、多中心、多域面、多层次等特征。这种复杂网络是在区域物流点状聚集和线性集聚扩散程度加深基础上形成的，并继续向多方向网络性扩散与辐射。整个区域物流网络可视为一个复杂网络，不同层次、不同类型的物流点线网有机结合、相互发展，使区域物流经济向高级化、一体化方向发展。同时，区域物流网络的复杂性，导致区域内外物流要素和服务在更大范围的结合，对发育和形成更大范围的区域物流网络乃至国家物流网络具有促进作用。

这种复杂网络状结构是指各物流节点和线路以同质化的方式连接成网，其节点和线路不断演化而分化成不同层次结构和层次范围，不同层次结构和层次范围的物流网络逐渐形成内部同质化的物流圈、物流域面。网络中各物流节点之间具有较为便捷和紧密的物流线路连接，枢纽节点之间和枢纽与次级节点之间的物流业务联系较为频繁，且物流网络化服务运行可靠性高，物流网络中的线路选择性较强，物流网络中出现物流节点或线路的增减变化，并不影响整个物流网络的运作。

这种结构和功能较为复杂的复合型区域物流网络结构形态，由于物流服务的选择性增强，物流辐射的范围扩大，不仅有利于促进区域经济系统的专业化分工和合作，还有利于促进区域经济协作网络的形成和合作方式的进一步优化，在经济发展的区域化和区域产业梯度转移的背景下，对合理配置区域经济资源、协调区域经济平衡发展发挥着重要的支撑、保障和引领作用。区域物流网络发展结构如图 4 –6 所示。

区域物流网络结构模式演化，是随着区域物流网络结构空间拓展阶段的形态不同而不断发展的。同样，与区域物流网络结构匹配的区域物流的发展形态，也符合区域经济产业发展的规律。

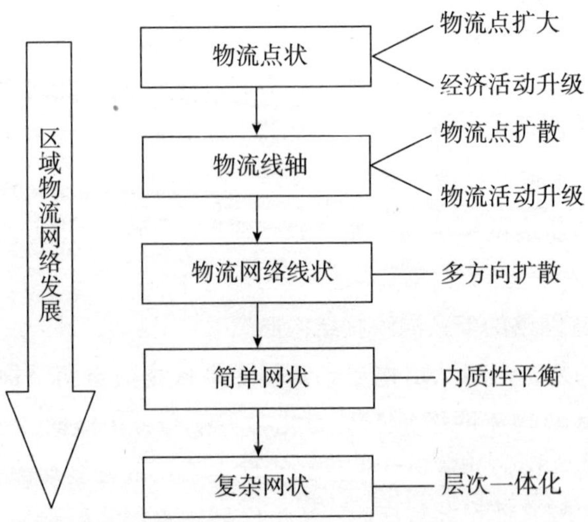

图 4 –6 区域物流网络发展结构示意

4.5 区域物流枢纽形成的途径分析

物流活动的核心环节是运输服务，运输服务自身也具有网络经济规模形态，运输服务向物流的延伸，以及物流服务依托运输网络的运作和发展，使得“区域物流枢纽”的概念及枢纽的演变，与运输枢纽和运输网络关系紧密，区域物流枢纽很大程度上是在“运输枢纽”概念在物流服务功能和运输服务方式扩展和延伸基础上发展而来的。因此，“区域物流枢纽”的实体结构在本质上也是依托“运输枢纽”和运输网络化发展而形成与发展起来的。强化和提升运输枢纽的功能，实现运输枢纽的合理布局，某种意义上也成为区域物流枢纽形成的重要途径。

1. 各种运输方式“运输枢纽”的形成与发展

现代交通运输由铁路、公路、水运、民航和管道五种运输方式构成，在各种运输方式的发展进程中，不同运输方式出于网络化和规模化的要求，首先是形成不同运输方式的运输枢纽。随着各种运输方式的不断发展和运输网络的形成，为提高运输效率、降低运输成本和增强运输方式的组合性、可选择性，开始应用综合运输的理念，在两条以上运输线路的交汇处或依托交通运输较为发达的中心城市，建设大型综合运输枢纽。无论是单一运输方式还是两种以上运输方式的运输枢纽，通常由多个在运输服务和运输组织作业方面具有紧密内在联系的场站构成，形成提供运输服务（中转、换装等）的功能强大的运输基础设施或设施群。这一运输设施群在共同提供区域运输服务中，在整体上应实现运输组织上的设施合理空间布局和作业组织与合理分工，并随着运输方式的增加和运输通道的加密，各种运输枢纽还将在功能和服务方向上适时进行动态调整。在日常运输作业管理中，往往需要实现针对运输枢纽中多个场站的统一运输调度指挥、信息充分共享和运输作业的高度协同，以实现运输系统资源的优化配置和充分利用，提高构成运输枢纽的运输设施群整体和单个的运作效率。由于运输服务功能不同和分属于不同运输方式，以及物流和运输发展中对运输效率、运输成本的选择性，运输枢纽的发展中出现了多种枢纽形态，如铁路枢纽、公路枢纽、水运枢纽、航空枢纽和综合运输枢纽等。

与区域物流枢纽的演化进程类似，单一运输方式运输枢纽的出现，也经历了较为漫长的历史过程，是随着运输网络完善、运输装备提升和载体城市经济的发展而不断发展的。随着运输枢纽衔接和辐射的运输方向的增加，以及城市和区域货流量的增长、货物结构、货物流向及时空分布等的变化，运输枢纽的空间布局结构、建设规模、运输组织复杂程度、运输作业特征乃至在运输网络中的地位和作用等，都发生相应的变化。因此，运输枢纽在发展过程中，也需要根据对其功能和辐射范围的要求，进行合理和科学的战略定位，以便为运输资源合理配置和进行功能布局的动态整合提供依据，促进运输枢纽管理及运行系统的不断优化。

2. 综合运输枢纽的形成和发展

在运输枢纽发展和运输网络化过程中，单一运输方式的运输枢纽越来越不能适应物流发展对多种运输方式的选择和运输效率的提升要求。多年来，各种运输方式的运输枢纽获得极大发展，并在国家及区域经济社会发展中发挥了重要的运输组织服务功能和作用。但是，区域经济发展和物流效率的提升，对集多种运输方式于一体的综合运输枢纽提出了较为现实的需求，而提高不同运输方式之间的有机衔接能力，往往受制于传统运输发展理念和分方式的运输管理体制，造成各种运输方式相互割裂、缺乏统筹协调，综合运输枢纽发育较为迟缓，导致多式联运发展滞后，严重影响不同运输方式之间的有机衔接，以及整个运输体系运作效率的提高，也很大程度上阻滞了物流效率的提升。为有效解决这一问题，国家“十二五规划纲要”提出“统筹规划、合理布局交通基础设施，做好各种运输方式相互衔接，发挥组合效率和整体优势，建设便捷、通畅、高效、安全的综合运输体系”。“优化运输资源配置，强化枢纽衔接和集疏运配套，促进运输一体化。”为各种运输方式的运输枢纽建设指明了方向，有利于依托枢纽进行运输资源的整合调整、功能完善，从而加强各种运输方式间的衔接配合和集疏运系统的配套建设，尤其是强化“公铁”“公航”“铁水”“公水”等多种运输方式组合衔接的集疏运系统建设。近些年来，随着上海虹桥、广州白云等综合运输枢纽逐步建成投入运营，对于提升所在区域的综合运输体系效率发挥了至关重要的作用。为加快物流业的发展和提升综合运输效能，各种货物运输枢纽（如无特殊指明，后文中综合运输枢纽即指综合货运枢纽）的建设也逐步成为交通运输建设的重点，对构建区域物流枢纽提供了重要基础。

3. 区域物流枢纽的形成和发展

综合运输枢纽的发育和发展，为区域物流枢纽的形成提供了节点设施的支撑或网络构建的重要途径。区域物流枢纽的概念虽然是随着现代物流业的发展和现代物流网络体系的演变而逐步形成和发展的，但也是综合运输枢纽功能向运输服务延伸和运输物流服务一体化运作发展的结果。随着现代物流服务模式的创新发展，尤其是社会化的第三方物流、第四方物流的发展，现代区域性辐射能力强大的物流网络体系逐步形成，带来物流通道设施和物流节点设施为主要建设内容的物流基础设施网络系统的快速建设发展。物流通道是依托公路、铁路、水运、航空等运输通道承载物流服务运作和辐射需要形成和发展的。因此，综合运输枢纽在提供延伸物流服务和作为物流节点设施载体的情况下，运输枢纽衔接的运输通道设施就构成区域物流枢纽的物流通道设施，运输枢纽功能性的仓储、包装、装卸搬运、流通加工、集货配货、信息服务等节点设施，就成为区域物流枢纽节点的功能性设施。而且，与运输枢纽结构层次匹配，区域物流枢纽也具有层次多、数量大和集中配置在枢纽区域的特点。事实上，区域物流枢纽结构中，数量最多的当属各种运输方式的单一和综合的枢纽货运场站（包括铁路编组站、铁路货运场站、公路货运场站、港口码头装卸作业场及货运场库、机场货运设施等）设施。由于运输设施大多数虽然具有物流服务功能，但总体上物流服务功能还不够完善，主要提供为运输服务的货物暂存、包装、装卸搬运及配套的接取送达等服务，区域物流枢纽恰恰弥补了这种功能和服务上的缺陷，也使得区域物流枢纽与运输枢纽在功能上存在差别。但现实发展中，许多具有一定优势条件的货运场站，通过业务拓展和物流功能的植入，已经实现了向配送中心、物流中心的转型发展，充分证明现代条件下两者已无绝然的差别。

鉴于运输枢纽与区域物流枢纽的发展关系，有关运输枢纽建设发展理论方法的研究，在很大程度上成为现代区域物流枢纽学科领域学术研究的重要内容和方向。运输枢纽和区域物流枢纽理论研究和实践运作的紧密结合，必将有利于完善我国现代物流学科理论研究成果，进一步丰富区域物流枢纽规划建设的方法和手段，进而促进现代物流业的快速健康和可持续发展。运输枢纽与区域物流枢纽概念形成的主要过程如图 4 -7 所示。

4.6 区域物流枢纽的发展演变基础

区域物流枢纽规划和建设问题的提出，是在城市作为一般意义上的区域物流枢纽载体及其区域物流枢纽层次性问题的基础上，通过符合物流发展和运作逻辑演进的结果。这种结果的形成，很大程度上是来自人们对物流网络

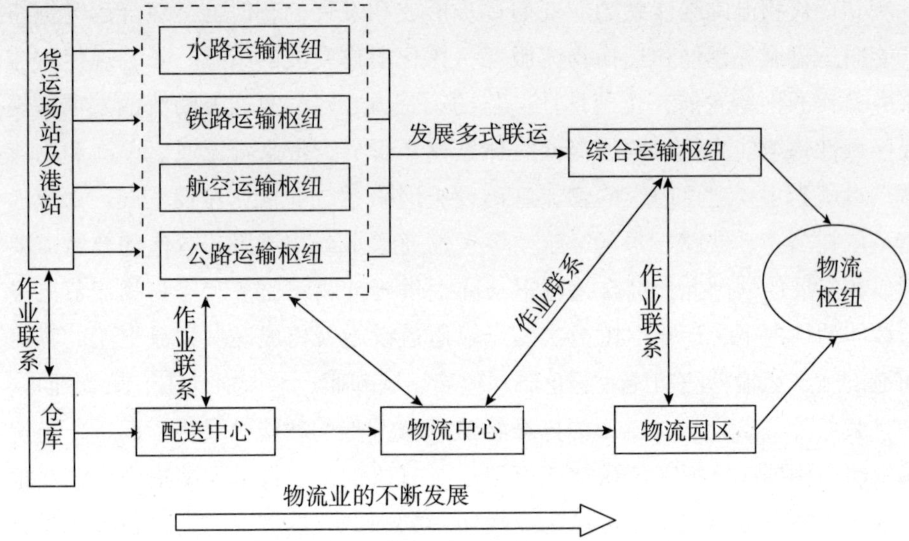

图 4－7　区域物流枢纽演变过程示意

化发展的认知，以及国家对区域物流枢纽的界定。但从理论研究和实践发展的脉络分析，区域物流枢纽的形成和发展，有其内在的演变过程，了解这一种演变过程，对于更为科学地分析和研究区域物流枢纽及其一般性规律，具有重要的意义和作用。

4.6.1　物流网络基础上的演变

1. 物流网络化运作与发展

随着现代经济发展的社会化分工不断深化，在物流业的发展中逐步产生了第三方物流服务业态，即专门为制造业、商贸流通企业提供基于供应链物流解决方案的专业化物流服务商。第三方物流企业在整体性或部分（分物流活动、分区域）承揽物流需求企业的物流服务过程中，通过不断的仓储、运输过程优化，形成依托区域分拨中心（RDC）、城市配送中心（CDC）的节点化物流运作。之所以依托节点进行物流运作，主要目的是依托区域分拨中心的“整、零”集散物流运作，实现区域物流的集中化、规模化运作。利用物流分拨中心满足以其为中心的一定半径（通常在 200 千米左右）内的下一级城市的物流分拨需求；而城市配送中心建设的理由则是通过干线运输与城市配送的衔接，在配送中心营造共同配送的条件，有效降低运输成本，并通过与干线运输、配送频率的结合，合理控制库存和仓储成本。分拨中心的区域物流集中化运作和配送中心的共同配送，形成符合物流低成本、高效率运作的发展模式，这种模式随着第三方物流服务企业的扩张运作和物流需求企业产品的区域广覆盖，逐步演变成多节点的联动运作，即网络化运作。

2. 城市成为区域物流枢纽节点的演变

鉴于物流运作本身缺乏规模经济特征，而网络化运作具备通过多种物流资源集聚的规模经济发展能力，这些具有不同功能和运作模式的节点的发展，逐步开启了物流节点为依托的物流规模运作、网络化发展的大门，使枢纽的功能不断完善、规模不断扩张，并在此基础上使其所依托的城市出现了在物流网络化发展中的分化发展。一些物流需求较大的运输枢纽城市在物流运作的支持下成为区域物流枢纽；还有一些并无很强的内在物流需求，但因为地理位置重要、物流资源成本具有竞争力，在物流企业的运作下也成为区域乃至国际性物流节点，如美国的亚特兰大、孟菲斯等，就因为联邦快递的节点选择而成为国际知名的区域物流枢纽城市。因此，区域物流枢纽很大程度上是具有物流网络化发展能力的扩张性产业。反过来，在规划的意义上，也可以依据城市的物流需求、地理区位和物流资源进行有引导的布局，这也是进行区域物流枢纽城市分析研究的意义所在。

4.6.2 运输枢纽基础上的演变

1. 运输枢纽的形成和发展

区域物流枢纽与运输枢纽紧密的内在联系，也在很大程度上促进了运输枢纽基础上区域物流枢纽城市的形成和演变。在现代交通运输发展与演进的历史中，铁路、公路、水运、航空、管道五种现代运输方式各自适应不同类型和阶段的运输服务需求，且在运输需求不断扩张发展的形势下，各种运输方式均得到了较大程度的发展。同时，随着人们消费水平提高和生产、消费方式的改变，对运输服务的需求形态逐步多样化，各种运输方式在完成运输服务的过程中进行分工合作基础上的衔接，综合运输成为较为普遍的形态和运输发展的基本方向。在综合运输发展的过程中，功能各异的运输枢纽成为运输方式内部和方式之间衔接的重要场所，尤其是被诸多运输方式和网络化运输企业普遍采用的“轴辐式”运输模式，使运输枢纽的发展成为提升运输效率、降低综合运输成本的重要基础设施和运输组织节点。

2. 运输枢纽城市的产生和发展

在运输枢纽的形成、发展过程中，出现了铁路枢纽、公路枢纽、水运枢纽、航空枢纽等不同运输方式的运输枢纽；交通运输的综合发展催生了多种运输方式集合的综合运输枢纽，这些不同功能和作用的运输枢纽，适应和满足了运输服务多样化的需求，也使得城市交通运输的组织结构发生了巨大变化。一方面是城市内部的交通运输组织结构的演变，形成了以枢纽为组织节点的大容量轨道交通与地面交通在运输服务和组织上的有机衔接，以及区域交通组织的合理化和不同运输方式的合理分工，有效缓解了城市交通拥堵和环境污染的同时，使枢纽成为城市功能提升和扩张发展的重要支撑。另一方面是城市外部交通组织结构的变化，城市依托服务于外部、内部交通衔接的各种大型枢纽，使城市成为服务区域交通的组织中心，也因为此，综合运输枢纽城市开始出现并发展，在区域交通运输发展规划中，对综合运输枢纽城市进行规划也逐渐成为重要的规划内容，综合运输枢纽城市的概念也因此产生。

3. 运输枢纽功能带来的区域物流枢纽城市演变

对于货运而言，城市因货运枢纽对货运的集聚作用而成为货运枢纽。随着现代物流在社会经济领域的不断应用和对相关产业的渗透，各种运输枢纽逐步开始拥有物流服务或组织功能，货运枢纽尤其是大型货运枢纽，如港口、机场和铁路、公路等的运输枢纽逐渐演变成具有多式联运、仓储、配送等综合功能的运输功能强大的区域物流枢纽，运输枢纽单纯的运输衔接和服务功能向物流服务功能有效拓展，既丰富了运输枢纽的功能和内涵，也使拥有大型服务区域的运输枢纽的城市成为区域物流枢纽。从货物运输枢纽基础上演变形成区域物流枢纽，再有承载区域物流枢纽而使城市成为区域物流枢纽节点，既体现了运输发展的演变逻辑，又体现了城市作为运输枢纽载体的演变方向和规律。

此外，我国在《交通运输“十二五”发展规划》中已明确提出，要拓展货运枢纽的现代物流服务功能，依托沿海主要港口货运枢纽的辐射服务和规模运作优势，带动内陆地区建设无水港，发展向内陆辐射的物流服务，扩大港口腹地和辐射能力；支持内河港口与保税园区、工业园区实现物流服务基础上的联动发展，大力拓展内河港口的辐射范围和现代物流功能；推进公路货运枢纽的物流服务功能和运作模式转型，注重在运输和物流服务上与产业园区、商贸市场、国际口岸的有效对接，进而提升运输枢纽的物流服务水平，并依托枢纽支持运输服务企业向现代物流服务企业转型，深度拓展运输企业的物流业务潜力，实现传统运输企业由单纯的运输承运人向综合物流服务商转型，积极培育和发展第三方物流企业，拓展运输企业的赢利能力。

4.6.3 产业发展基础上的演变

1. 现代物流产业的发展

随着我国确立以服务业为带动的产业结构调整、升级战略的实施，培育和发展具有带动作用的服务业，尤其是现代服务业，成为国家和地方政策支持的重点。现代物流业以其发展形态的多样化、兼具生产和生活服务的特性，被国家和地方确定为先导性产业加快发展。特别是现代物流业具有较为鲜明的复合型特点，不仅对传统的运输、仓储具有良好的升级、转型带动作用，而且对制造业产业链延伸、商贸服务产业的模式创新等，也具有重要作用。加之物流业本身因为基础设施建设、第三方物流企业的发展和信息化、标准化发展，也是产业发展的重要内容。因此，现代物流业成为各种类型的城市积极培育和发展的产业，尤其是一些综合运输枢纽城市，往往希望通过综合运输枢纽的地位和作用的充分发挥，将城市打造成为区域物流枢纽节点，以便承载具有规模价值的物流服务产业，使物流业成为城市现代服务业的支柱产业。

2. 产业组织基础上的区域物流枢纽演变

鉴于物流产业的战略性地位，城市要加快发展现代物流产业，总体上具有两种战略途径：一是为所在区域或更大的区域提供物流服务，实现区域物流产业发展要素和资源在城市的聚集，提高城市物流产业的发展规模；二是为城市的生产、生活提供服务，提高城市的物流产业发展质量和水平。无论是哪种情况，均需要提高城市在区域物流产业发展方面的组织化水平和集聚能力，而且通过区域物流枢纽节点设施的建设为物流业的聚集、扩张和提升提供有效支撑。目前，由于我国重要城市的交通运输基础设施条件均得到极大的改善，实现了高速公路连通地级以上城市，高速铁路、铁路运输也将覆盖50万人口以上城市，在城市组织物流产业条件具备的情况下，城市加快发展物流业，努力使城市成为区域性的区域物流枢纽的战略选择性加强，城市除通过产业发展效率和集聚程度提高自身物流业的发展质量外，为区域提供服务成为可能。近年来，随着城市各种大型的区域物流枢纽、物流中心等新型物流节点设施大量涌现，不同城市在将物流产业培育成支柱产业方面做了很多努力，使得城市作为区域物流枢纽节点成为一种竞争性战略，为此，也带来了诸多包括枢纽设施在内的盲目竞争。

3. 区域物流枢纽城市节点竞争带来的重复建设问题

由于不同城市均积极培育物流产业，在集聚物流资源成为区域物流枢纽方面存在较强的竞争，相当部分城市的物流业发展目标和服务功能定位不清晰或不准确，会导致物流运作效率低下、资源配置和物流产业发展效能不佳等问题。为了最大限度整合和优化配置区域物流资源，提高物流业发展和企业运作效率，降低城市的物流成本，提升国民经济运行质量和市场竞争力，必须在宏观层面站在全社会现代物流网络体系合理布局建设的高度，对物流网络节点的层次、规模、功能及作用进行科学定位和统筹规划。必须根据不同节点在区域性物流网络中所处的位置、与其他节点间的联系衔接条件、自身的经济实力和辐射带动能力、物流量集散、中转、交换需求等各种条件，研究确认城市的区域物流枢纽节点地位。

4.7 物流枢纽城市发展模式分析

在区域经济发展中，区域中心城市往往具有不同的资源禀赋和地理区位，按照现代物流依托城市发展的特点和趋势，考虑到中心城市在产业发展功能、关系、地位、经济水平、交通运输等基础条件方面的不同，中心城市发展物流产业主要有港口带动型、工业带动型、商业带动型和综合运输枢纽型等几种不同的发展模式。

1. 港口带动型物流业发展模式

通过港城联动逐步发展起来的港口城市，具有良好的港口物流资源，以港口性中心城市的港口资源和区域物流辐射条件为依托，通过港口物流产业的发展和港口物流组织的规模化、高效化，建立围绕港口物流发展的区域物流组织体系，使港口型中心城市成为一个依托港口物流组织的物流中心。

我国的上海、天津、深圳、广州、青岛、大连等经济中心城市，已拥有了吞吐量规模过亿吨的大型港口，以及较大腹地范围，具有港口运输枢纽的功能和作用，应从扩大和延伸港口物流规模入手，通过围绕港口与腹地的集疏运系统，以及港口保税及工业加工区、国际贸易分拨中心等的物流服务系统建设发展等途径，强化港口城市在国际、国内区域物流组织中的地位，提高港口物流服务和组织效率，带动所在城市及地区物流产业的扩张和提升发展，并为国家主干物流网络的建设提供物流系统和服务功能支撑。

2. 工业带动型物流业发展模式

在区域经济发展中，我国培育和建设了数量众多的工业中心城市，对于工业经济较为发达的区域性经济中心城市，如重庆、武汉、天津、青岛、上海等，由于具有规模化组织生产的汽车、化工、纺织、食品、冶金、电子等支柱产业，形成了较为完善的产业链，可以通过挖掘工业企业的物流供应链管理及成本节约潜力，通过整合和集聚物流资源，提高工业企业原材料、零配件、产成品供应和生产过程物流服务等的物流供应链组织和管理水平，打造工业带动型物流业发展模式，带动中心城市物流业发展。

3. 商业带动型物流业发展模式

消费人口数量庞大和区域商业活动较为集中的经济中心城市，由于具备较大的消费能力和商业辐射带来的流通规模，特别是电子商务产业的发展，使商业发展依托基础较好和具备良好物流组织条件的中心城市，既可以通过自身的消费物流组织，也可以通过区域商贸产业组织而发展成为重要的商贸流通产业分拨和组织中心，并据此而发展服务于商贸产业的物流服务产业体系。我国100万人口以上的城市，特别是500万人口以上的经济中心城市，以及具有区域商业流通分拨组织区位和功能的城市，如北京、上海、广州、深圳、武汉、郑州等，均具有通过商业流通产业组织发展商贸物流的条件和能力，可以采取商业带动型的物流业发展模式，实现区域物流枢纽城市的建设和培育具有增量价值的城市物流产业。

4. 综合运输枢纽型物流业发展模式

在交通运输适应和满足城市经济发展的过程中，经济中心城市因强大的运输需求而处在各种运输方式的交汇点上。同时，地处中部地区的经济中心城市，如武汉、郑州、西安等，具有横贯东西、纵达南北的运输辐射地理优势，通过发挥交通运输的组织功能，可以以便捷的运输服务组织带动城市物流业的发展。这些城市若按照区域物流组织与服务的需要，进一步完善交通运输设施条件，提高运输辐射和服务组织效率，培育网络化、规模化运输企业，有利于加快区域物流枢纽的建设和物流业的发展。实际上，由于我国的许多中心城市拥有更多的物流资源和资源匹配组合条件，已具备采取多种模式发展现代物流业的条件。如上海市既是国际性港口城市，也是长江三角洲区域乃至全国的工业和商业活动中心，还是全国重要的综合运输枢纽，发展物流业的途径和方式选择较多；北京作为拥有2000多万人口的国际大都市，加之发达的交通运输网络，发展现代物流业的基础很好，也可以采取多种模式推进现代物流业的发展。资源禀赋和发展条件的多样化，使得中心城市发展物流业并无一定之规，很大程度上取决于中心城市区域发展战略的选择和政策的制定。

4.8 本章小结

本章从区域物流发展规律的层面，对区域物流网络结构的演化机理作了较为详细的分析。为此，分析了影响区域物流网络结构演化的主要外部影响因素；阐述了区域物流网络结构演化的动力机制；探讨了区域物流枢纽形成机理；指出了区域物流结构演化阶段和途径；论述了区域物流枢纽的发展演变基础；给出了物流枢纽城市的发展模式。

5 区域物流枢纽演化模型研究

在研究现实物流网络和枢纽演进规律时，由于现实世界物流系统的复杂性，需要在纷繁复杂的各种影响因素中选取主要因素进行抽象和概括，而模型研究是对现实系统进行抽象的主要手段。本章根据前述物流网络结构演化机理与动力研究，对区域物流网络在时间和空间的演化与生长规律进行建模研究，以期为现实物流系统规划提供指导。

5.1 基于时间序列的区域物流网络演化与生长模型

5.1.1 时间序列演化模型

区域物流网络结构的时空演化是研究区域物流网络结构演化过程的主要手段，研究某一区域物流网络在某一时间段的空间结构变化，可以认知和论证其演化的机理。分析区域物流网络中物流分布的集聚和扩散机制，是研究区域物流网络结构时空演化的一项主要内容。

区域物流网络的时空演化可以根据网络中物流节点在时间序列上的演化规律进行研究，可以根据一段足够长的时间里对物流节点发生演化和生长的内在影响因素、结构生长的阶段、结构演化形态、演化机理进行分析，以此解析在物流节点演化与生长过程中，产生的聚集与扩散效应及其对物流网络结构演化产生的影响。本节将借鉴评估产业集中度的赫芬达尔指数和区域分布非均衡系数两个模型来研究区域物流网络的时间序列演化。

1. 赫芬达尔指数（*HHI*）

赫芬达尔指数（*HHI*），是一个评估产业集中度的综合指标，可以计量市场中各主体规模的离散度。从宏观角度看，物流网络中的各节点也可以看作大的物流市场中的提供物流服务的主体。因此，赫芬达尔指数在研究区域中物流节点聚集和离散的演化趋势方面具有借鉴意义。本章根据赫芬达尔指数的思想，构建区域物流网络中的物流节点的离散度模型，以此来分析各节点的物流产业的集中度，如式（5－1）所示。

$$HHI = \sum_{i=1}^{k} (\frac{s_i}{s})^2 = \sum_{i=1}^{k} R_i^2 \tag{5-1}$$

式中：s_i是各节点物流量，s 是整个网络物流量，R_i是节点 i 的物流量占整个物流网络物流量的比例（$0 < R_i < 1$），k 是物流节点的个数，其中物流量包括运输量和仓储量，由于仓储量数据收集存在一定困难，并且运输量与仓储量存在较大的相关性，因此取运输量作为物流量进行计算。从式（5－1）可知，$0 < HHI \leqslant 1$。当 $s_i \ll s$ 时，$R_i^2 \to 0$，$HHI \to 0$，即每个节点的物流量都非常小，物流节点趋向扩散，没有形成枢纽；当物流网络中有一个节点的物流规模 $s_i \to s$ 时，就有 $R^2 \to 1$，$HHI \to 1$。则说明区域物流网络中的物流量向某一物流节点聚集，该节点就逐渐成为网络中的区域物流枢纽。当然，也可能有若干个节点的物流规模 s_i 占总规模的比例较大，这样在物流网络中形成若干个区域物流枢纽的情况。

2. 分布均衡性模型

区域物流网络中各物流节点的物流量是否均衡是衡量物流网络发展演化过程的重要方面。一般地，如果网络中各节点的物流量相差不大、较为均衡，没有特别突出的物流节点，说明物流枢纽并没有产生。反之，如果网络中某一个或某几个物流节点的物流量远远超过其他节点，那么说明该物流网络的发展演化进入到极化阶段，物流枢纽已经产生。

本书采用物流节点的物流量标准差 σ 作为物流节点分布非均衡系数，来构建物流节点分布均衡模型，以此来衡量物流网络中各节点物流量的均衡性，如式（5－2）所示。

$$\sigma = \sqrt{\frac{\sum_{i=1}^{n} (R_i - \overline{R})^2}{n}} \tag{5-2}$$

式中：R_i是节点 i 的物流量占整个物流网络物流量的比例（$0 < R_i < 1$），$\overline{R}$为网络节点分布比例的均值，n 是网络节点总数。一般地，如果 σ 越小，那么说明物流网络中各节点分布越均衡、差别越小，物流网络处于均衡状态，产生物流枢纽的可能性越小；相反，如果 σ 越大，那么说明物流节点之间的物流量差距越大，也就是有的节点物流量小，有的节点比其他节点的物流量要大得多，物流枢纽产生的可能性越大。

5.1.2 模型分析

以湖北省区域物流网络为例，对基于时空演化的区域物流网络结构演化模型进行分析。根据研究需要，对于湖北省区域物流网络划分为几个区域：武汉物流区域（即武汉为中心，以周边一百千米内的黄石、黄冈、鄂州、孝感、咸宁5个城市）、宜昌荆门物流区域（包括宜昌市、荆州、荆门）、襄十物流区域（包括襄阳、随州、十堰）。

1. 演化分析的数据

为了方便数据的获取和可操作性，本书选取各节点的货运量作为物流量的规模进行计算，通过查阅《中国城市统计年鉴》（1993—2012年），整理统计湖北省12个地级市的年货运量，如表5-1所示。

表5-1　湖北省地市货运量统计（1993—2012年）

单位：万吨

年份	城市												
	武汉	黄石	鄂州	孝感	黄冈	咸宁	十堰	襄阳	随州	宜昌	荆门	荆州	合计
1993	11988	3962	2152	2685	843	279	1063	3906	601	3520	874	1735	33608
1994	12392	3899	2161	3156	905	307	1591	3230	639	3981	943	1806	35010
1995	13267	3935	2248	3866	1093	204	1378	3749	695	4576	982	1757	37750
1996	12450	4835	2434	3847	2093	207	1633	4524	606	4065	2253	2098	41045
1997	12690	4550	2384	3557	1231	350	1517	4076	621	4219	2169	2787	40151
1998	14693	4715	2506	3836	879	580	1653	5143	657	3746	2458	2237	43103
1999	15442	4960	2715	3977	1043	724	1462	4692	709	3544	2849	1716	43833
2000	16228	4984	2825	4684	1 972	668	1474	4606	740	3464	3115	2131	40949
2001	16244	5088	3402	4266	2149	773	2415	4815	771	4143	3512	2290	49868
2002	15943	4875	2 087	4471	2160	646	889	5068	179	4031	3575	1597	46195
2003	16610	5059	1106	4538	1853	799	1632	5294	915	4881	3537	2265	48489
2004	17045	5596	1171	4894	2201	914	1322	5461	917	4574	4160	2224	50479
2005	19612	5728	1420	5166	2172	1051	1230	5906	969	5360	4277	2986	55877
2006	20818	6026	1425	5437	2322	1263	1451	6453	1040	5406	4441	2690	58772
2007	22551.9	6450	1949	5970	2677	1266	1675	6745	1149	5894.6	4780	2956	64063.5
2008	29143.9	6655	2042	7578	3159	1498	1961	7116	1221	6981.7	4744	2153	74252.5

续表

年份	城市												
	武汉	黄石	鄂州	孝感	黄冈	咸宁	十堰	襄阳	随州	宜昌	荆门	荆州	合计
2009	34409.1	6397	2387	8102	3305	2072	3236	8 405	2019	9389.8	7017	3 922	90660.9
2010	40288.3	5799	1893	4361	4137	2656	3795	9914.1	2099	10314	7794	4930	97981.2
2011	41804	6951	2220	4999	4785	2724	4544	12344	2443	12377	9339	6099	116029
2012	43892.5	7034	2315	5213	5053	3135	5300	13246	2586	13246	10555	6975	126195

2. 计算赫芬达尔指数（*HHI*）

将表5－1中的湖北省各物流节点1993—2012年的货运量，代入计算赫芬达尔指数的式（5－1）中，可以得到的湖北全省、武汉物流区域、荆宜物流区域和襄十物流区域的*HHI*指数，如表5－2所示。

表5－2　　湖北省区域物流的*HHI*指数（1993—2012）

年份	区域			
	湖北全省	武汉物流区域	荆宜物流区域	襄十物流区域
1993	0.181453	0.358410	0.539825	0.430312
1994	0.177596	0.353925	0.448567	0.441554
1995	0.178351	0.351161	0.484926	0.467044
1996	0.150193	0.304203	0.513805	0.367107
1997	0.155874	0.328973	0.499840	0.359606
1998	0.169502	0.351491	0.533141	0.351976
1999	0.174948	0.345584	0.523452	0.359229
2000	0.222220	0.327849	0.514605	0.345930
2001	0.156464	0.318684	0.462555	0.351280
2002	0.171258	0.337419	0.704028	0.372866
2003	0.170283	0.364599	0.512792	0.363323
2004	0.168137	0.348467	0.546654	0.359544
2005	0.174630	0.365831	0.568307	0.351064
2006	0.176394	0.365507	0.560387	0.357455
2007	0.174057	0.358353	0.541916	0.357024
2008	0.199391	0.385817	0.527813	0.393965

续表

年份	区域			
	湖北全省	武汉物流区域	荆宜物流区域	襄十物流区域
2009	0. 188511	0. 408336	0. 456561	0. 369715
2010	0. 209584	0. 487164	0. 468583	0. 360679
2011	0. 171787	0. 460567	0. 478984	0. 358814
2012	0. 162615	0. 460217	0. 470784	0. 354232

根据表5－2中数据，可以得到1993—2012年，湖北全省及三个物流区域的*HHI*指数的发展趋势图，如图5－1和图5－2所示。

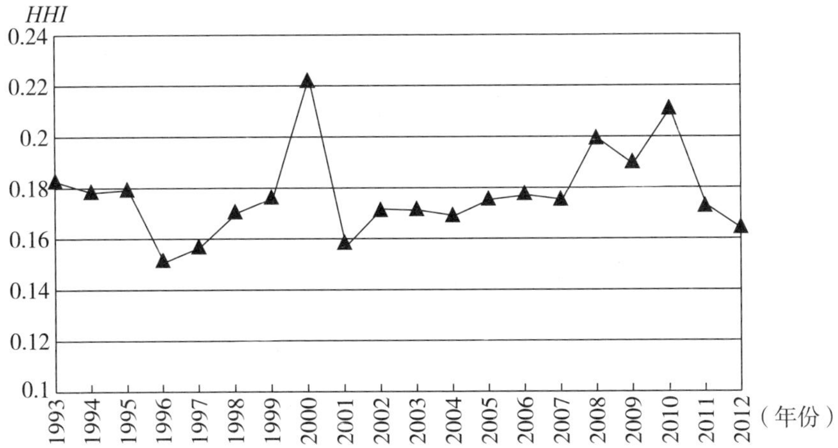

图5－1　湖北全省*HHI*指数分布趋势

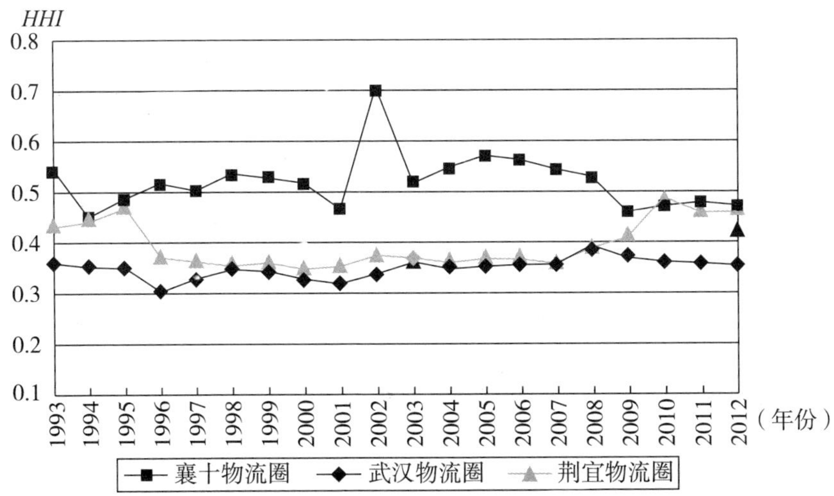

图5－2　武汉、襄十、荆宜物流区域*HHI*指数分布趋势

3. 计算分布非均衡系数

将表 5 - 1 中的湖北省 1993—2012 年各物流节点的货运量，代入式（5 - 2）计算分布非均衡系数，得到的湖北全省、武汉物流区域、荆宜物流区域和襄十物流区域的分布非均衡系数，如表 5 - 3 所示。

表 5 - 3　　湖北省分布非均衡系数（σ）

年份	区域			
	湖北全境	武汉物流区域	襄十物流区域	荆宜物流区域
1993	0. 090425	0. 178766	0. 262356	0. 179795
1994	0. 088630	0. 176663	0. 195988	0. 189930
1995	0. 088984	0. 175354	0. 224791	0. 211116
1996	0. 074644	0. 151403	0. 245270	0. 106103
1997	0. 077750	0. 164472	0. 235589	0. 093583
1998	0. 084739	0. 175511	0. 258075	0. 078830
1999	0. 087376	0. 172683	0. 251740	0. 092907
2000	0. 097017	0. 163902	0. 245813	0. 064799
2001	0. 078065	0. 159174	0. 207542	0. 077346
2002	0. 086765	0. 168697	0. 351518	0. 114794
2003	0. 085122	0. 181628	0. 244580	0. 099982
2004	0. 084065	0. 174069	0. 266659	0. 093472
2005	0. 087224	0. 182192	0. 279865	0. 076877
2006	0. 088063	0. 182044	0. 275108	0. 089668
2007	0. 086950	0. 178739	0. 263681	0. 088865
2008	0. 098344	0. 191115	0. 254610	0. 142164
2009	0. 093620	0. 200694	0. 202672	0. 110124
2010	0. 102572	0. 231120	0. 212328	0. 095473
2011	0. 089457	0. 221322	0. 220341	0. 092160
2012	0. 086155	0. 221190	0. 214049	0. 083464

根据表 5 - 3 中的数据，可以得到湖北省及三个物流区域的分布非均衡系数的发展趋势图，如图 5 - 3 和图 5 - 4 所示。

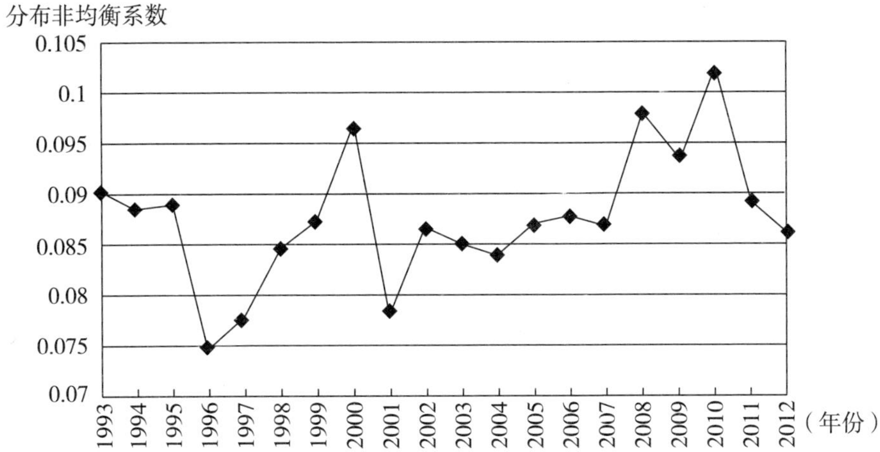

图 5－3　湖北全省分布非均衡系数趋势

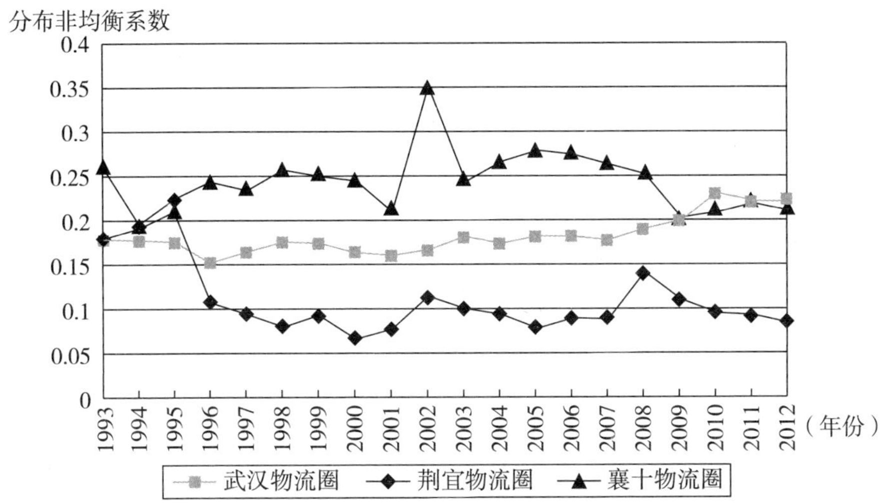

图 5－4　武汉、襄十、荆宜物流区域分布非均衡系数趋势

4. 模型演化分析

根据上述实证数据，*HHI* 指数分析和非均衡系数分析得出相似的结论。

（1）1993—2012 年，湖北全省 *HHI* 指数呈微弱下降趋势，全省物流网络处于较平稳地由集中到分散的结构演变过程。湖北全省的均衡系数从 1993 年的 0. 090425 下降到 2012 年的 0. 086155，说明湖北全省的物流网络节点的分布趋于均衡化发展，是一个缓慢平稳的均衡化演变过程。

（2）1993—2012 年，武汉物流区域 *HHI* 指数由 0. 35841 上升到 0. 460217，非均衡系数从 0. 178766 上升到 0. 22119，说明武汉物流区域发展呈现出平稳的集中发展趋势，各节点的不均衡性增大，处于极化集聚的发展阶段。主要原因是武汉作为省会城市，其物流设施建设相对周边节点完善，货物在武汉进行中转的流量趋于增大，武汉作为区域物流枢纽的地位越来越明显。

（3）1993—2012 年，荆宜和襄十物流网络的发展情况相似，荆宜、襄十 *HHI* 指数则呈下降趋势，荆宜从 0.539825 降到 0.470784，襄十从 0.430312 降到 0.354232。非均衡系数都是趋于减小的，荆宜从 0.262356 下降到 0.214049，襄十从 0.179795 下降到 0.083464，因此，两个地区物流趋向均衡发展。主要原因是，两个物流区域的经济发展水平相对武汉物流区域较低，襄阳和宜昌的中转物流不多，枢纽作用不明显，说明这两个物流区域处于低水平的均衡状态。

综上，可以得到对于武汉物流区域而言，无论是 *HHI* 指数还是分布非均衡系数的变化趋势都是逐步上升，而荆宜和襄十两个物流区域这两个参数都是逐渐下降（如图 5 - 2 和图 5 - 4 所示）。说明武汉物流区域中以武汉为枢纽的轴辐式区域物流网络结构的发展趋势相对明显，而荆宜和襄十两个物流区域的经济发展水平相对较低，物流活动在襄阳和宜昌的中转并不多，在区域中的枢纽作用不明显，说明这两个物流区域处于低水平的均衡状态。

因此，为了推进湖北物流网络的科学发展，应加强武汉作为重要区域物流枢纽的作用，带动武汉物流区域及全省物流业发展。另外，加强宜昌和襄阳两个次级区域物流枢纽的基础设施建设，完善物流功能，带动襄十和荆宜两个物流区域，推进节点联动，以点带面实现从低等级均衡状态向极化集聚发展阶段推进。

5.2 区域物流网络节点发展演化研究

5.2.1 以节点度数为基础的演化模型

1. 模型构建

根据前述物流网络与枢纽的演进机理研究，物流网络的不断演进生长与扩张，取决于物流节点数量的不断增加和节点规模的不断扩大，当新增物流节点进入物流网络时，必定要与原有节点联通。在以节点度数为基础的演化模型中，新增节点选择原有节点时，不考虑物流节点的物流功能定位，主要以原有节点的度数大小为标准进行连接。

从物流网络产生的最初阶段开始，假设区域内最初两个节点之间产生物流交换，必然经过两个节点之间的通路来实现，该通路在网络中可以抽象为一条边。在区域物流网络产生新的节点过程中，新节点需要与网络中原有的节点通过连线连接，加入到原有网络中演变成为一个新的网络。新增节点在选择与原有节点连接时是存在一定规律的，主要表现在有限资源下，为了能与原有网络中更多的物流节点产生关联，新增节点会选择物流线路更多、密度更大、中转更为便捷的物流节点，以此为中转与网络中其他的节点连接贯通。

因此，依据复杂网络的演化理论，考虑物流网络成长性和节点连接特性，提出如下区域物流网络中以节点度数为基础的择优生长演化模型构造算法：

（1）设初始节点数为 m_0，假设 $m_0=1$，将第一个出现聚集的物流节点设定为网络产生和演化的起点。

（2）出现第二个节点。随着区域经济的不断增长与转移，在区域内出现第二物流节点，两节点之间需要经济往来和物资交换，因而需要物流通路将二者连接起来。

（3）不断增加新的节点。由于经济的成长性，出现越来越多的物流节点，新节点通过连线与原有节点以概率 P_i（$0<P_i<1$）择优连接起来。并且，最多只有一条边将任意两个不同节点连接，任何节点都不能与自己相连。

（4）以度数为基础的择优连接。P_i 为新节点与节点 i 以边连接的概率，满足如 $P_i=\dfrac{d_i}{\sum d_j}$，$d_i$ 为节点 i 的度数，分母为网络中所有原节点的度数的总和。新节点并不是随机与原有网络中的节点连接，而是按概率 P_i 从大到小的顺序选择网络中的节点，即新节点与度数较大的节点连接的概率比与度数较小的节点连接概率要大。

2. 模型演化分析

上述物流网络演化模型在演进 n 步后，将会出现一个有 $N=n+m_0$ 个节点、m_n 条边的物流网络。图 5-5 呈现出一个区域物流网络不断出现新节点和择优连接的成长演进过程。

上述以度数为基础的优选连接的物流网络演化模型，符合无标度网络演化的特征。根据前人研究可知，复杂网络的无标度网络的度分布为：

$$P(d)=\frac{2m(m+1)}{d(d+1)(d+2)}\approx 2m^2d^{-3} \tag{5-3}$$

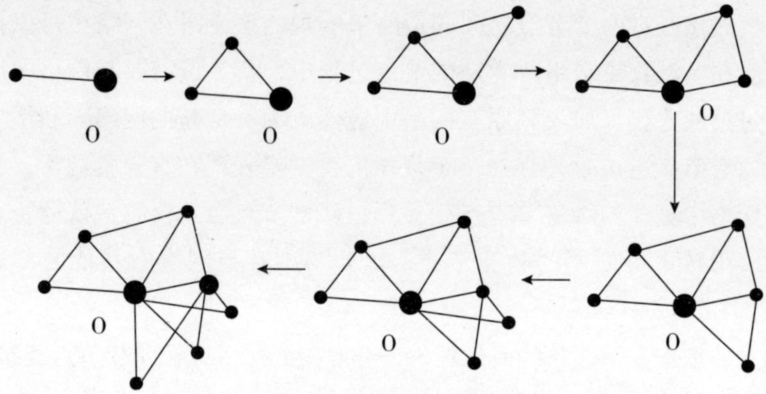

图 5－5　区域物流网络的生长演进过程示意

式（5－3）中，$P(d)$ 指物流网络的度的概率分布，m 为每个时间步增加边的数量，d 为物流节点的度数。可知此网络的度分布呈幂律分布，幂指数为3。与泊松分布不同，幂律分布并不是一个平均值能反映出整个群体特征的分布，幂律分布中不同个体在很宽的范围内变化，这种变化常常跨越多个量级，即系统中个体尺度相差悬殊，说明区域物流网络中的各个节点处于不同的地位和等级。有少量节点有度数较高，即与其他节点连接较多，处于枢纽节点的地位；大多数节点度数较低，即与其他节点连接较少，属于一般节点。一般而言，度最大的节点为与其他节点连接最多的“富”节点，即图 5－5 中的 O 点。随着时间的演进，网络会逐渐形成“马太效应”，即“富者越富，穷者越穷”的现象，并且“富”节点之间趋于彼此连接，反映出物流网络中区域物流枢纽形成的机理。

对一般无标度网络的度分布，如式（5－3）所示的度分布进行分析。同样取网络节点数 N 为 100 个，m_0 和 m 分别取 1，3，5，7，如图 5－6 所示。

5.2.2　以节点吸引为基础的演化模型

前述以节点度数为基础的演化模型中，仅考虑原有节点对新增节点的吸引，没有考虑由于新增节点由于政策更优惠、交通区位更优越、物流功能更完善而对原有节点产生的反向吸引。以节点吸引为基础的择优演化模型不仅考虑节点度数，还考虑物流节点的吸引是物流枢纽产生的重要因素，来构建网络演化模型。

1. 模型构建

按照以度数为基础的择优演化模型，区域内较早的枢纽节点有较多数量

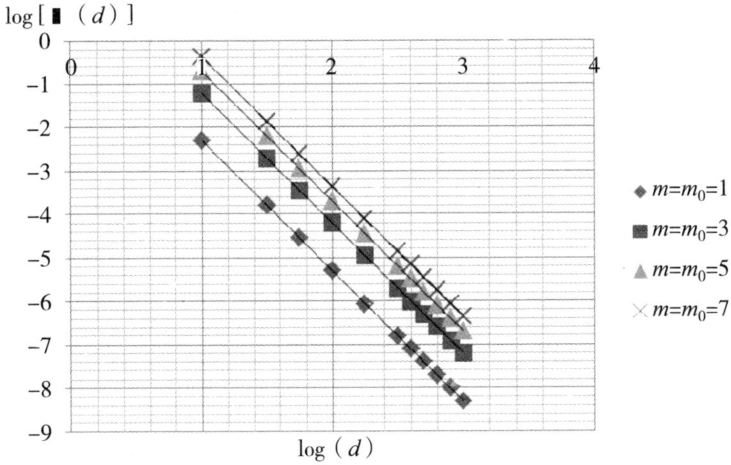

图 5－6　无标度网络生长模型的度与度分布

的连接线，即节点出现越早，与之相连的线就越多，后出现的节点不可能超越较早出现的节点成为枢纽节点。以节点度数为基础的演化模型可以解释为什么区域物流枢纽能够形成，但不能解释为什么一些新出现的节点能在更短的时间里成为枢纽节点，甚至超过原来的枢纽节点。例如，深圳作为一个后起的新兴城市，由于政策和区位优势，交通基础设施得到极大改善、物流功能不断完善，企业纷纷落户深圳，由此与外界经济联系不断增强，对其他节点产生了很大的吸引力，超越了很多原有的区域物流枢纽而成为实力更强的区域物流枢纽。

因此，在网络演化过程中需要考虑新增节点和原有节点之间的相互吸引力。一方面，要考虑原有节点对新增节点吸引力，其主要体现在由于长期发展与其他物流节点连接线较多、经济总量较大、物流需求较多；另一方面，也要考虑新增节点对原有节点的吸引力，一个新增节点之所以能够有较强的吸引力，主要体现在其交通区位条件较好、新建物流设施功能更加科学完善和政府给予的政策更加优惠。在这里，引入度量节点吸引力的参数 f_{ij}，表示节点 i 和 j 之间的吸引力，每个节点对其他节点的吸引力为 f_i。

$$f_{ij} = k\frac{m_i m_j}{c_{ij}^{\theta}} f_i = \sum_j f_{ij} = k m_i \sum_j \frac{m_j}{c_{ij}^{\theta}} \qquad (5-4)$$

式中：m_i 为物流节点的“质量”，也就是网络中物流节点的竞争力，本书选取所在物流节点的经济总量 GDP、区位交通条件、物流设施规模和政策条件四个因素来衡量物流节点的竞争力。

$$\begin{aligned} m_i &= a_1 S_i + a_2 Q_i + a_3 E_i + a_4 G_4 \\ &= a_1 \frac{s_i}{\sum_i s_i} + a_2 \frac{q_i}{\sum_i q_i} + a_3 \frac{e_i}{\sum_i e_i} + a_4 \frac{g_i}{\sum_i g_i} \end{aligned} \tag{5-5}$$

其中：s_i，q_i，e_i，g_i分别为物流节点 i 的经济总量 GDP、区位交通条件、物流设施规模和政策条件，S_i，Q_i，E_i，G_i分别为其归一化后的值；a_1，a_2，a_3，a_4为权重系数，$a_1 + a_2 + a_3 + a_4 = 1$。$c_{ij}$为需求点 j 到物流节点 i 的广义费用，这里考虑运输时间和运输费用 2 个主要因子构成广义费用：

$$c_{ij} = b_i T_{ij} + b_2 F_{ij} = b_1 \frac{t_{ij}}{\sum_i t_{ij}} + b_2 \frac{f_{ij}}{\sum_i f_{ij}} \tag{5-6}$$

其中：t_{ij}，f_{ij}分别为需求点 j 到物流节点 i 的运输时间、运输费用，T_{ij}，F_{ij}分别为其归一化后的值；b_1，b_2为权重系数，$b_1 + b_2 = 1$。

这里，对前述基于节点度数的择优成长演化模型中的步骤（4）进行如下改进：引力连接——建设新加入的物流节点 j 在选择与之连接的原有节点 i 时，不仅考虑节点 i 的度数，还考虑新节点对节点 i 的吸引力。

$$P_i = \frac{d_i + f_{ij}}{\sum_i (d_i + f_{ij})} \tag{5-7}$$

式中：d_i 为节点 i 的度数；f_{ij} 为新节点 j 与原有节点 i 之间的吸引力；$\sum_i (d_i + f_{ij})$ 为新节点与网络中所有物流节点的度数和吸引力的总和。

2. 模型演化分析

由上述模型可知，原有网络中的节点与新节点相连的概率取决于该节点的度数和与新节点之间的吸引力的大小。因此，网络的成长与演化由于 d_i 和 f_{ij}的不同，可以分为如下三种情况。

（1）当 d_i大，f_{ij}也大时。这种情况下，新物流节点与该节点相连的概率较大，这种物流节点会逐步演化为区域物流中心。如上海、北京交通连线四通八达、经济规模较大的物流节点，因为节点度数和吸引力都很大，所以会不断巩固其区域物流中心的地位。这种情况下，与以节点度数为基础的择优生长演化模型的结果是一致的。

（2）当 d_i大，f_{ij}小时。这种情况下，意味着区域内一个原有节点的衰退，虽然由于发展时间较长、度数较大，即与其他节点的连接较多，但吸引力较弱，那么与新节点连接的概率也不大。这在现实经济中也存在这样的例子，如开封、保定等，由于政治影响力、经济总量、交通区位的下降而降为一般物流节点城市，这种情况下的区域物流网络生长演进过程如图 5-7 所示。

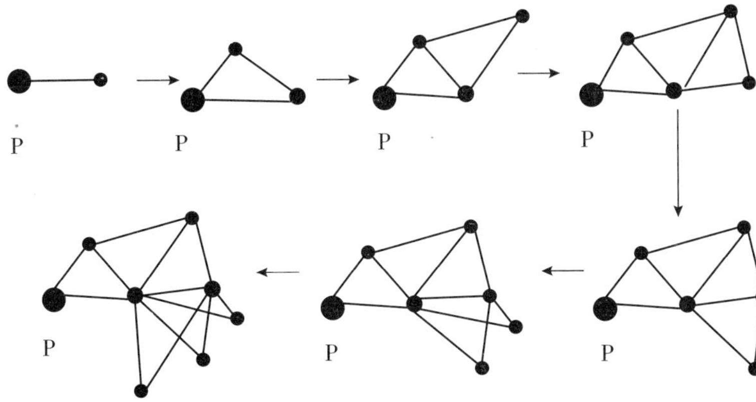

图 5-7　当 d_i 大 f_{ij} 小时的网络生长演进过程示意

(3) 当 d_i 小，f_{ij} 大时，这种情况下的网络生长演变过程如图 5-8 所示。如 Q 点较晚进入网络，作为新节点起初度数 d_i 小，但 f_{ij} 大，所以很快与其他物流节点产生连接，节点度数迅速增大，吸引力也不断增强，从而成为新兴的区域物流枢纽节点。在实际发展中，体现在起初新增节点与其他物流节点较少，但新增节点由于优惠的政策、新建设的良好运输与物流基础设施，使得这种新增节点具有强大的吸引力，各类企业纷纷进入该节点，因而与其他节点经济往来日益频繁，社会经济发展不断发展。那么，促使该节点在短期内就可以与大量节点连接，该节点的度数随之增大，经济实力日益增长、吸引力日益增强，继而超过区域中原有的物流枢纽，成为新的区域物流枢纽。例如由于特区积极的经济政策、良好的区位优势，深圳仅仅用了二三十年的时间，从一个小渔村发展成为现在重要的区域物流枢纽城市。

5.2.3　基于各边非均衡权值的网络演化模型

1. 模型构建

前述描述的节点吸引力模型，没有考虑节点之间“边”的权重问题，即所有“边”的权重是均等的，但是在现实物流网络中的物流线路流量通常是不均等的，物流线路的通过能力也不同。例如，道路等级不同，高速公路的

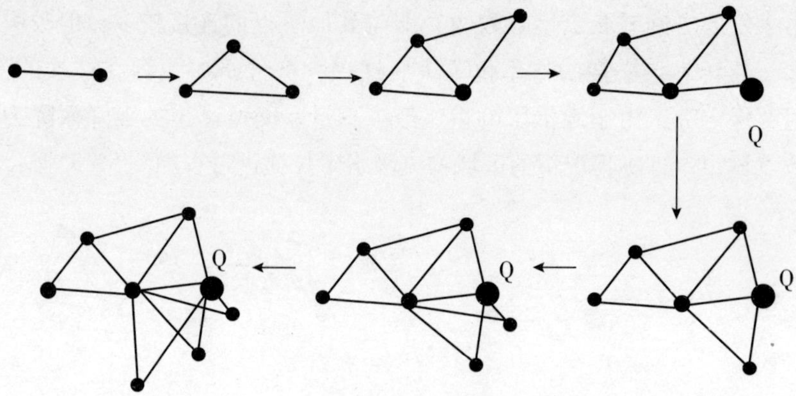

图 5-8　当 d_i 小 f_{ij} 大时的网络生长演进过程示意

车道数不同，同时即使物流线路的通过能力相同，线路上的物流量由于各种原因也是不均等的。因此，在物流网络演化中应反映出边的权值，即通过对网络中各条边赋予不同的权值，来构建基于各边非均衡权值的网络演化模型。在以节点吸引为基础的演化模型基础上，对步骤（4）作以下校正：对新节点 j 与已有节点 i 连接的"边"进行赋权，权重 w_i，吸引力为 f_{ij}，节点 i 的度数为 d_i，其中 $0\leqslant\gamma\leqslant1$，可以调节网络节点的度数和边权重，取值可以根据实际情况确定。新节点与已有节点连接的概率为 p_i，那么有如下关系式：

$$p_i = \frac{d_i^{\gamma} w_i^{1-\gamma} + f_{ij}}{\sum_j (d_j^{\gamma} w_j^{1-\gamma} + f_{ij})} \tag{5-8}$$

按 p_i 从大到小的顺序将新节点与已有节点连接。边的权值越大，说明此边相对其他边的重要度越大，与此连接的两个节点相关度越大，相互连接的概率越大。

2. 模型的度分布

令 $d_i(t)$ 代表在第 t 步时节点 i 的度数。假定在无标度网络中，每增加一个节点，新节点将和 m 个原有节点连接，即增加 m 条边。节点 i 在第 t 步时增加到网络中，由于到了第 t 个时间步已经添加 mt 条边，由于每条边连接两个节点，因而在计算网络节点的总度数时，每条边被计入两次，减去新增节点的增加的 m 条边。那么，在第 t 个步骤时，网络中所有节点的总度数 $\sum_i d_i(t) = 2mt - m$，同理，当在 $t+1$ 时间步时，有 $\sum_i d_i(t+1) = 2mt + m$。当 t 趋向于无穷大，m 值不大的情况下，根据连续性理论，将原式等同于 $\sum_i d_i(t) \approx 2mt$ 是合理的。

因此，在网络中若新增物流节点j与已有节点i连接，那么物流节点i度数的增长率的取值是式（5－8）求t的偏导数，如式（5－9）所示：

$$\frac{\partial d_i}{\partial t}=mp(d_i)=m\frac{d_i^{\gamma}w_i^{1-\gamma}+f_i}{\sum_j(d_j^{\gamma}w_j^{1-\gamma}+f_j)},d_i(t_i)=m \qquad (5-9)$$

当$d_i\geqslant 0$时，函数t为单调递增函数，因此d_i（t_i）的概率可以用式（5－10）表达：

$$p\{d_i(t)<d\}=p\left\{t<\frac{2mt+\sum f_j}{2m(m+f_i)^2}(d^{\gamma}w^{1-\gamma}+f_i)^2-\frac{\sum f_j}{2m}\right\}$$
$$=p\left\{t_i>\left(t+\frac{\sum f_i}{2m}\right)\left(\frac{m+f_i}{d^{\gamma}w^{1-\gamma}+f_i}\right)^2-\frac{\sum f_j}{2m}\right\} \qquad (5-10)$$

时间步t呈均匀分布，有下式：

$$p(t_i)=\frac{1}{m_0+t} \qquad (5-11)$$

代入式（5－10）可得如下概率分布：

$$p\{d_i(t_i)<d\}=1-\frac{1}{m_0+t}\left\{\left(t+\frac{\sum f_j}{2m}\right)\left(\frac{m+f_i}{d^{\gamma}w^{1-\gamma}+f_i}\right)^2-\frac{\sum f_i}{2m}\right\}$$
$$(5-12)$$

因此，网络节点的度分布如下式：

$$p(d)=\frac{\partial p(d_i<d)}{\partial d}=-\frac{1}{m_0+t}\left\{t+\frac{\sum f_i}{2m}\right\}(m+f_i)^2\{-2(d^{\gamma}w^{1-\gamma}+f_i)^{-3}\}$$
$$=\frac{2}{m_0+t}\left(t+\frac{\sum f_j}{2m}\right)(m+f_i)^2(d^{\gamma}w^{1-\gamma}+f_i)^{-3} \qquad (5-13)$$

由式（5－13）可知，当$t\to\infty$时，网络的度分布可近似为：

$$p(d)=\lim_{t\to\infty}p(d)\approx 2(m+f_i)^2(d^{\gamma}w^{1-\gamma}+f_i)^{-3} \qquad (5-14)$$

3. 演化模型分析

按照上述分析得到基于各边非均衡权值的网络生长模型，如式（5－14）所示，分析不同参数下，物流网络的度分布和聚集系数。网络节点数N取100

个，$m_0=m=1$，3，5，7。分别对f_i，γ，w，各参数做敏感性分析，如图5－9、图5－10、图5－11所示。

（1）当$f_i=0.1$，$\gamma=1$，$w=0.8$时，可得如下散点分布图，如图5－9所示。

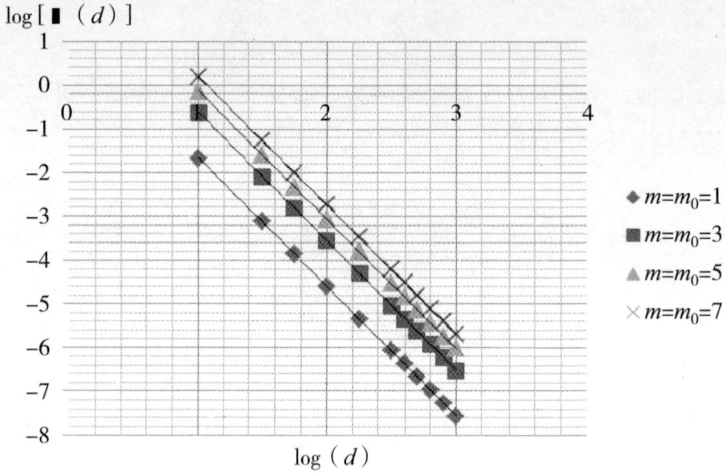

图5－9　各边非均衡权值的网络生长模型的度与度分布一

（2）当$f_i=0.1$，$\gamma=0.8$，$w=0.8$时，可得如下散点分布图，如图5－10所示。

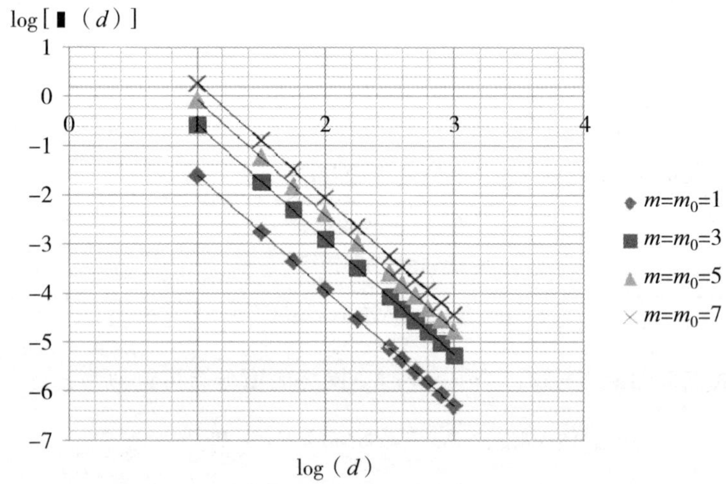

图5－10　各边非均衡权值的网络生长模型的度与度分布二

（3）当$f_i = 0.5$，$\gamma = 0.7$，$w = 0.8$时，可得如下散点分布图，如图5－11所示。

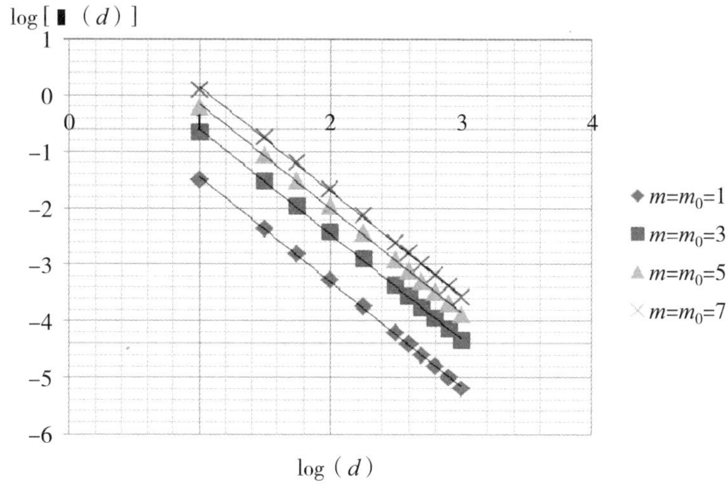

图5－11　各边非均衡权值的网络生长模型的度与度分布三

从图5－6、图5－9至图5－11和式（5－12）可以看出，基于各边非均衡权值的网络生长模型和择优生长模型的幂律分布近似，也就是说非均衡权值模型具备无标度性。基于各边非均衡权值的网络生长模型的网络度分布方程属于幂指数方程，所以由此模型构建的网络属于幂律分布网络，也就是无标度网络。从式（5－14）和图5－9至图5－11可以看出，吸引力f_i和权重系数γ对网络演化同样起着重要作用。当$f_i=0$，$\gamma=0$时，起关键作用的是边的权值，节点的度数对演化没有影响；当$f_i=0$，$\gamma=1$时，网络中被选取连接的概率取决于节点度数，与前述以度数为基础的演化模型一致；当$f_i=0$，$0<\gamma<1$时，网络节点的度数和边的权值同时对网络演变产生影响。当f_i值增大时，度分布变小。因此，由于基于各边非均衡权值的网络也具备无标度的特性，也就是使网络趋向收敛，即向“枢纽”节点聚集。与此同时，网络节点间的吸引和边的权重这两个因素使得节点的度分布不会全部聚集在一个“枢纽”节点上，而是形成分化构成多个网络中心的结构。

5.3　本章小结

通过对区域物流网络的建模研究，可以更加了解区域物流枢纽产生和演进的内在规律、机理和发展趋势。本章在前述第四章研究演进机制、机理和规律的基础上，构建区域物流网络时间演化模型，并选取湖北省 1993—2012 年数据进行实证分析，得到目前湖北省物流网络演化的阶段和发展趋势。对区域物流网络节点发展演化做了建模研究分析表明，区域物流网络演进呈无标度网络，也就是具有层次网络结构。基于时间序列的区域物流网络演化模型和区域物流枢纽形成及演进模型在理论上验证了前述章节对区域物流枢纽结构特征和演化机理的分析。

6 区域物流枢纽层次分类评价体系构建与聚类研究

区域物流发展中越来越呈现较为明显的网络化布局和整体性运作趋势，网络化的基本特征是在区域内的不同城市以及同一城市不同地区，存在具有不同功能和作用的区域物流节点。对区域物流网络中物流枢纽进行层次划分，是科学规划物流枢纽内部物流节点设施布局的前提。

6.1 区域物流枢纽层次分类评价体系构建的必要性

在区域物流网络中的各个物流节点由于经济发展、交通区位、物流设施以及功能服务等都存在较大差异。从规划的角度，需要对这些节点进行功能分类、作用分层分析，以便通过科学合理的规划，形成层次分明、布局合理的区域物流枢纽系统，实现区域物流系统整体性、系统性的良性发展，以达到防止物流节点的无序竞争、资源浪费和重复建设，提高区域整体物流的效率和降低物流总成本的目的。为此，在了解物流网络演进规律的基础上，对区域物流枢纽进行层次分析和规划研究，成为物流发展中需要在理论和方法论层面上解决的重要问题。

区域物流枢纽的开放性使其与空间系统中其他要素存在着紧密联系，影响其层次划分的各种因素也非常多。因此，构建分类评价指标体系要考虑诸多方面的因素。但从另一个角度看，繁多的指标体系不利于数据的收集和分析，因而需要采用合适的方法对各项指标进行筛选和优化，构建全面、合理、辨识度高的指标体系，使得该指标体系能综合、全面、客观地评估各个物流节点，并具有通用性。

对区域物流枢纽布局进行层次划分，首先需要确定各个节点分类的影响因素，形成相应的统计量，以此为依据构建初始的指标体系。构建指标体系的优劣会最终影响物流节点层次划分的结果。所以，对各个指标进行细致深入的研究是进行后续聚类分析的基石，不能简单靠经验判断或者照搬其他资料，需要进行科学合理的量化分析加以确定。

6.2 区域物流枢纽宏观布局层次分类概述

为在规划研究中确定合理的区域物流枢纽分类，需要采取科学的方法进行分类。由于在宏观层面上，区域物流枢纽是属于区域物流网络的节点，其层次类别的划分是对区域范围内物流枢纽宏观布局层次问题的研究和分析，并关系到区域物流网络的层次结构和物流枢纽的未来发展战略。

6.2.1 区域物流枢纽层次划分的内涵

本书是从物流产业合理布局和高效运作角度分析区域物流枢纽的层次类别，期望通过规划手段促进物流业在特定空间的聚集，以及形成与聚集形态匹配的物流服务组织和辐射范围层次。因此，区域物流枢纽的层次划分的基本内涵是：以物流产业空间布局形态和与空间布局匹配的产业组织形态为基础，对具有不同辐射范围、产业组织内容存在差异的区域物流枢纽进行分类，确定区域物流枢纽的物流产业聚集发展方向和合理的区域物流枢纽等级，为充分发挥区域物流枢纽的功能和作用创造差异化、协同化和网络化发展基础，实现区域物流总成本的降低和运作效率的提高。

6.2.2 区域物流枢纽层次划分的规划现状

关于区域物流枢纽在区域物流网络中的层次划分，在国家《物流业振兴规划》(2009)、《全国物流园区发展规划》(2013)、《商贸物流发展专项规划》(2011) 和《物流业中长期发展规划》(2014) 中，均提出了不同层级的区域物流枢纽概念，并对其物流业发展方向和内容进行了规划。一般情况下，区域物流枢纽通常也是综合运输枢纽，是国家对区域物流枢纽的选择结果与《国家综合交通网中长期发展规划》(2009) 确定的42 个交通运输枢纽城市的选择存在高度的重合，运输活动在相关城市的集聚，使区域物流枢纽城市在交通运输枢纽城市的基础上发展起来符合物流需求逻辑。

另外，也是更为重要的因素，就是物流活动在不同层级的区域物流枢纽之间存在内在的接续性，使得国家在区域物流枢纽的界定中引入了层级的概念。《物流业调整和振兴规划》将区域物流枢纽分为：全国性物流节点城市(21 个)、区域性物流节点城市（17 个）和地区性物流节点城市。《全国物流园区发展规划》(2009) 对节点城市的划分为：一级物流园区布局城市（共

29个)、二级物流园区布局城市（共70个）。为提高物流网络化发展效能和城市发展物流业、建设各类区域物流枢纽的质量，对区域物流枢纽节点进行层级划分，指导区域和城市在物流业发展规划中对城市物流业发展进行准确定位，防止盲目的枢纽设施建设带来的浪费，成为非常重要的学术和实践问题。

6.2.3 区域物流枢纽层次划分在规划中的作用

根据前述可知，物流网络的发展是由点及线再及网的演变过程。因此，确定物流网络节点的宏观层次是确保整个区域物流系统有序、高效和科学发展的基础。在确定区域物流枢纽在网络中的层次、等级和功能的情况下，科学合理地布局区域物流枢纽内部诸如物流园区、物流中心、配送中心、运输场站等设施，实现宏观发展战略指导微观设施合理布局的作用。也就是说，不同物流节点在物流网络中所处的宏观层次，决定了微观层面物流节点功能要素的空间结构。

确定不同物流节点在物流网络中层次和位置，在此基础上确定区域物流枢纽及与不同节点的相互关系和节点的功能要素结构，是构建合理物流网络的基石，对物流网络系统的健康发展和演进起到决定性作用。在物流规划实践中，避免一些城市没有认清其在物流网络中的层次和位置的情况下，盲目规划兴建所谓物流基地、物流园区，造成由于物流需求不足导致的设施利用率不高，资源浪费等现象。因而，对科学规划发展区域物流枢纽及构建区域物流网络具有一定实践意义。

6.2.4 区域物流枢纽宏观布局层次分类研究的内容

区域物流枢纽的宏观布局层次划分，主要通过研究区域物流枢纽在物流网络内的层次、定位和功能，进而确定区域物流枢纽的微观物流节点设施的空间结构布局问题。区域物流枢纽作为物流节点的最高层次，其研究对象是区域中的城市，对城市群进行分类研究，判断城市在国际、全国或区域中的作用，对其属性（国际性的区域物流枢纽、区域性区域物流枢纽及地区性区域物流枢纽）进行层次化的判断，进而对区域物流枢纽城市内的主要物流园区、物流中心和配送中进行中观、微观布局规划，以构成层次合理、结构清晰的物流网络节点结构，形成高效率和低成本的物流网络系统。

区域物流枢纽空间布局层次划分的三个主要方面，包括区域物流枢纽评估指标体系的构建、区域物流枢纽层次聚类研究、区域物流枢纽的归类识别，构成区域物流枢纽层次划分分析框架，如图 6－1 所示。

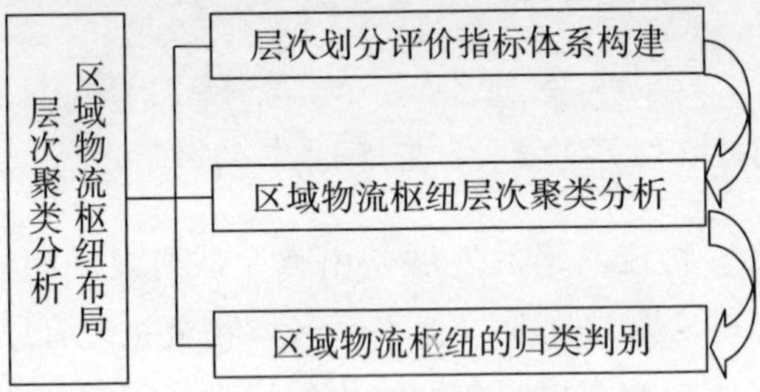

6－1　区域物流枢纽空间布局层次划分主要内容

1. 区域物流枢纽层次划分评价指标体系研究

由于区域物流枢纽的开放性使其与空间系统中其他要素存在着紧密联系，影响其层次划分决策的各种因素也非常多。因此，建立完备的区域物流枢纽层次划分评价指标体系，要考虑诸多方面的因素。但从另一个角度看，繁多的指标体系不利于数据的收集和分析，因而需要采用合适的方法对各项指标进行筛选和优化，构建全面、合理、辨识度高的指标体系，使得该指标体系能综合、全面、客观地评估各个物流节点，并具有通用性。

2. 区域物流枢纽宏观布局层次类别划分及其空间分布的研究

按照已建立的指标体系对物流节点以适当的方法进行聚类分析，研究区域内城市群在物流网络中的层次和位置，以及各节点之间的空间分布和相互关系。为区域物流枢纽城市内各种物流节点设施规模、功能设计、中观及微观布局和发展阶段提供决策基础。

3. 物流节点的归类判别研究

对因为数据不全或无法收集而未归入聚类分析范畴的物流节点，应该按照已获得的聚类结果，对其在物流网络中所处的宏观层次和位置进行识别。

上述三个问题既相互独立，又层层相扣，构成了区域物流枢纽层次聚类分析的整体。区域物流枢纽评价指标的构建为层次聚类分析打下基础，而未归入聚类分析范畴的节点可以根据已获得的聚类结构进行聚类的识别和判断。

6.2.5 区域物流枢纽层次分类建模原则

1. 明确性

区域物流枢纽的宏观布局层次划分的研究对象是物流枢纽城市依托的省区和城市群体系，建立的模型要能明确表示影响判定区域物流枢纽的宏观布局层次分类的各种因素、变量及它们之间的关系。

2. 动态性

物流网络与枢纽呈现动态发展特征，因此所建模型不仅要能反映目前区域物流枢纽层次划分的宏观布局，也要能考虑影响因素的变化在未来发展过程中对区域物流枢纽宏观层次划分的影响。所以，所建模型应能通过相关参数的修改，具有动态适应性。

3. 可操作性

所建模型的最终目的不是理论研究，而是在实际操作过程中得到应用。因此，要求模型既不过分追求影响因素分析的完备，造成模型结构过于复杂，实际数据收集和提取工作无法完成，从而模型无法运行；也不能对影响因素的分析过于简单，造成主要因素没有纳入分析范畴，造成分析结果的失真和无效。

4. 系统性

区域物流枢纽空间布局层次划分包括区域物流枢纽评估指标体系的构建、区域物流枢纽层次聚类研究、区域物流枢纽的归类识别三个步骤。因而区域物流枢纽层次划分模型是一个系统性的模型结构，后一个步骤是在前一个步骤的基础上进行的。要求模型构建具有良好的数据传递性，从而保障多模型系统性。

6.3 区域物流枢纽层次划分初始指标体系的构建

对区域物流枢纽在网络中的层次进行划分，首先需要确定影响物流节点在网络中的等级和作用的各种因素，形成相应的统计量，以此为依据构建初始指标体系。构建指标体系的优劣会最终影响物流节点层次划分的结果，所以对各个指标进行细致深入的研究是进行后续聚类分析的基石，不能简单靠经验判断或者照搬其他资料，需要进行科学合理的量化分析加以确定。

6.3.1 选取评价指标的原则

区域物流枢纽本身是一个复杂、开放的系统，选取区域物流枢纽层次划分的评价指标时，应对所涉及的各个层面的影响因素进行充分分析和考量。一般地，构建指标体系的原则有以下几方面。

1. 全面性

指标体系应包含影响区域物流枢纽层次划分的各类指标，其中包括区域经济的发展、物流资源分布、物流需求强弱、交通运输基础设施、政策环境影响、区域政策等方面。

2. 可比性

相关指标具有纵向和横向的可比性，方便进行纵向的动态趋势分析和不同节点的横向分析。

3. 可得性

选取指标时要考虑数据的可得性，设计时可选用与统计部门口径一致的指标，以方便数据的查询和获取。

4. 可观测性

选取可以进行观测的指标，对于数据较难获取的指标进行剔除，保证初步筛选后的指标可以顺利地进行数据的收集工作。

6.3.2 区域物流枢纽评价指标体系的构建原理

1. 权威机构及文献检索中高频指标的海选思路

（1）准则层的设置。通过查阅国家物流产业相关标准、研究院所的研究项目、中国期刊网相关资料，选取与区域物流枢纽发展有关的指标，并考虑区域物流枢纽对社会和经济发展的影响的原则来设置准则层，以体现区域物流枢纽的发展与社会可持续发展保持统一。

（2）指标的海选。采用专家咨询法、综合问卷调查和查阅所有相关资料等方法，选取初始指标。在这个阶段，指标要求完备性，力求将影响区域物流枢纽层次划分的各个因素均囊括其中，尽量做到不遗漏重要的评价指标。

2. 对初始指标进行筛选

（1）相关性分析。对存在高度相关的指标进行筛选，避免出现评价指标重复的问题。

（2）差异度分析。通过空间差异度分析，剔除分辨能力弱的指标，提取分离样本较好的指标。

（3）对经过筛选后的指标进行因子分析。通过因子分析，筛选出少数公共因子。依照正交因子载荷矩阵，挑选每个公因子中载荷较大的指标，构成高载荷指标的层次分类指标体系。然后，在此基础上分析公因子内各组高载荷指标的经济意义，并以此进行因子命名。

综上，区域物流枢纽层次划分指标体系的构建原理如图 6－2 所示。

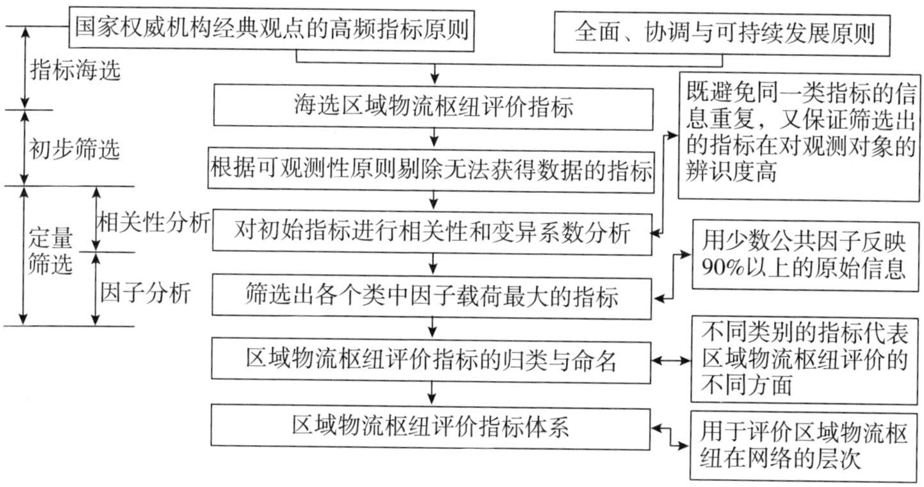

图 6－2　区域物流枢纽评价指标体系构建原理示意

6.3.3　构建指标体系的步骤和方法

1. 指标的海选

通过查阅国家物流产业相关标准、研究院所的研究项目、中国期刊网相关资料，制定准则层。通过专家咨询法、综合问卷调查和查阅所有相关资料，选取与区域物流枢纽层次划分有关的指标；经过系统分类和识别，初步选取各类指标，构建一个体系完备、具有可行性的评价指标体系。

2. 评价指标数据的标准化

（1）正向指标的数值标准化。

正向指标的数值越大，代表区域物流枢纽层次越高，发展状况越好的指标。一般而言，正向指标的标准化处理如式（6－1）：

$$\Phi(e_{ij}) = \frac{e_{ij} - m_{ij}}{M_{ij} - m_{ij}} \tag{6-1}$$

（2）负向指标的数值标准化。

负向指标数值越小，代表区域物流枢纽层次越高、发展越好的指标。一般来说，负向指标标准化处理如式（6－2）：

$$\Phi(e_{ij}) = \frac{M_{ij} - e_{ij}}{M_{ij} - m_{ij}} \tag{6-2}$$

式中：e_{ij}为第j个评价对象的第i个指标的值；$\Phi(e_{ij})$为指标值e_{ij}的标准化值；M_{ij}为所有评价对象中指标i的最大值；m_{ij}为所有评价对象中指标i的最小值。

3. 对初选评价指标进行甄别和筛选

在初选的指标体系中，一些指标可能具有较强的相关性，导致信息的重复计入和不必要的数据收集。因而，需要对指标进行相关性分析，剔除相关性高的指标，使得各指标之间不存在较高的相关性；本书将相关系数超过95%的两个指标进行比较和筛选。空间差异度分析是将分辨能力较低的指标剔除，避免判别工作的无效性，要选取具有分辨能力较高的指标，将分析样本进行较好层次分离；指标的变异系数低于0.5，说明指标的分辨能力不高，予以剔除。

（1）指标相关性分析。

评价指标的相关系数分析是为了避免两个或两个以上相关程度较高的评价指标，造成信息重复问题所做的必要分析。相关系数ρ_{ij}是体现指标i和指标j之间关系的紧密程度的统计量。ρ_{ij}越趋向于1，表明指标i和指标j之间相互关系越密切，它们所表示的特征趋于一致性，为了指标体系的简洁性和不必要的数据收集，可以考虑在i和j之间选取一个更具代表性的指标。

$$\rho_{ij} = \frac{\sum_{k=1}^{n}(x_{ki} - \overline{x_i})(x_{ki} - \overline{x_j})}{\sqrt{\sum_{k=1}^{n}(x_{ki} - \overline{x_i})^2 \sum_{k=1}^{n}(x_{ki} - \overline{x_j})^2}} \quad (i,j \in M) \tag{6-3}$$

式中：ρ_{ij}为指标i和指标j之间的相关系数；n为区域物流枢纽的样本数量；$\overline{x_i}$，$\overline{x_j}$为指标i和指标j样本的期望值；M为区域物流枢纽布局层次划分的指标集；x_{ki}为第k个区域物流枢纽的第i个指标。

（2）变异系数分析。

对区域物流枢纽进行层次划分，需要选择辨识度较高的指标，以便有效地将不同样本节点区分开来。相反地，如果指标对不同样本节点进行评判时，其指标值区分度不大，就不能较好地进行不同区域物流枢纽节点的划分。因此，采用变异系数 C_v 来辨别各个指标下不同样本之间的差异程度。指标的变异系数较大，说明该指标对各样本具有较强的区分能力，应该采用；变异系数小的指标，不能清晰地区分各样本的差异，则不予采用。变异系数的表达式如下：

$$C_{vj} = \frac{s_j}{E_j} \tag{6-4}$$

式中：s_j 为 n 个样本节点数据在指标 j 上的标准差；$\overline{E_j}$ 为 n 个样本节点数据在指标 j 上的均值；n 为样本容量，即参与物流节点布局划分的个数。

4. 因子分析

（1）基本含义。因子分析的主要目的是以较少的几个因子来表现原始数据中的绝大部分信息。即用少数几个因子来描述许多指标或因素之间的联系，将比较密切的几个指标变量归属在同一类中，每一类变量就成为一个因子。一般地，因子分析的基本表达式如下：

$$X_i = L_{i1}f_1 + L_{i2}f_2 + \cdots + L_{im}f_m + L_i\varepsilon_i \tag{6-5}$$

式中：X_i（其中 $i=1, 2, \cdots, n$）表示第 i 个指标；f_i（其中 $j=1, 2, \cdots, m$）表示第 j 个公因子；ε_i 为影响 X_i 的特殊因子；m 为公因子的个数；n 表示指标的个数；L_{ij} 表示第 i 个指标在第 j 个公因子上的载荷，作为因子分析中的重要统计量，它代表原始变量和共同因子之间的相关关系，相关关系越大，说明该因子越能代表原始变量。一般地，载荷量大于或等于 0.3 被认为有意义。

（2）因子分析的具体步骤。

①首先需要检验评价指标体系是否适合进行因子分析。因子分析的基本原理是对原有指标体系中的各个指标的重合部分进行提取并综合成因子，以达到减少评价指标的目的。因此，因子分析要求原有各个指标之间存在较强的相关关系。不然，如果原有的各个指标相关程度较低，彼此相互独立，则不存在指标间的信息重叠，那么各指标之间不存在任何公共因子，就不能在它们之中提取公共因子及进行因子分析。因而，首先通过一定的方法分析初始指标体系中各个指标是否存在相关关系是必要的步骤。

②对评价指标提取公共因子。本步骤是研究如何在原有指标体系的样本数

据的基础上提取公共因子。求解各个指标的相关矩阵$\boldsymbol{\rho}_{n\times n}$的各共同因子的特征根$\lambda_j$（$j=1, 2, \cdots, n$），$\lambda_j$表示第$j$个公因子$f_j$所解释的原始指标数据的协方差，特征根$\lambda_j$与因子载荷的关系为：

$$\lambda_j = \sum_{i=1}^{n} L_{ij}^2 \tag{6-6}$$

将公因子的特征值λ_j按从大到小的顺序排列，选取累计方差贡献率≥90%的前几个特征根对应的公因子建立因子分析模型，则公因子f_j对原始指标数据的方差贡献率W_j如下：

$$W_j = \frac{\lambda_j}{\sum_{j=1}^{n} \lambda_j} \tag{6-7}$$

③因子旋转和命名。找出各评价指标的公共因子之后，更为重要是要确定每个公共因子背后的实际经济意义。为了更好地解释主因子的含义，可以通过对因子载荷矩阵进行旋转来实现。

因子旋转的目的是使得每个因子载荷在新的坐标系中，按照行和列向0或者1进行两极分化，进而因子载荷之间的差异变大，各自特征趋于明显，更易于命名。本节采用最常用的方差最大化的正交旋转，经过因子旋转后的原变量仅在一个因子上的载荷较大，而映射到其他因子上的载荷很小，因而可以获得清晰的公共因子含义，可以较为清楚地观测到每个因子表示的实际含义，进而获得评价指标体系的简化。

④计算因子得分。该步骤的目的是计算各样本数据在每个公共因子上获得的分数，为进一步的层次聚类分析打下基础。在SPSS中，可以利用回归法获得各样本在每个因子的得分，各区域物流枢纽在第t个因子的得分可以通过式（6-8）得到：

$$f(O_t) = \sum_{j=1}^{n} w_j \Phi_j \tag{6-8}$$

式中：$f(O_t)$表示第t个因子的因子得分；w_j代表隶属于要素O_t第j个指标的权数；Φ_j代表隶属于要素O_t的第j个指标的标准化值。

因子得分的权重可以采用各因子的方差贡献度，进而可以通过式（6-9）得出各区域物流枢纽的综合因子得分。其公式如下：

$$F = \sum_{t} w_t f(O_t) \tag{6-9}$$

式中：F 为某物流枢纽的综合因子得分；w_t 为因子 t 的方差贡献度；$f(O_t)$ 为某物流枢纽的第 t 个因子的得分。

6.3.4 初始评价指标的收集与遴选

构建区域物流枢纽层次划分评价指标体系，应最大限度地考虑和权衡影响区域物流枢纽发展的各种因素，构建全面、有效、客观、科学的评价指标体系。本书通过专家咨询、问卷调查、查阅图书馆及网络资料，收集相关的影响因素指标主要包括以下几项。

1. 社会经济发展状况

（1）地区经济总体发展水平。区域物流枢纽是区域经济发展到一定程度的必然产物，地区经济发展的好坏是物流节点否能发展成为区域物流枢纽的重要外部环境。为了评估有效性和数据可获得性，本书选取国内生产总值（GDP）作为这一影响因素的评价指标。GDP 越大，说明生产产品数量越多，物流需求就越旺盛。

（2）地区经济发展趋势。区域物流枢纽的形成和发展本身存在动态性，因此一个地区的经济发展趋势也是一个重要的评价指标。如果一个物流节点发展的趋势很好，未来也是有可能成为区域物流枢纽。本书选取 GDP 增长率作为评价指标进行评估。

（3）地区人均经济发展水平。GDP 总量是对一个地区总体经济进行评估，但不代表一个地区人均发展水平。本书选取人均 GDP 作为初选指标，以更确切地评价一个地区的经济发展状况。

（4）地区社会再生产条件。它是区域物流枢纽具有竞争能力的基本条件，本书采用社会固定资产投资总额作为这一影响因素的评价指标。

（5）社会消费品零售总额。总体来说，物流需求是派生性需求。居民消费是带动物流需求的基本动力，农业、工业和商业生产出来的商品和服务，都是需要物流业的支撑来完成。因此，本书选取社会消费品零售总额来进行评估，它是体现人民生活水平和影响物流需求的重要指标。

（6）三次产业的比例结构。根据经济理论的研究成果，三次产业的比值也是反映一个地区的经济发展程度的重要指标。第三产业比例高的地区，经济发展水平一般较高。因此，选取第三产业所占比重作为经济发展和物流需求的评价指标。

2. 工商业发展状况

工商业发展的好坏是影响物流需求的重要指标，一个地区的工商业发展状况越好，产出的产品就越多，物流需求就越大，主要包括以下几个方面。

（1）工业发展水平。大规模的工业产品需要运输、仓储等物流服务，因此有利于物流设施的兴建和营运。本书选取工业增加值作为这一影响因素的评价指标。

（2）工业领域潜在物流需求量。本书选取国有及规模以上非国有工业企业数作为影响物流需求的评价指标之一。

（3）地区零售领域物流需求量。一个地区的零售业总量是体现居民消费的重要指标，而零售业出售的各种工农业产品都是通过物流渠道到最终消费者手中。本书选取社会消费品零售总额作为影响物流需求的评价指标之一。

（4）商业领域物流需求量。商业发展水平也是衡量一个地区经济活跃程度的影响因素，本书选取批发零售贸易总额作为评价指标之一。

（5）流通加工领域的物流需求潜力。流通加工是重要的物流功能之一，是物流业发展到一定程度的体现，属于物流节点的增值服务层面，也是区分区域物流枢纽层次的衡量标准之一。本书选取制造业总额作为评价指标之一。

3. 对外经济贸易发展水平

（1）外资利用总额。较高的物流基础设施发展水平是外商企业选址的重要考虑因素之一。相应地，一个地区的外商企业的规模也会促进该地区的物流基础设施建设。本文选择实际利用外资额作为评价指标之一。

（2）进出口贸易总额。一个地区在一定时期内的进出口贸易总额，是体现该地区国际贸易活跃程度的重要方面，也是区分国际区域物流枢纽与一般区域物流枢纽的重要指标。本书选取进出口贸易总额作为评价指标之一。

（3）外资企业的数量和规模。外资企业的供应市场具有全球化特征，与国际物流密切相关。外商企业密集的地区对物流设施的数量和服务质量要求都较高，从而促进物流节点设施的规划与建设，因此，从这个角度分析，外资企业的数量是评价物流节点重要程度的指标之一，本书选取外商投资企业数作为评价指标。

（4）外资企业的规模。大型外资企业在选择设施地址时，会充分考虑所选城市的物流发展状况，因而一个物流节点拥有规模较大的外资企业是体现其重要程度的一个指标，本书采用外商纳税所占比重作为评价指标。

4. 物流基础设施支撑条件

（1）物流节点基础设施。

①物流园区的数量。物流节点设施是区域物流枢纽的重要组成部分，其中包括物流园区、物流中心、配送中心和运输场站等设施。其中，物流园区的数量是体现区域物流枢纽发展程度的重要指标，并与物流中心和配送中心有较强的相关关系，为了方便数据的获取，本书选取物流园区的数量作为评价指标之一。

②物流园区数量密度。物流园区数量密度是指单位面积上拥有物流园区的数量，计算公式为：

$$P_n = \frac{N}{S} \tag{6-10}$$

式中：P_n为物流园区数量密度；N为物流园区个数；S为对象区域的总面积。

③物流园区的占地面积。一般而言，物流园区的占地面积越大，规模越大，其物流处理能力越强，是体现区域物流枢纽物流处理能力的指标。

④物流园区面积密度。物流园区面积密度是物流园区占地面积与区域物流枢纽城市总面积的比值，体现单位面积的物流节点面积的比率，其计算公式如下：

$$P_s = \frac{S_L}{S} \tag{6-11}$$

式中：P_s为物流节点设施的面积密度；S_L为物流园区的总面积；S为区域物流枢纽城市的总面积。

⑤物流园区网络覆盖率。物流园区网络覆盖率是指物流园区构成的辐射网络所能服务覆盖的面积占区域总面积的比率。它是体现区域物流园区的服务和辐射能力的重要指标。一般而言，枢纽内物流园区网络的覆盖率越大，区域物流枢纽的辐射能力越大。其计算公式为：

$$P_r = \frac{S_r}{S} \tag{6-12}$$

式中：P_r为物流园区网络服务覆盖率；S_r为物流园区服务辐射范围；S为对象区域的总面积。

⑥物流园区设施的固定资产投资。物流园区的固定资产投资是指用于固定设施、设备建设的投资额度。投资额度越高，设施建设的规模越大，

机械设备的自动化和智能化程度越高，物流处理的货物种类越多、运作效率越高、处理能力越强。但是，大额度的投资其投资回收期也较长，过大规模的物流节点设施也会造成物流园区设施利用率低下。因此，物流园区固定设施投资应控制在合理的范围内。这个指标的数据可以查阅中国物流年鉴。

⑦物流园区内物流企业的数量。物流园区内物流企业的数量是指物流园区内入驻的各种物流企业的数量，数量越多说明所能提供的物流服务的数量和种类越多。有些物流园区建设规模大，但入驻企业不多因而利用率不高，物流园区内的物流企业数量是反映物流服务有效能力的重要指标。

⑧区域物流枢纽内物流业创造的就业数。区域物流枢纽内物流业创造的就业数是指区域物流枢纽内物流业从业人数的总量。一般区域物流枢纽内物流产业从业人数越多，说明物流业越发达。

⑨区域物流枢纽内物流业的税收。区域物流枢纽内物流业的税收是指研究期内区域物流枢纽内的物流产业向国家和地方交付的税收额度，是表征区域物流枢纽物流业运作效果的指标。该指标是国外衡量区域物流枢纽物流业规模的重要评价指标，但在我国目前的物流业评估中尚未体现其重要性，本书用来评估区域物流枢纽的等级层次。

（2）交通运输基础设施。

良好交通运输基础设施是区域物流枢纽发展的先决条件，是形成区域物流枢纽的重要基础设施。一般而言，区域物流枢纽往往是由综合运输枢纽发展演化而来。本书将这方面的评价指标作为区域物流枢纽等级层次评价体系的重要部分。

①货物运输港站的吞吐量。其中包括航空货运的吞吐量、港口货物的吞吐量、铁路场站货运的吞吐量、公路货运枢纽的吞吐量。

②全社会的货物运输量。

③货物运输周转量。

④各种运输线路的路网密度，是单位面积内各种运输线路的长度，计算公式为：

$$P_i = \frac{L_i}{S} \qquad (6-13)$$

式中：P_i为物流线路面积密度；L_i为运输线路里程数（i = 公路，铁路，航空，水路）；S 为对象区域内的总面积。

从物流运作的角度，一个地区的运输线路的网络密度越大越好。但从全社会物流成本的角度，各种运输方式的路网密度越大，投入的固定资本越大，各种运输方式间的竞争越强，易造成资源的过度投资和浪费。因此，应合理把握运输路线的网络密度。

⑤区域物流枢纽与其他节点的网络连通度。区域物流枢纽与其他节点的网络连通度是指区域内区域物流枢纽与其他物流节点的连通状况，是反映区域物流枢纽在区域网络中交通区位的评价指标。一般而言，一个枢纽的网络连通度越好，其网点布局越合理、物流运作效率越高。其计算公式为：

$$D = \frac{L}{\sqrt{A \times N}} \qquad (6-14)$$

式中：D 为物流节点之间的网络连通度；L 为节点之间主要连接道路的里程（千米）；A 为节点所在区域的面积(平方千米)；N 为节点的个数。

⑥区域物流枢纽的网络可达性。区域物流枢纽的网络可达性是指在一个区域内从区域物流枢纽出发通过运输通道到达其他物流节点的距离、时间和运输成本的大小。该指标体现区域物流枢纽在网络中的到达的难易程度。在不考虑其他影响因素的前提下，本文采用区域物流枢纽到其他节点的平均距离来表示，如公式（6－15）所示：

$$P_a = \frac{\sum_{i=1}^{n} D_i}{n-1} \qquad (6-15)$$

式中：P_a为物流节点网络可达性；D_i为物流节点 i 和区域物流枢纽之间的最短距离；n 为物流网络中节点的个数。

5. 地区属性和政策优势条件

（1）地区行政属性。本文使用地区行政级别。在对省区进行聚类分析时，令香港和直辖市的系数取 3；沿海港口省区、实施西部大开发政策省区的系数取 2，其他省区取 1。

（2）区域物流枢纽的口岸属性。采用区域物流枢纽城市拥有的口岸级别作为衡量物流枢纽在网络中重要程度的指标之一。一类口岸取值 3，二类口岸取值1，多个口岸则采用累计相加，获得该地区的数值。

（3）是否为区域交通枢纽规划城市。作为区域交通枢纽规划城市，具有良好的物流业发展前景。如果是综合运输枢纽城市则取值为1，不是取值为0。

（4）是否享有特殊经济扶持政策。主要是指物流节点城市是否含有老少边穷地区，在其他条件不具备条件下，考虑到物流产业对经济的促进作用，可以优先在这类地区规划布局区域物流枢纽。取值方法是含有此类地区的研究载体取1，其他取0。

综上，通过大量资料查阅，对影响区域物流枢纽形成、演进和发展的相关因素的收集和总结，提出区域物流枢纽层次划分的初始评价指标，如表6-1所示。

表6-1　区域物流枢纽初始评价指标

准则层	指标层	准则层	指标层
社会经济发展状况	i_1GDP（亿元）	物流基础设施	i_{15}物流园区网络覆盖率（%）
	i_2GDP的增长率（%）		i_{16}物流园区的固定资产投资（亿元）
	i_3人均GDP（万元）		i_{17}物流园区物流企业的数量（个）
	i_4全社会固定资产投资总额（亿元）		i_{18}物流业的就业数（个）
	i_5社会消费品零售总额（亿元）		i_{19}物流业的税收（万元）
	i_6第三产业的比重（%）		i_{20}货物运输港站的吞吐量（万吨）
工商业发展状况	i_7工业增加值（亿元）	交通设施	i_{21}全社会的货物综合运输量（万吨）
	i_8国有及非国有工业企业数（个）		i_{22}货运周转量（亿吨·公里）
	i_9批发零售贸易业总额（亿元）		i_{23}高速公路的网络密度（公里/万平方公里）
	i_{10}制造业总额（亿元）		i_{24}铁路运输线路的路网密度（公里/万平方公里）
对外贸易发展状况	i_{11}实际利用外资额（亿元）		i_{25}航空航线网络密度（条）
	i_{12}进出口贸易总额（亿元）		i_{26}航运航线网络密度（条）
	i_{13}外商投资企业数（个）		i_{27}物流枢纽网络连通度
	i_{14}外商纳税所占比重（%）		i_{28}物流枢纽网络可达性

续表

准则层	指标层	准则层	指标层
物流基础设施	i_{29}物流园区数量（%）	地区政策	i_{33}地区行政级别
	i_{30}物流园区数量密度（个/平方千米）		i_{34}地区口岸级别
	i_{31}物流园区的面积（亩）		i_{35}是否区域交通枢纽规划城市
	i_{32}物流园区面积密度（亩/平方千米）		i_{36}是否享有特殊扶持政策

6.4 区域物流枢纽布局层次划分指标优化

在海选的初始指标体系当中，一些指标之间可能存在较高的相关性，有些指标辨别区分能力不足，需要对其进行指标的筛选和优化。考虑到数据的可获得性，本书首先选取31个省会城市、自治区首府、直辖市为研究对象，对初始评价指标进行优化分析。首先，进行各个指标之间的相关性分析，对相关度极高的两项指标作出取舍；其次，进行变异系数分析，将分辨能力较弱的指标剔除；最后，进行因子分析，提取少数公共因子，获得各个指标与公共因子之间的相互关系，进行因子命名，厘清评价指标体系的结构。

6.4.1 样本数据的标准化

海选指标中大多数指标的数据可以根据统计年鉴查得，但有些指标的数据很难获得。外商纳税所占比重这个指标，北京、上海等大城市的统计年鉴中可以查得，但是一些省会城市这个指标数据难以获得。物流园区网络覆盖率、物流枢纽网络连通度、物流枢纽网络可达性理论上是客观存在的，但是目前有关这些方面数据的统计处于空白状态。物流园区固定资产总投资、物流园区内的企业数量、物流业的就业数、物流业的税收等指标数据也较难获得。因此，为了指标体系的可操作性，将这8项可获得性较差的指标剔除，如表6-2所示。

表 6－2　　由于指标数据可获得性较差而剔除的指标

序号	被剔除的指标
1	i_{14}外商纳税所占比重
2	i_{19}物流园区网络覆盖率
3	i_{20}物流园区固定资产总投资
4	i_{21}物流园区内的企业数量
5	i_{22}物流业的就业数
6	i_{23}物流业的税收
7	i_{31}物流枢纽网络连通度
8	i_{32}物流枢纽网络可达性

其余各指标全部都是正向指标，将指标原始数据代入式（6－1），可得到各指标标准化值，各指标 2013 年原始数据及标准化值见附录的附表 1 到附表 14。

6.4.2　初始指标的筛选

对于初始指标体系的优选分析包含两个方面：一是各指标之间的相关性分析，二是各指标空间差异程度分析。根据各个指标的相关性分析，在多项相关性高的指标中选取更具代表性或数据来源更容易获得的指标。依据空间差异度分析，剔除分辨力低的指标。在此基础上，优化初始指标体系，为后续聚类分析提供良好的判别尺度。

1. 指标相关性分析

相关系数ρ_{ij}是体现指标 i 和指标 j 之间相互关系的紧密程度统计量。ρ_{ij}越趋向于 1，表明指标 i 和指标 j 之间相互关系越密切，它们所表示的特征趋于一致性，为了指标体系的简洁性和不必要的数据收集，可以考虑在 i 和 j 之间选取一个更具代表性的指标。

$$\rho_{ij} = \frac{\sum_{k=1}^{n}(x_{ki}-\overline{x_i})(x_{kj}-\overline{x_j})}{\sqrt{\sum_{i=1}^{n}(x_{ki}-\overline{x_i})^2\sum_{k=1}^{m}(x_{ki}-x_j)^2}} \quad (i,j=1,2,\cdots,m) \qquad (6-3)$$

式中：ρ_{ij}为指标 i 和指标 j 之间的相关系数；n 为所研究的区域物流枢纽的样本数量；$\overline{x_i}$，$\overline{x_j}$为评价指标 i，j 的平均值；m 为区域物流枢纽层次划分评价指标数；x_{ki}为第 k 个区域物流枢纽的第 i 个指标值。

将基础数据代入式（6－3），可以得到各个指标之间的相关系数矩阵。

各个指标之间的相关系数矩阵，如附图所示（见附录）。相关系数在0.95以上的指标主要有以下几对：人均GDP与社会消费品总额（0.957），批发零售贸易业总额与社会消费品零售总额（0.981），实际利用外资与外商投资企业数（0.956），物流园区数量与物流园区数量密度（0.971），物流园区面积和物流园区面积密度（0.969），货物运输港站的吞吐量与全社会的货运量（0.9567）。因此，剔除 i_3（人均GDP）、i_9（批发零售贸易业总额）、i_{13}（外商投资企业数）、i_{16}（物流园区数量密度）、i_{18}（物流园区的面积密度）、i_{24}（货物运输港站的吞吐量）等6项指标后，余下22项指标。

2. 变异系数分析

基于基础数据，根据变异系数的表达式 $C_{vj}=\frac{s_j}{E_j}$，计算各初始指标的变异系数。本书在相关系数剔除6项指标的基础上，计算余下22项指标的变异系数，如表6－3所示。

表6－3　　区域物流枢纽评价指标的变异系数

序号	指标	C_{vj}	序号	指标	C_{vj}
1	i_1	0.8453	12	i_{17}	1.0873
2	i_2	0.7464	13	i_{25}	0.7638
3	i_4	0.8098	14	i_{26}	0.4754
4	i_5	1.0975	15	i_{27}	0.9546
5	i_6	0.3564	16	i_{28}	0.6985
6	i_7	0.9686	17	i_{29}	0.9862
7	i_8	0.9078	18	i_{30}	0.9757
8	i_{10}	0.7965	19	i_{33}	0.4537
9	i_{11}	0.4680	20	i_{34}	0.4462
10	i_{12}	1.4876	21	i_{35}	0.7375
11	i_{15}	0.7853	22	i_{36}	1.9743

由表6－3可知，i_6（第三产业的比重）、i_{11}（实际利用外资）、i_{26}（货运周转量）、i_{33}（地区行政级别）、i_{34}（地区口岸级别）5项的变异系数都低于0.5，说明这些指标在判别区域物流枢纽的差异时，不能将研究样本有效的分离，效果不明显。

对这5个指标进一步分析，i_{33}（地区行政级别）和i_{34}（地区口级别）的评价分值设定在1、2、3之间变化，因而，变化范围很小，导致变异系数的计算结果较小，影响了对物流节点的判别能力，如果提高这两个指标的等级数值差，可以提高变异系数的值。由于各项指标数据的取值方法和取值范围变化引起的数据差异性，可以在进行数据标准化的基础上，再次进行这5项指标变异系数的计算。其结果如表6－4所示。

表6－4　　　　六项指标的变异系数的第二次计算结果

指标	C_{vj}
i_6	0.3243
i_{11}	0.4523
i_{26}	0.4215
i_{33}	0.8267
i_{34}	0.9486

由表6－4可见，除了i_{33}（地区行政级别）和i_{34}（地区口岸级别）以外，其他3项指标的变异系数的值没有明显变化，因此，可将i_6（第三产业的比重）、i_{11}（实际利用外资）、i_{26}（货运周转量）3项指标剔除，最终得到19项指标。

从收集和海选得到36项初始指标开始，通过对各项指标的可获得性分析删除了8项指标，相关性分析删除了6项指标，敏感性分析删除3项指标，最终得到19项评价指标。梳理评价指标的全部筛选过程，可以得到如表6－5所示的筛选示意图并对最终指标重新进行编号，可得最终指标集，如表6－6所示。

6.4.3　指标体系的因子分析

1. 因子分析适用性检验

（1）*KMO*统计量检验。

采用*KMO*统计量来对区域物流枢纽评价指标体系是否适合做因子分析进行检验。*KMO*统计量是判断变量之间相关性的重要参数，是采用比较各个评价指标之间相关系数以及偏相关系数的大小来判定各个评价指标的相关性。当相关性强时，简单相关系数远大于偏相关系数，这时*KMO*值接近于1。一般地，当$KMO>0.9$，则非常适合做因子分析；当$0.8<KMO<0.9$时，适合做因子分析；$0.7<KMO<0.8$时效果一般，当$0.6<KMO<0.7$时则效果很差，小于0.5时不适合做因子分析。

表 6－5　评价指标筛选过程示意

准则层	指标层	筛选结果	准则层	指标层	筛选结果
市场需求因素	i_1GDP（亿元）	保留	基础设施	i_{19}物流园区网络覆盖率	不可获得
	i_2GDP 的增长率	保留		i_{20}物流园区的固定资产投资	不可获得
	i_3人均 GDP	删除 1		i_{21}物流园区物流企业的数量	不可获得
	i_4全社会固定资产投资总额	保留		i_{22}物流业的就业数	不可获得
	i_5社会消费品零售总额	保留		i_{23}物流业的税收	不可获得
工商业水平	i_6第三产业的比重	删除 2		i_{24}货物运输港站的吞吐量	删除 1
	i_7工业增加值	保留	交通设施	i_{25}全社会的货物综合运输量	保留
	i_8国有及非国有工业企业数	保留		i_{26}货运周转量	删除 2
	i_9批发零售贸易业总额	删除 1		i_{27}高速公路的网络密度	保留
	i_{10}制造业总额	保留		i_{28}铁路运输线路的路网密度	保留
对外贸易发展水平	i_{11}实际利用外资额	删除 2		i_{29}航空航线网络密度	保留
	i_{12}进出口贸易总额	保留		i_{30}航运航线网络密度	保留
	i_{13}外商投资企业数	删除 1		i_{31}物流枢纽网络连通度	不可获得
	i_{14}外商纳税所占比重	不可获得		i_{32}物流枢纽网络可达性	不可获得
物流	i_{15}物流园区数量	保留	地区政策	i_{33}地区行政级别	保留
	i_{16}物流园区数量密度	删除 1		i_{34}地区口岸级别	保留
	i_{17}物流园区的面积	保留		i_{35}是否为区域交通枢纽规划城市	保留
	i_{18}物流园区面积密度	删除 1		i_{36}是否享有特殊扶持政策	保留

表 6－6　筛选优化后的最终指标列表

指标	编号
GDP（亿元）	I_1
GDP 的增长率	I_2
全社会固定资产投资总额	I_3
社会消费品零售总额	I_4
工业增加值	I_5
国有及非国有企业数	I_6
进出口贸易总额	I_7

续表

指标	编号
制造业总额	I_8
物流园区数量	I_9
物流园区的面积	I_{10}
全社会的货物综合运输量	I_{11}
高速公路的网络密度	I_{12}
铁路运输线路的网络密度	I_{13}
航空航线络密度	I_{14}
航运航线网络密度	I_{15}
地区行政级别	I_{16}
地区口岸级别	I_{17}
特殊政策享有属性	I_{18}
是否为区域交通枢纽规划城市	I_{19}

（2）*Bartlett's*（巴特利特）球度检验（Bartlett Test of Sphericity）。

Bartlett's 球度检验是通过验证相关矩阵是否是单位矩阵，来检验各个变量是否是独立的。如果相关矩阵是单位矩阵，那么该项目不适合做因子分析。反之，适合做因子分析。它是通过进行零假设：各变量的相关系数矩阵为单位矩阵；若不能拒绝零假设，说明不适合做因子分析。一般来说，显著性水平值越小（<0.05），显示原始变量之间存在的相关性越大，可以接受备择假设而拒绝零假设，也就是相关矩阵并不是单位矩阵。这样，说明原始变量中有共同因素可以抽取，适合做因子分析。如果显著性水平较大（>0.1），则说明原始变量之间相关性不大，那么就不能拒绝零假设，即相关系数矩阵为单位矩阵，原始变量之间没有共同因素可以抽取，不适合做因子分析。

我们采用 *Bartlett's* 球度检验和 *KMO* 检验等方法来检测区域物流枢纽评价指标体系因子分析法的适用性。通过计算得到相关系数矩阵，发现19个指标之间大多数具有较强的相关性（>0.7）（限于篇幅，指标变量相关系数矩阵见附录）。*KMO* 检验和 *Bartlett's* 球度检验结果如表6-7所示。

表 6 - 7　　*KMO* 检验和 *Bartlett's* 球度检验结果

KMO 和 *Bartlett's* 球度检验	
取样足够度的 Kaiser - Meyer - Olkin 度量	0.712
Bartlett's 球度检验	151.533
Df	630
Sig.	0.000

Bartlett's 球度检验表明：*Bartlett's* 值为 151.533，相伴概率 *P* 接近于 0 <0.01，因此，应拒绝相关矩阵是单位矩阵的零假设，接受相关矩阵不是单位矩阵的备择假设。也就是说，该指标体系可以进行因子分析。*KMO* 检验是比较相关系数值和偏相关系数值的指标，*KMO* 越接近 1，那么说明对这些指标作因子分析的效果越好。根据附表 4 所示的计算结果 *KMO* 值为 0.712，因此可以对原指标变量做因子分析。

2. 因子提取

本书应用数据统计分析软件 SPSS 17.1 进行因子提取分析，使用其中主成分分析功能对区域物流枢纽评价指标标准化后的统计数据做因子分析。以相关系数矩阵的特征值大于 1 为标准，从筛选后的 19 个评价指标中提炼出公共因子。从表 6 - 8 可以看出，前三个公因子的累积方差达到 92.369%，说明这三个公因子表达了绝大多数信息，可以用来表示整体信息。并且，经过正交旋转后三个公因子的累积方差没有发生变化，只是每个因子的方差贡献度有一些微小变化，对整体没有影响，可以表达原有 19 个指标所代表的大部分信息。因而，使用它们替换初始指标进行区域物流枢纽层次划分的评价是可行的。

表 6 - 8　　公共因子的方差贡献度

成分	合计	初始特征值的百分比（%）	累积百分比（%）	合计	旋转平方和载入方差的百分比（%）	累积百分比（%）
1	7.545	46.986	46.986	6.979	40.987	40.987
2	6.369	28.843	75.829	6.372	29.096	70.083
3	5.457	16.540	92.369	6.020	22.286	92.369

续表

成分	合计	初始特征值的百分比（%）	累积百分比（%）	合计	旋转平方和载入方差的百分比（%）	累积百分比（%）
4	4.568	4.532	96.901			
5	3.994	1.545	98.446			
6	3.096	0.901	99.347			
7	2.908	0.213	99.560			
8	1.975	0.123	99.683			
9	1.507	0.082	99.765			
10	1.324	0.021	99.786			
11	1.097	0.06	99.846			
12	0.912	0.031	99.877			
13	0.805	0.029	99.906			
14	0.735	0.025	99.931			
15	0.601	0.023	99.954			
16	0.549	0.011	99.965			
17	0.463	0.009	99.974			
18	0.390	0.008	99.982			
19	0.164	0.006	100			

3. 因子旋转

找出各评价指标的公共因子之后，更为重要是要确定每个公共因子背后的实际经济意义。为了更好地解释主因子的含义，可以通过对因子载荷矩阵进行旋转来实现。因子模型的表达式如下：

$$X_i = L_{i1}f_1 + L_{i2}f_2 + \cdots + L_{im}f_m + L_i\varepsilon_i \tag{6-17}$$

式中：X_i（其中：$i=1,2,\cdots,n$）表示第 i 个指标；f_i（其中：$j=1,2,\cdots,m$）表示第 j 个公共因子；L_{ij}表示第 i 个指标在第 j 个公共因子上的负载，也称为因子载荷；ε_i为仅仅影响 X_i的特殊因子。

因子旋转的目的是使得每个因子载荷在新的坐标系中，按照行和列向 0

或者1进行两级分化，进而因子载荷之间的差异变大，各自特征趋于明显，更易于命名。本章节采用最常用的方差最大化的正交旋转，经过因子旋转后的原变量仅在一个因子上的载荷较大，而映射到其他因子上的载荷很小，因而可以获得清晰的公共因子含义，可以较为清楚地观测到每个因子表示的实际含义，进而获得评价指标体系的简化。经旋转后的因子载荷矩阵如表6-9所示。

这样，之前提取的三个公共因子具备实际的经济含义，而且所表达的信息量完全可以替换原有的36个指标，实现了评价体系的简化，并具有实用性。

表6-9　区域物流枢纽层次评价指标体系因子旋转载荷矩阵

指标	因子		
	主因子1	主因子2	主因子3
I_1	0.897	0.343	0.221
I_2	0.647	0.343	0.107
I_3	0.454	0.785	0.216
I_4	0.880	0.435	0.184
I_5	0.932	0.321	0.195
I_6	0.914	0.543	0.239
I_7	0.852	0.643	0.253
I_8	0.845	0.542	0.170
I_9	0.435	0.908	0.086
I_{10}	0.540	0.912	0.320
I_{11}	0.899	0.453	0.329
I_{12}	0.542	0.907	0.145
I_{13}	0.672	0.915	0.105
I_{14}	0.421	0.876	0.136
I_{15}	0.542	0.796	0.216
I_{16}	-0.213	0.098	0.652
I_{17}	-0.432	0.079	0.747
I_{18}	0.143	0.345	-0.631
I_{19}	-0.321	0.152	0.649

为了验证三个因子分别表示不同的评价维度，以避免因子得分综合评价的多重共线性，需要验证三个因子之间不存在相关关系，需要检验因子得分协方差矩阵。由表6－10可以看出，三个因子之间基本不存在相关性，因而可以对区域物流枢纽进行不同维度的评价。

表6－10　因子得分协方差矩阵

因子	1	2	3
1	1.00	0.00	0.00
2	0.00	1.00	0.00
3	0.00	0.00	1.00

6.4.4　区域物流枢纽布局评价指标归类与命名

由正交因子载荷矩阵选取各公因子中载荷较大的指标，构成高载荷指标分类体系。然后，分析公因子内各高载荷指标的内在含义，对公因子进行命名，使其具有实际经济、技术或政策的含义，以便在实际中容易理解和应用，如表6－11所示。

第一公因子中，GDP、GDP的增长率、工业增加值、国有及规模以上非国有企业数、社会消费品零售总额、制造业总额、进出口贸易额、全社会货物综合运输量8个指标体现了物流市场中物流需求的基本情况，可命名为物流需求因子。

第二公因子中，全社会固定资产投资总额、物流园区数量、物流园区的面积、高速公路网密度、港口航线密度、铁路网密度、港口航线密度7个指标体现区域物流枢纽基础设施对物流各项需求提供服务的支撑条件，可命名为物流设施支撑因子。

第三个公因子中，地区形成级别、地区口岸级别、特殊政策享有属性、是否为区域交通枢纽规划城市4项指标可以体现区域物流枢纽的区位优势和国家对枢纽地区给予的政策优势，可以命名为区位及政策因子。

表 6-11　　物流枢纽层次划分评价指标体系因子结构

	高载荷指标	因子命名
因子 1	I_1——GDP	物流需求因子
	I_2——GDP 的增长率	
	I_4——社会消费品零售总额	
	I_5——工业增加值	
	I_6——国有及规模以上非国有企业数	
	I_7——进出口贸易额	
	I_8——制造业总额	
	I_{11}——全社会货物综合运输量	
因子 2	I_3——全社会固定资产投资总额	物流设施支撑因子
	I_9——物流园区数量	
	I_{10}——物流园区的面积	
	I_{12}——高速公路网密度	
	I_{13}——铁路网密度	
	I_{14}——航空航线密度	
	I_{15}——航运航线密度	
因子 3	I_{16}——地区行政级别	区位及政策因子
	I_{17}——地区口岸级别	
	I_{18}——特殊政策享有属性	
	I_{19}——是否为区域交通枢纽规划城市	

6.5　AHP 与层次聚类法结合的区域物流枢纽聚类分析

6.5.1　区域物流枢纽层次聚类的基本原理

聚类分析是对研究对象进行分类的一种数理统计学方法，属于多变量统计研究问题。聚类分析根据聚类原则进行分类，将一系列变量或样本数据根据它们在各项评价指标的数值的远近程度，在没有分类先验知识的前提下进行自主分类。

聚类分析与判别分析有明显的区别，判别分析是根据已有的判断标准和归属类型，对未知类别的研究对象进行判断，将其归入已有类型中的过程。

聚类分析通过比较各研究对象之间的各个指标，将指标值相近的划为一类，将指标值相差较远划入不同类别。在聚类过程中，事先没有必要给出一个划分类别的标准，在聚类的初始阶段，并不知道研究对象类别的情况，甚至分为多少类别也是不确定的；而是从样本数据分析出发，客观地按照研究对象远近关系进行分类。

聚类分析包括层次聚类分析、K－平均聚类分析方法和Twostep聚类等几种分析方法。K－平均聚类分析方法和Twostep聚类分析用于样本较多的聚类分析。而且，K－平均聚类分析的基本特征是首先确定共有几个归属类别，再进行聚类分析。但是，层次聚类分析并没有事先确定归属的类型个数。物流节点层次划分问题，是根据各个物流节点各项指标的远近情况进行层次划分，一般样本数据不多，因此层次聚类方法更适合区域物流枢纽的层次划分问题。

层次聚类分为两种类型。一种是Q型聚类，是对各个样本进行分类分析，使性质特点较为相近的样本归为一类；另一种是R型聚类，是对研究对象各个观测指标进行分析聚类，它是使具有相似特征的指标归为一类，以便从中甄选出具有代表性的指标进行分析，从而减少观测指标的个数以便对研究对象进行简单有效的分析。物流节点的层次划分是对各个物流节点样本进行聚类，属于Q型聚类，也就是以各个物流节点样本为研究对象，将具有相似特征的物流节点划分为一类。

层次聚类分析的基本思想是，初始阶段每一个物流节点自成一类；按照一定的度量方法观测不同样本之间的远近程度，并把其中距离最近的样本先归为一类；然后，度量剩余物流节点样本与小类之间远近程度，将与小类距离最近的样本再聚为一类；依次度量剩余样本与小类之间的远近程度，如此反复，直到所有的物流节点样本聚成一类才结束聚类过程。

综上所述，可以看出层次聚类过程中度量物流节点样本之间远近程度的标准是一个关键因素。本文采用欧氏距离法计算物流节点层次划分上的相似性系数，并按一定阈值标准，以相似性系数最大化为原则将市场供需环境、物流基础设施支撑条件、区位及政策条件最为相似的两个区域物流枢纽为一类型区。

6.5.2 区域物流枢纽聚类分析的主要运算步骤

1. 数据的标准化

在对区域物流枢纽进行 AHP 分析和层次聚类过程中，需要确定两个关键问题：一是科学合理地确定各个指标的权重，本书采用评价指标体系权重赋值的 AHP 模型；二是需要对指标进行无量纲化处理，这样可以使不同量纲、表现形式、经济意义以及和总体目标作用趋向各不相同的指标之间可以进行综合，以便构造物流节点综合指数模型。由于不同的指标中既有正向指标，也有逆向指标，对于指标数值的评判上有很大的模糊性，因此本书应用模糊隶属度函数法对各个指标的“价值”进行量化，其函数模型一般形式如下。

对正向指标，采用半升梯形模糊隶属度函数，即：

$$\Phi(e_{ij})=\frac{e_{ij}-m_{ij}}{M_{ij}-m_{ij}}=\begin{cases}1 & e_{ij}\geqslant M_{ij}\\ \dfrac{e_{ij}-m_{ij}}{M_{ij}-m_{ij}} & m_{ij}<e_{ij}<M_{ij}\\ 0 & e_{ij}\leqslant m_{ij}\end{cases} \tag{6-18}$$

对逆向指标，采用半降梯形模糊隶属度函数，即：

$$\Phi(e_{ij})=\frac{M_{ij}-e_{ij}}{M_{ij}-m_{ij}}=\begin{cases}1 & e_{ij}\leqslant M_{ij}\\ \dfrac{M_{ij}-e_{ij}}{M_{ij}-m_{ij}} & m_{ij}<e_{ij}<M_{ij}\\ 0 & e_{ij}\leqslant m_{ij}\end{cases} \tag{6-19}$$

式中：e_{ij}为指标的具体属性值；$i=1, 2, \cdots, m$，表示观测年份共有 m 个；$j=1, 2, \cdots, n$ 表示指标有 n 个；M_{ij}、m_{ij}分别表示每个指标第 i 年份指标值的最大值与最小值；$\Phi(e_{ij})$ 表示指标隶属度，它的值在 0 ~ 1 之间。标准化处理可消除不同指标之间不同量纲的影响，以便不同指标可以进行加和。某个指标的模糊值$\Phi(e_{ij})$ 越大，说明该指标的实际值越接近最大值 M_{ij}，其标准化值与其对应的权重的乘积越大，说明在评价中该项指标对最终评价值的贡献越大。

2. 指标体系权重的确定

对于评价指标权重，本书采用（1/9，9）EM 标度的 AHP 法确定，由专家给出两两评价指标对总目标的重要性标度，把所有专家给出的两两判断矩阵进行综合后得到三个分领域的物流指标所对应的两两判断矩阵，分别如表6-12、表6-13和表6-14所示。

表6-12　物流需求各指标两两判断矩阵

	I_1	I_2	I_4	I_5	I_6	I_7	I_8	I_{11}
I_1	1	1	2	3	3	2	1/2	1/2
I_2	1	1	2	3	3	2	1/2	1/2
I_4	1/2	1/2	1	2/3	2/3	1	1/4	1/4
I_5	1/3	1/3	3/2	1	1	2/3	1/6	1/6
I_6	1/3	1/3	3/2	1	1	2/3	1/6	1/6
I_7	1/2	1/2	1	3/2	3/2	1	1/4	1/4
I_8	2	2	4	6	6	4	1	1
I_{11}	2	2	4	6	6	4	1	1

表6-13　物流设施支撑条件各指标两两判断矩阵

	I_3	I_9	I_{10}	I_{12}	I_{13}	I_{14}	I_{15}
I_3	1	1	2	2	3/2	2/3	1/2
I_9	1	1	2	2	3/2	2/3	1/2
I_{10}	1/2	1/2	1	1	3/4	1/3	1/4
I_{12}	1/2	1/2	4/3	1	3/4	1/3	1/4
I_{13}	2/3	2/3	3	4/3	1	4/9	1/3
I_{14}	3/2	3/2	4	3	9/4	1	3/4
I_{15}	2	2	4	4	3	4/3	1

表6-14　区位和政策各指标两两判断矩阵

	I_{16}	I_{17}	I_{18}	I_{19}
I_{16}	1	1	1/3	1/2
I_{17}	1	1	1/3	1/2
I_{18}	3	3	1	3/2
I_{19}	2	2	2/3	1

根据上述两两判断矩阵，可以得到各分领域综合物流指标所对应的指标权重，如表6-15所示。

表 6-15　　各分领域综合物流指标所对应的指标权重

指标	物流需求因子
I_1、I_2、I_4、I_5、I_6、I_7、I_8、I_{11}	（1）AHP 权重：（0.3322，0.2342，0.2532，0.3425，0.3354，0.3432，0.3556，0.4214） （2）归一化的权重：（0.121197，0.085443，0.092375，0.124954，0.122364，0.12521，0.129734，0.15374）
	物流设施支撑条件
I_3、I_9、I_{10}、I_{12}、I_{13}、I_{14}、I_{15}	（1）AHP 权重：（0.1243，0.2321，0.2358，0.3175，0.1353，0.3865，0.3752） （2）归一化的权重：（0.053092，0.099137，0.100718，0.135614，0.057791，0.165086，0.16026）
	区位及政策因子
I_{16}、I_{17}、I_{18}、I_{19}	（1）AHP 权重：（0.4324，0.2527，0.3748，0.2573） （2）归一化的权重：（0.328272，0.191846，0.284543，0.195339）

3. 确定区域物流枢纽综合因子得分

指标权重和量化值确定以后，采用以下公式求区域物流枢纽综合因子得分 F。

$$F = \sum_{t=1}^{3} w_t f(O_t) \tag{6-20}$$

式中：F 为区域物流枢纽综合因子得分；w_t 为因子权重，取各因子的方差贡献度为因子得分权重。$f(O_t)$ 表示第 t 个因子的因子得分，其求解公式如下：

$$f(O_t) = \sum_{j=1}^{n} w_j \Phi_j \tag{6-21}$$

式中：w_j 代表隶属于要素 O_t 第 j 个指标的权数；Φ_j 代表隶属于要素 O_t 的第 j 个指标的标准化值。

那么，各区域物流枢纽综合因子得分可以由以下公式得到：

$$F = 0.46986 f_1 + 0.28843 f_2 + 0.24171 f_3 \tag{6-22}$$

4. 层次聚类法进行聚类

（1）采用欧氏距离法计算区域物流枢纽层次划分上的相似性系数，并按一定阈值标准，以相似性系数最大化为原则将物流需求因子、物流设施支撑条件、区位及政策条件最为接近的两个物流节点划为同一类型区。相似性系数的计算公式如下：

$$R(ij) = \sqrt{\frac{1}{n}\sum_{k=1}[X(ik) - X(jk)]^2} \tag{6-23}$$

式中：$R(ij)$ 为 i 区域物流枢纽与 j 区域物流枢纽的相似性系数；$X(ik)$ 为 i 区域物流枢纽第 k 项指标值，k 分别等于 1（物流需求因子）、2（物流设施支撑条件）、3（区位及政策条件）；$X(jk)$ 为 j 区域物流枢纽第 k 项指标得分值；n 为研究因子个数，根据上述因子分析，n 等于 3。

（2）在三个主因子中，最为相似的两个区域物流枢纽归为一类后，使用“类平均法”计算该类区域物流枢纽与步骤 1）中还没有进行归类的其他区域物流枢纽的相似系数，且仍然按照步骤 1）中的方法继续进行该类区域物流枢纽与其他枢纽归类。“类平均法”的基本原理是将两个类别之间的距离由分别属于这两类的各样品间距离的平均值来表示。假设步骤 1）中区域物流枢纽层次划分最为相似的两个枢纽 P_a、P_b 归并为类型 P_c，那么 P_c 与其他区域物流枢纽或层次 P_d 的相似系数 $R(cd)$ 计算公式如下：

$$R(cd) = \sqrt{\frac{n_a}{n_c}[R(ad)]^2 + \frac{n_b}{n_c}[R(bd)]^2} \tag{6-24}$$

式中：$R(ad)$ 是区域物流枢纽 P_a 与 P_d 的相似系数；$R(bd)$ 是区域物流枢纽 P_b 与 P_d 的相似系数；n_a，n_b，n_c 是类别 P_a、P_b、P_c 的所含的区域物流枢纽的数量。

（3）依然按照（2）的方法和思路，将剩余的物流节点和节点层次小类进行比较作进一步的归并，直到最后把一个物流节点归并进去。

（4）根据不同相似性系数的阈值标准，进行调整和校核，最终确定区域物流枢纽层次划分的结果。在聚类过程中，不同的阈值得到的分类结果不同。在分析实际问题时，需要调节阈值来获得适当的分类。

6.6 京津冀城市群物流节点聚类分析

6.6.1 京津冀城市群的基本情况

京津冀城市群内主要物流节点包括北京、天津两个直辖市和河北省的石家庄市、唐山市、保定市、承德市、张家口市、秦皇岛市、沧州市、廊坊市

10 个物流节点，其占地面积为 183704 平方千米，占全国总面积的 1.9%，人口 7605.13 万，占全国总人口比重为 5.79%。

京津冀一体化的核心内容是首都经济圈，从世界范围来看，首都经济圈是一个经济现象，东京经济圈经济总量占到日本的 1/3 左右，首尔经济圈经济总量超过了韩国的 60%，而我国首都经济圈的经济总量占全国的 10% 左右。由此可见，京津冀首都经济圈发展相对落后，虽然理论界对其滞后原因众说纷纭，但有一点却是明晰的，即以京津为核心的城市群系统整合放大功能未得到充分释放。物流一体化是实现经济一体化的重要支撑条件之一，京津冀区域物流系统的协同与规划对推动京津冀一体化起着积极的推动作用。

6.6.2 京津冀物流节点的层次划分

1. 京津冀物流节点因子分析

本研究以京津冀城市群为研究对象，选取北京、天津 2 个直辖市，河北省的石家庄市、唐山市、保定市、承德市、张家口市、秦皇岛市、沧州市、廊坊市 10 个物流节点为样本进行物流节点宏观层次划分及各节点之间关系的研究，以期为京津冀一体化的规划提供决策支持。通过 AHP 与层次聚类法结合的区域物流枢纽聚类分析，可以得到京津冀区域内物流节点的综合得分排名和京津冀物流节点聚类谱系图，如表 6-16 所示。

表 6-16 京津冀物流节点的因子得分和综合得分排名

城市	市场供需环境		物流基础设施支撑		区位及政策因子		综合得分	排名
	得分	排名	得分	排名	得分	排名		
北京	2.30659	1	2.49231	2	1.409639	2	2.143355	1
天津	1.17439	2	3.14272	1	1.690888	1	1.866958	2
唐山	-0.27022	7	0.02031	6	0.21836	4	-0.068328	3
秦皇岛	-0.8464	9	0.31468	4	-0.23915	6	-0.364731	6
承德	-0.92201	10	-0.3283	7	-0.39883	8	-0.624308	9
廊坊	-0.15707	4	-0.65858	10	-0.14659	5	-0.299187	5
沧州	-0.05235	3	-0.46977	8	-0.92686	10	-0.635782	10
保定	-0.26369	5	-0.63194	9	-0.32942	7	-0.385792	7
张家口	-0.70176	8	0.18168	5	-0.54407	9	-0.408834	8
石家庄	-0.26749	6	0.43427	3	0.29726	3	0.071424	4

通过以上因子分析和综合排名可以得到如下结论：

（1）各地区之间发展不平衡，综合得分最高城市（天津）和综合得分最低的城市（张家口）之间，物流发展的综合评价水平差距比较大，但是从第二因子物流发展基本投入要素来看，天津市排名倒数第一，即所谓的"短板"，说明其物流的发展没有实现要素投入与物流水平的协调发展，物流的发展还有很大的提升空间。

（2）第一因子的方差贡献率大，说明该因子对物流发展综合评价具有较大的影响，即"GDP 总量""全社会固定资产投资总额""工业增加值""货物总量指标""社会消费品零售总额指标""国有及规模以上非国有企业数"是评价一个中心城市的最主要综合指标，而"物流园区数量""物流园区面积""全社会货物综合运输量"在物流发展综合评价占重要地位，显示着中心城市的物流发展平衡制约或促进作用。

（3）基于以上的结果认识，本书认为发展物流也必须在一定的经济发展水平之上，经济发展水平对物流是一个基础支撑作用，当经济发展到一定的水平，物流又会对经济发展起到助推作用，当然物流水平的整体要提高还必须要相应的提高物流投入要素，修复物流发展的"短板"效应。

2. AHP 与层次聚类法分析

根据物流节点距离的远近，结合 SPSS 树状图的分析，为了使分类更加符合实际，需要适当调整阈值，当阈值由 1 以 0.05 的步长下降时，所获得的聚类谱系图如图 6－3 所示。

聚类间距离 $d=5$ 时，可以分为 4 类，第一类为北京；第二类为天津；第三类为石家庄、唐山、廊坊、秦皇岛、沧州；第四类为保定、承德、张家口。

聚类间距离 $d=5$ 时，可以分为 4 类，一级节点为北京；二级节点为天津；三级节点为石家庄、唐山、廊坊；第四类为保定、承德、张家口、沧州、秦皇岛。因此，根据以上分析得到物流枢纽等级划分，如表 6－17 所示。

表 6－17　京津冀物流枢纽等级划分

物流节点级别	物流节点
重要物流枢纽（一级、二级节点）	北京、天津
次要物流枢纽（三级节点）	石家庄、唐山、廊坊
一般物流节点（四级节点）	保定、承德、张家口、秦皇岛、沧州

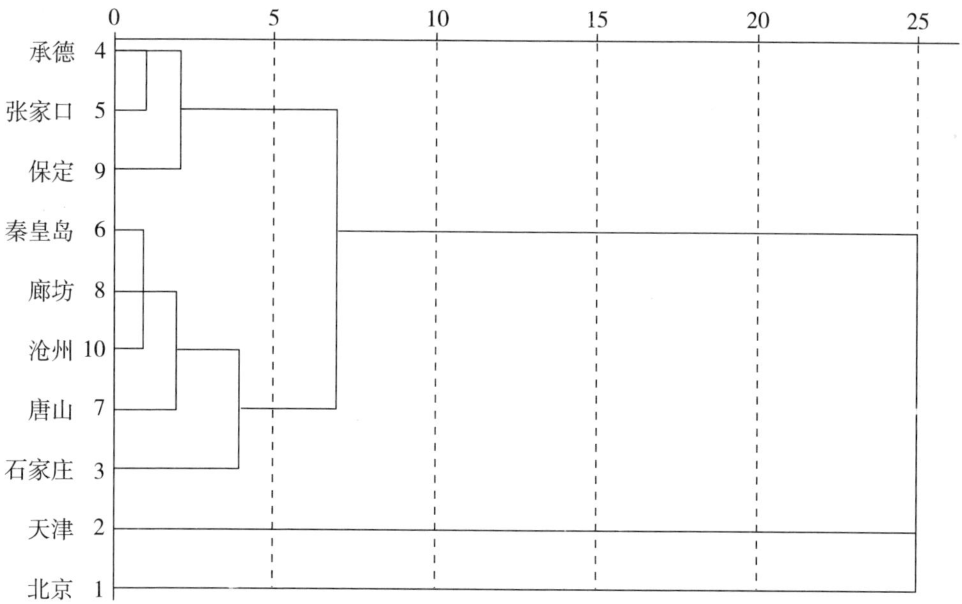

图 6-3　京津冀物流节点聚类谱系图

3. 京津冀物流节点的层次划分

在京津冀都市圈物流系统规划过程中必须考虑各城市的自身特点极其物流发展需求和区域总体发展规模。根据聚类分析的结果并结合各城市的地理位置条件，交通运输条件等综合各方面考虑，可以把京津冀都市圈划分为三个等级的物流中心城市：

（1）一级物流中心轴城市：北京、天津。

北京是京津冀都市圈的最主要的铁路、公路、航空等综合运输手段集成化的城市，城市道路网络化、立体化，同时北京又是华北地区最大的铁路枢纽中心城市，首都国际机场是亚洲第一大国际机场。随着首钢炼钢产业向曹妃甸工业区转移，北京形成了以发展电子信息、新材料、汽车制造为主的先进制造业、现代金融业、信息服务、科技教育、文化博览等产业的发展格局，综合经济实力保持在全国前列。北京的第三产业规模居中国大陆第一。北京具有优良的经济基础和物流软硬件资源，可以作为内连京津冀都市圈，外连全球各地的国际化大型物流中心城市。

天津是著名的国际港口城市，拥有中国第四大工业基地和第三大外贸港口，是我国北方的海运与工业中心。天津市由铁路、公路、水路、航空和管道五种运输方式构成了四通八达的交通运输网络；具有先进的电信通信网和便利的邮政网，交通基础设施优良。天津市良好的港口条件，在发展临港工业、面向国际以及区域消费产品的生产方面都有明显优势，形成了以发展电子信息、汽车、化工等为主的先进技术制造业、以港口为主的交通运输业、以石油化工为主的多种化工工业的格局。凭借其发达的交通运输能力和强大的工业制造能力于北京遥相呼应。

和都市圈内其他城市相比，这两个城市经济发达，人口稠密，在货物生成量和货物周转量方面占有绝对优势，它们都是周边城市地区的物流枢纽和中心，承担各自区域内物流集散的作用，他们的货物流量是大规模的、密集的、稳定的，并且他们的交通设施比较完善，形成了多样化、立体化、网络化的交通运输通道。

（2）二级物流城市：石家庄，唐山。

石家庄作为河北省的省会城市及重要城市，交通便利，为多条公路、铁路、高铁枢纽城市全国特大城市之一，全国重要的医药、纺织工业中心城市，重要的现代服务业和生物产业基地之一，华北重要商埠。石家庄正定国际机场，2010 年吞吐量已突破 272 万吨。

2010 年，唐山港全年完成货物吞吐量 2. 6 亿吨，暴增 42. 07%，增长速度遥居中国规模以上港口第 1 名，很好的深水港条件使得唐山在冶金、化工等大规模的临港工业方面有很大的优势。唐山着力建设公路、高速公路、铁路、地铁轻轨、管道、航空、港口等综合性的交通运输。这极大地促进了唐山在人流、物流、信息流方面的沟通。

这两个城市的经济发展水平较沧州、保定、张家口、廊坊、承德、秦皇岛相对较高，交通相对发达，但远不及北京、天津，在区域物流规划中担当着二级物流中心城市的角色，占据着承接一级轴心城市和辐射三级物流城市的枢纽地位，在京津冀区域物流发展中启着承接贯通作用。

（3）三级物流城市：沧州、秦皇岛、廊坊、保定、承德、张家口、衡水、邯郸。它们主要担负京津冀都市圈内物流集散以及同一级、二级物流中心城市间的物流转运功能。

①沧州，沧州地处环渤海中心地带，也是京津通往东部沿海地区的交通要冲，被国务院确定为第三批经济开放区。多条公路和铁路在此交汇。国家“九五”重点工程黄骅港和朔黄铁路的建成，使得沧州成为西煤东运新通道的出海口和冀中南、鲁西北以及晋陕和内蒙古等西部地区对外开放的桥头堡，

区位优势日益明显。

②秦皇岛境内有京山、京秦、大秦、秦沈四大铁路干线。京沈高速、沿海高速及承秦高速公路、北戴河连接线构成了秦皇岛市的高速公路网，全市公路通车总里程达8253公里，路网密度为105.6公里/百平方公里。秦皇岛在京津冀都市圈中的发展定位是：环渤海地区重要的对外开放窗口，京津冀都市圈的区域物流的重要枢纽，侧重开发重型、大型制造业和现代物流业，集中布局港口依托型重大装备制造、食品加工及物流企业，突出临港型和高外向度的经济特色。

③廊坊地处京津两大城市之间，扼守着北京东南方向京九铁路的咽喉。廊坊的公路交通十分发达，与京津冀都市圈中其他各城市紧密连接。

④保定市地处北京、天津、石家庄三角地带，有效连接京津冀都市圈北京物流轴心城市和石家庄二级物流中心。保定拥有四通八达的铁路、公路交通网络。保定又是华北的“电谷”，为京津冀都市圈的工业提供着动力和能源。

⑤张家口是北京的生态屏障，也是北京的水资源和电资源的供应地，西北蒙晋的煤炭资源通过途径张家口的京包线运输到京津能源紧缺的轴心城市。张家口依靠自身的生态优势、区位优势、环境优势，旅游业日益成为了张家口的支柱产业。近年来张家口在追求产业优化升级目标的同时，积极推进集约化生态化农牧业发展，坝上的绿色蔬菜基地，奶牛生产基地，坝下的葡萄规模化种植，成为京津冀都市圈优良的农产品供应基地。

⑥承德南接北京，东临辽宁，北靠内蒙古，东南到天津。构筑以“一环八射”（所谓一环是指市区周边高速环路，八射是指京承、承唐、承秦、承朝、承津、承围、承赤、承张）高速公路为核心的综合交通网络，形成面向京津、通达辽蒙、辟通港口的交通枢纽和蒙东、辽西至京津唐的煤电能源通道。承德把建设国际旅游城市作为转变发展方式的战略引擎和现实载体。

三级物流城市经济发展水平较低，可以利用自身纵横交错的交通网络，依据各城市经济发展个性制定各自物流发展规划，配合一级、二级物流城市，在物流系统中发挥集散作用。

6.6.3 京津冀都市圈物流发展建议

1. 完善“轴心”城市物流基础投入要素，突出“轴心”城市的中枢功能

根据在聚类分析中的京津冀都市圈轴—辐式物流网络体系的规划，把北京和天津设为一级物流中心轴城市。然而从因子分析中的京津冀都市圈10个城市的物流指标体系中可以看到，尤其天津的物流基础要素投入还跟不上物流发展的步伐，这在一定程度上制约着轴心城市的物流规模效益、集聚效益、空间效益的发挥，对周围其他城市的物流辐射和带动功能偏弱。因此，要加强轴心枢纽城市的基础设施建设，突出轴心城市的中心功能定位；加强轴心城市主干线及其主要站点的基础设施改造，尽快实现符合物流“轴心”城市发展要求的多式联运综合运输网络和完善的仓储配送设施。

2. 加强城际间的道路交通建设，拓宽物流通道，扩大交通物流量

京津冀都市圈有明显的三个发展轴：一是京津唐主轴；二是京—保—石拓展轴；三是京—唐—秦拓展轴；加强物流轴心城市之间的物流通道的主干线以及轴心城市与周围城市的交通运输路线的建设和改造，提高区域内部物流配送效率，推动京津冀都市圈经济一体化进程。完善京津冀都市圈的公路、铁路建设交通网，使各个物流中心城市的物流园区、物流中心紧密连接。

3. 整合现有的物流资源，实现都市圈物流网络化运作体系

京津冀都市圈各中心城市物流资源配比严重失衡，北京、天津的现代化物流发展水平与都市圈内的其他城市物流水平相比，差距比较大，尤其是综合物流水平排名靠后的张家口、承德，物流发展水平相当滞后。都市圈内的物流协作发展水平相对薄弱，物流产业的集聚效应和整合优势没有体现出来，提倡和鼓励物流运输、仓储、配送企业等实行跨部门、跨行业的联合、竞争、并购等，构建“物流圈—物流园区—物流中心—配送中心”的现代四级物流基本框架，积极发展壮大具有规模优势的物流企业，提高都市圈内的物流营运能力，促进区域经济发展，形成经济结构调整和物流发展相适应的现代物流运作设施网络体系。

4. 建设高效、便捷、统一的区域物流信息网络

现代物流一个核心问题是通过物流信息对物流网络系统各种资源进行整合，提高物流网络的整体功能和效益。京津冀都市圈内各中心城市的物流信息水平差异比较大，物流信息对物流网络体系的积极作用还未得到有效的发挥。因此，构筑一个统一、公共的物流信息交换平台，建设良好的物流信息交换环境，使信息的采集、加工、储存以及传输形成一个有机的整体，高效协调处理各种物流信息，实现都市圈物流的协调和互动发展。

5. 物流发展政策措施体系

建设区域物流发展的政策措施体系是区域物流发展的重要内容。作为京津冀都市圈的规划者和管理者，政府应强化物流企业在市场中的主体地位，发挥市场机制的基础性作用，加强产业政策的宏观指导，注重体制创新、制度创新、人才创新、政策创新，制定物流发展的政策措施，物流活动规制政策措施，出台综合性政策措施、交通运输措施和物流相关专项措施，为都市圈物流发展创造良好的政策环境，推动区域经济的协调可持续发展。

本书对京津冀环都市圈物流规划的研究结果还存在多方面的不足。首先对京津冀都市圈物流区域规划的研究主要从宏观角度上对都市圈物流区域的系统规划，并没有对都市圈内各城市内部物流的具体选址和网络建立进行具体的规划设计，对于具体的选址建设物流网络还需要进行详细的问卷调查，收集更为详尽的物流数据，整合各类具体数据之后才能建立物流区域模型。但我们对都市圈物流的规划研究与此并不冲突，研究的方向都是基于一个层面上，区别只是从宏观出发还是从微观方面去研究而已。

6.7 本章小结

本章构建了区域物流枢纽宏观布局层次分类的评价指标体系，并在此基础上进行聚类分析。首先，针对枢纽层次划分的影响因素分析，在对评价指标海选的基础上，采用因子分析对初始指标进行筛选和优化，构建了区域物流枢纽层次分类的宏观布局评价指标体系。其次，通过聚类分析，对一个区域不同物流节点根据构建的指标体系进行聚类分析；以期对我国区域物流枢纽的层次划分和制定发展规划提供理论基础。

7　区域物流枢纽内的物流节点设施动态布局规划研究

7.1　物流节点选址研究综述

物流节点选址是确定物流网络结构的基本战略问题，物流园区、物流中心、配送中心等节点设施一旦确定选址，在短期内不会改变，对物流活动的效率和成本有着深远的影响。因此，国内外众多研究人员已经对该问题做了许多有深度的研究，总结前人的研究成果可以归纳为两类问题：物流选址问题和选址模型及算法。

7.1.1　物流节点选址问题分类

物流节点选址问题可以归结为如下五类。

1. 按目标不同划分

在物流选址过程中，要实现许多目标，例如成本、服务水平、竞争力等，不同竞争战略会影响不同的目标选择。因此，在做选址研究之前，首先弄清楚什么是最主要的目标。一般来说，物流选址问题的目标可以分为三类。

（1）实现总成本最低。就是所设立选址的目标函数为总成本最低，这是一种最基本的方法，并得到广泛应用。

（2）竞争优势最大。近年来，众多学者将目标函数设定为竞争优势最大，如孙会君（2003）探讨了现存的多种具有竞争关系的物流节点的情况下，如何进行新增配送中心的选址问题。作者将求解转变为非线性的无约束规划问题，进行多次迭代，求解新增物流节点的选址可以使其获得最大竞争能力。朱超才（2010）研究新增物流节点如何在已有物流节点的情况下获得最大的竞争力，获取最大市场份额。构建的模型将竞争力最大化的目标并入到目标规划中，利用双层规划方法，并使用遗传算法迭代求解。丁浩（2004）对选址的影响因素进行深入分析，避免以往以最低成本为目标函数，采用最大利润为目标函数，构建物流节点 0－1 整数规划的选址模型。

（3）全面权衡各种目标。也有学者进一步全面权衡各种目标，如尚玲（2010）第一步考虑成本因素，采用遗传算法迭代出 4 个具有成本优势的备选方案；第二步利用层次分析法和 ISM 结合的方法，以社会效益、环境保护等考虑目标，使得选址结果更具合理性。朱辉（2008）根据物流节点的特征、功能及将不同目标给予不同权重，建立物流节点评价指标体系，结合 TOPSIS 和灰关联的优点，并使用信息熵来评定各评价指标的权值，利用加权灰和理想关联熵法来进行物流节点选址求解。

2. 单个和多个物流节点选址

与单个物流节点选址问题相比较，多个物流节点的选址要复杂得多。单个物流节点选址主要以运输问题为研究对象，而多个物流节点需要综合考虑多个影响因素。

（1）单个物流节点选址问题。早期的物流节点选址问题多集中再单个物流节点选址。例如，崔珊珊（2010）为了消除专家评分时带有的主观倾向，对多个专家的评分进行排序，运用三角函数模糊数的运算法则，依次向上求解最后备选方案的综合得分，并运用模糊排序对备选方案排序以获得最优方案。许德刚（2010）基于选址影响因素的特点，应用人工神经网络模型，并结合遗传算法来优化神经网络模型，并在变异算子中增加禁忌表，以避免遗传算法局部最优，有效求解粮油物流中心的最优选址方案。

（2）多个物流节点选址问题。近年来，许多学者对多个物流节点的选址问题进行了研究，如李艳冰（2012）采用蚁群算法求解多个物流节点的选址问题，使蚁群共用一个禁忌表，并引入代价引导函数来改进概率选择规则，该模型可以直接获得多个物流节点的选址，同时具有良好的收敛性，最后通过算例验证其有效性。李莹（2003）构建供应链网络设施选址模型，可以解决多级物流中心选址和供应链网络布局问题。将经典重力模型中的运输成本系数变换为可以随迭代过程发生变化的变量，使重力模型在理论上更具合理性。

3. 离散型和连续型选址问题

物流节点选址问题在空间选择上可以分为离散型和连续型选址。连续型选址假设选址可以空间中所有可能的点；离散型选址是在客观分析基础上，找出备选的地点进行选址分析。

（1）连续性选址问题。连续性选址模型假设节点的选址可以是坐标中的任意点，重心法是典型的连续性选址模型。鲁晓春（2000）提出重心法选址结果是不合理的，指出其中的错误所在。重心法的最大优点是方法简单易行，但由于考虑因素单一，不考虑实际地理状况，使得结果可能选在不可能建设物流节点的地点，例如在大桥、江海或街道上。但并不是说重力模型无法使用，可以结合实际情况，在重力模型的最佳点附近，选择几个备选地点，为进一步选址提供选择。

（2）离散型选址问题。在实际的选址过程中，离散型模型多被采用。离散型模型一般在几个备选地点中进行选址，这种方法更符合土地利用发展的实际情况。总结前人的研究成果，主要有鲍姆尔－沃尔夫模型、双层规划模型、动态规划模型、混合整数规划模型。离散型模型多是在客户需求、各种成本、距离等条件都确定的基础上，通过以总成本最小化建立目标函数，并添加若干约束条件构建模型，不同的是总成本的组成不同，或是考虑的约束条件有所不同。

4. 静态选址和动态选址问题

（1）静态选址问题。早期的选址研究多采用静态选址模型，输入数据一般是过去某基础年的数据，不考虑未来的变化，因而最终的选址方案可能会随着未来形势的变化而在成本、效率、服务水平上不具最优性。

（2）动态选址问题。动态选址则以考虑短期、中期和长期的预测数据为基础，进行动态网络节点的规划，有些节点可能会随着时间的变化关闭或从新开启。Francisco Saldanha da Gama 和 Maria Eugenia Captivo（2010）采用两阶段启发式算法求解动态离散型选址问题，研究新建和关闭成本，解决中长期的物流网络布局问题。Owensn（1998）从客观实际情况出发，考虑需求的随机性和环境发展的动态性，构建随机选址模型和动态选址模型。徐利民（2003）考虑到静态模型不能针对时间变化做出选址判断，采用动态规划的思想进行求解，为企业如何在短期、中期和远期做出选址决策，特别对于租用物流设施的企业决策具有参考价值。

5. 确定型选址和不确定型选址

（1）确定型选址。早期的研究多集中于确定型选址模型，假设顾客需求、运输成本、距离等已知条件是确定的，构建确定型选址模型。

（2）不确定型选址。不确定性在供应链与物流系统中普遍存在，不论是上游供应商的供给，还是顾客的需求都不断发生变化，存在普遍的不确定性，因而不确定型选址模型更符合客观需要。Chopra（2003）研究了设备失灵导致的生产供应的不确定性，进一步研究了设备失灵带来的风险，引入了无容量限制的选址模型，指出通过增加一定固定费用，可以提升设备的稳定性，能有效减少设备故障引起的供应不确定性。张勇（2009）针对过去模型仅考虑顾客的需求只由一个物流节点服务满足，与现实顾客需求可以由多个物流节点服务满足不同，构建双层规划模型，考虑顾客需求的不确定性，引入启发式算法进行求解，结果更符合实际需要。

7.1.2 物流节点选址模型及算法

总结前人研究文献使用的模型和算法主要有：双层规划法、Baumol - Wolfe、遗传算法、神经网络、蚁群算法、退火算法。

1. 双层规划法

双层规划是针对两个决策问题的数学模型，分为上层目标和下层目标，它们均具有自己的目标函数和约束条件。上层目标和下层目标相互约束和影响，是具有双层递阶结构的优化问题。对双层规划模型的求解十分复杂，算法研究还处于起步阶段，有不少论文研究将智能算法应用于双层规划问题。段刚（2011）不仅考虑现有竞争对手，还要预测未来可能的竞争对手，构建“原有配送中心—新建配送中心—未来加入配送中心”框架下的双层规划模型，采用遗传算法进行求解，通过算例验证此模型与算法可以有效提高新建配送中心的竞争力。廖英武（2008）对影响供应链环境下配送中心选址的多重因素进行分析，并考虑配送中心建成后的竞争问题，构建双层规划选址模型，并采用混合遗传算法求解，使配送中心选址更有实际意义和指导作用。

2. Baumol - Wolfe 动态规划模型

Baumol 和 Wolfe 构建了一种适合多个配送中心选址问题的整数规划模型：以往多数研究均假设顾客的需求量、配送成本等因素为已知量，且固定不变，但客观上配送中的这些变量均可能发生改变。因此，为了构建更加符合实际情况的动态模型，第一步将未来规划时期分成若干阶段，然后以每个阶段内顾客需求和运输成本的动态性为切入点，构建改进的 Baumol - Wolfe 选址模型，将动态规划问题转化为多阶段的选址问题求解，使得规划方案不但满足在整个规划期内的总费用最低，而且可以满足不同时间段的客户需求。

3. 遗传算法

遗传算法借鉴了达尔文的生物进化理论和孟德尔的遗传学说，以模仿生物进化原理为基础发展起来的一种高效、并行、全局搜索方法。遗传算法以适者生存为原则进行运算，在潜在的解决方案种群中逐次产生一个近似最优解的方案，它能在搜索过程中自动获取和积累有关搜索空间的知识，并自适应地控制搜索过程以求得最优解。周兴龙（2010）建立了单点物流选址决策模型，设计遗传算法进行求解，以北京市家乐福为案例进行实例计算，使用 VBasic 6.0 软件进行编码，得到模型的全局最优解或近似全局最优解。

4. 神经网络算法

神经网络又称人工神经网络，是在现代神经生物学研究成果基础上发展起来的一种模拟人脑信息处理机制的网络系统，它不但具有处理数值数据的一般计算能力，而且还具有处理知识的思维、学习和记忆能力。许德刚（2010）研究人工神经网络和选址影响因素之间的特征，构建通过遗传算法优化的神经网络模型，并针对遗传算法容易陷入局部最优的问题，在变异算子中引入禁忌表，有效解决配送中心的选址问题。

5. 蚁群算法

蚁群算法又称蚂蚁算法，是一种用来在图中寻找优化路径的机率型算法。它由 Marco Dorigo 于 1992 年在他的博士论文《Ant System：Optimization by a Colony of Cooperating Agents》中提出，其灵感来源于蚂蚁在寻找食物过程中发现路径的行为。蚁群算法是一种模拟进化算法，初步的研究表明该算法具有许多优良的性质。秦固（2006）构建了多物流配送中心选址问题的蚁群算法模型，将物流节点选址转变为一个聚类问题，聚类准则设为物流总成本最低，模拟蚂蚁将食物聚集的行为模式来设定蚂蚁的禁忌列表、信息素更新方式和转移概率，进行了基于蚁群优化的选址算法的多物流节点选址的仿真实验，仿真结果显示该算法能得到与实际相符的物流节点选址最优解，适合多种不同物流节点模型选址。

7.1.3 国内外研究小结

从文献研究来看，以往的学者在物流节点选址方面取得了相当多的研究成果，为本文的研究提供了良好的基础，但仍然存在理论系统和实践应用的不足，主要包括：

1. 多个物流节点的研究不足

以往的研究多数集中在单个物流节点的选址研究，虽然有学者涉及多个物流节点的研究，但往往关注于某一具体模型的构建和算法求解的研究，理论研究缺乏系统性。

2. 很少文献涉及多级物流节点的选址

现实物流网络中物流节点是分级进行物流配送的，例如通过长途运输至物流园区，再从物流园区配送至下一级物流中心，再配送至配送中心，如何解决多级物流节点选址问题理论研究较为欠缺，模型的构建和求解问题仍需进一步研究。

3. 多是研究确定条件下的选址模型

多数研究集中于确定条件下的物流节点选址，只有少数研究考虑在不确定环境下的物流节点的选址。实际上，客户需求、各种成本、供应等往往是动态变化的，需要根据不同阶段不断调整，因而不确定环境下的动态选址是更符合实际的研究方向，也是当前研究的重点。

4. 多是静态物流节点选址研究

多数研究主要集中在某一时点静态选址模型的改进和求解方法的优化，而物流选址属于战略问题，短期内的优化方案长期来看往往并非最优，因而需要针对长期的环境变化进行动态物流选址的研究。

7.2 物流节点动态布局优化模型及其求解算法

7.2.1 研究对象

区域物流枢纽城市是所在区域物流系统的核心，是连接不同区域间物资流通的要地，具有较强的物流服务辐射带动能力。在区域物流网络中，区域物流枢纽城市支撑着区域内以及不同区域间的物流往来，海、陆、空不同运输方式在区域物流枢纽城市汇集，按照科学合理的规划组织，并和各个物流节点设施（物流园区、物流中心、配送中心）等物流资源结合起来，形成配置合理、功能完善的区域物流枢纽城市微网络体系，以实现区域物流整体效率的提升。区域物流枢纽功能的实现是依靠枢纽内部的各个要素的合理配合，物流节点是区域物流枢纽主要物流活动所在地，枢纽内各级物流节点设施的合理布局是实现区域物流枢纽功能的基础支撑条件。

区域物流枢纽城市内的物流节点按照从上而下的层次划分，包括物流园区（物流基地）、物流中心、配送中心。本章的主要研究内容是针对区域物流枢纽城市在区域物流网络中的地位和功能，对其内部的各级物流节点进行有机的合理布局，以实现区域物流枢纽在物流网络中的中枢和转换的功能。简言之，本章的研究对象是物流网络中区域物流枢纽内部各级物流节点设施的布局规划问题。区域物流枢纽的层次划分属于宏观问题，区域物流枢纽内各级节点的布局问题属于中观问题，如图 7 - 1 所示。

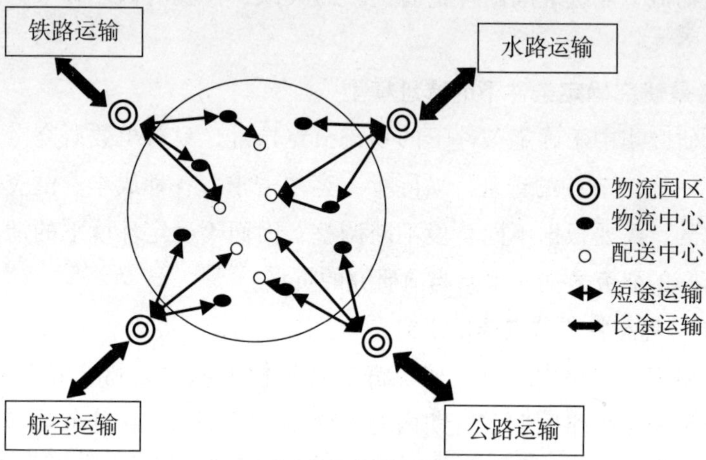

图 7 - 1　物流枢纽内部节点设施布局

区域物流枢纽内物流节点设施的布局问题是一个长期的战略决策问题，可能会跨越十几年甚至更长的时间。随着社会、经济、技术和理念的发展，物流环境、物流技术和模式也会发生变化，因此从长期看这是一个动态选址布局问题，应构建动态选址模型。

7. 2. 2　问题描述

区域物流枢纽城市为了更好地布局枢纽内的物流设施，对辐射地区未来短期（5 年）、中期（10 年）和长期（15 年）的物流需求进行预测。根据需求变化分阶段地进行规划，即分短期（1 ~ 5 年），中期（6 ~ 10 年）和长期（11 ~ 15 年），进行区域物流枢纽城市内的物流节点设施布局，以不断适应需求的变化。物流节点设施包括物流园区（一级物流设施）和物流中心（二级物流设施）。已知条件包括：

（1）备选的物流园区共有 n_1 个，物流中心共有 n_2 个，假设该地区的物流需求点有 k 个；

（2）通过分析测算，已知各级物流节点设施的固定建设成本，可以建设的规模、单位的变动成本、可扩建的容量和扩建成本等相关成本；

（3）每个物流需求点在短期、中期和长期的物流需求预测值；

(4) 每个物流需求点到每个备选物流节点设施之间的距离和运输成本;

(5) 物流节点设施关闭的变迁成本。

求解: 区域物流枢纽内物流设施(物流园区和配送中心)合理的布局与规模。

7.2.3 数学模型

1. 符号说明

P ——代表区域物流枢纽城市的运输港站(空港、铁路货运站、港口和公路货运站)的集合;

I ——代表物流园区备选点集合;

J ——代表物流中心备选点集合;

D ——代表客户需求点集合;

N ——代表货物类型集合;

T ——代表物流规划时间段集合;

C_{pi}^{n} (t) ——代表 t 时期从交通港站 p 到物流园区 i 的运输货种 n 的单位运输成本;

C_{ij}^{n} (t) ——代表 t 时期从物流园区点 i 到物流中心 j 的运输货种 n 的单位运输成本;

C_{jd}^{n} (t) ——代表 t 时期从物流中心 j 到顾客需求点 d 的运输货种 n 的单位运输成本;

D_{d}^{n} (t) ——代表 t 时期顾客需求点 d 对第 n 种货物的需求量;

Cp_{i} (t) ——代表 t 时期物流园区 i 的设计物流处理能力, 可分为 $Cp_{i}^{1}(t)$ (规模大、处理能力强) 和 Cp_{i}^{2} (t) (规模小, 处理能力弱), $i \in I$;

F_{i} (t) ——代表 t 时期建设物流园区 i 的固定成本, F_{i}^{1} (t) 代表规模大的物流园区的固定成本, F_{i}^{2} (t) 代表规模小的物流园区的固定成本, $i \in I$;

Cp_{j} (t) ——代表 t 时期物流中心 j 的设计物流处理能力, 可分为 Cp_{j}^{1} (t) (规模大、处理能力强) 和 Cp_{j}^{2} (t) (规模小, 处理能力弱), $j \in J$;

F_{j} (t) ——代表 t 时期建设物流中心的固定成本, F_{j}^{1} (t) 代表规模大的配送中心的固定成本, F_{j}^{2} (t) 代表规模小的物流中心的固定成本, $i \in I$;

$Q_i^1(t)$，$Q_j^2(t)$——分别代表 t 时期物流园区 i 和配送中心 j 的单位营运成本；

$X_i^1(t)$，$X_j^2(t)$——分别代表 t 时期物流园区 i 和物流中心 j 的物流量；

e_i^t——代表 t 时期物流园区 i 进行扩能的扩建成本；

e_j^t——代表 t 时期物流中心 j 进行扩能的扩建成本；

L_k^t——代表 t 时期关闭物流节点 k 剩下的残值，将物流节点的残值折算成关闭年的现值；

q_k^0——代表物流节点 k 的投资回收期；

r——代表资金的贴现率；

$Dec(f)$——代表符号函数，$Dec(f)=\begin{cases}1 & f>0\\0 & f<0\end{cases}$

2. 决策变量

$X_{pi}^n(t)$——代表 t 时期由交通港站 p 流向物流园区 i 的第 n 种货物的物流量；

$X_{ij}^n(t)$——代表 t 时期由物流园区 i 流向物流中心 j 的第 n 种货物的物流量；

$X_{jd}^n(t)$——代表 t 时期由物流中心 j 流向客户需求点 d 的第 n 种货物的物流量；

$Y_i(t)$——代表 t 时期候选物流园区 i 是否运作的指示变量，其值为 1 代表运作，为 0 代表不运作；

$Y_j(t)$——代表 t 时期备选物流园区 j 是否扩能的指示变量，当其值为 1 代表要扩能，为 0 代表不扩能；

$E_j(t)$——代表 t 时期备选物流中心 j 是否扩能的指示变量，当其值为 1 代表要扩能，为 0 代表不扩能；

$T=\{1,\ 2,\ 3,\ \cdots,\ 15\}$

$X=\{X_{pi}^m(t),\ X_{ij}^m(t),\ X_{jd}^m/i\in I,\ j\in J,\ t\in T,\ d\in D\}$

$Y=\{Y_i(t),\ Y_j(t),\ t\in T\}$

$E=\{E_i(t),\ E_j(t),\ t\in T\}$

3. 数学模型

$$\min NPV(X,Y,E)=\sum_{t\in T}\{[OP(X,Y,t)+F(Y,t)+EX(Y,t)]\times(1+r)^{-(t-1)}\} \tag{7-1}$$

其中：

$$OP(X,Y,t)=\sum_{m\in M}[\sum_{p\in P}\sum_{i\in I}C_{pi}^{n}X_{pi}^{n}(t)+\sum_{i\in I}\sum_{j\in J}C_{ij}^{n}X_{ij}^{n}(t)+\sum_{j\in J}\sum_{n\in N}C_{jd}^{n}(t)X_{jd}^{n}(t)] \tag{7-2}$$

$$F(Y,t)=\sum_{i\in I}F_i(t)y_i+\sum_{j\in J}F_j(t)y_j \tag{7-3}$$

$$EX(Y,K)=\sum_{i\in I}e_i^tZ_i(t)+\sum_{j\in J}e_j^tZ_j(t)-\sum_{k\in I\cup J}S_k^t[Y_k(t-1)-Y_k(t)] \tag{7-4}$$

约束条件如下：

$$\sum_{n\in N}\sum_{j\in J}X_{ij}^{n}(t)\leqslant Y_iCp_i(t)\quad\forall i\in I,t\in T \tag{7-5}$$

$$\sum_{n\in N}\sum_{d\in D}X_{jd}^{n}(t)\leqslant Y_jCp_j(t)\quad\forall i\in J,t\in T \tag{7-6}$$

$$\sum_{j\in J}X_{jd}^{n}(t)=D_d^n(t)\quad\forall d\in D,n\in N,t\in T \tag{7-7}$$

$$\sum_{i\in I}X_{ij}^{n}(t)=\sum_{d\in D}X_{jd}(t)\quad\forall j\in J,n\in N,t\in T \tag{7-8}$$

$$\sum_{n\in N}\sum_{j\in J}X_{ij}^{n}(t)=X_i^1(t)\quad\forall i\in I,t\in T \tag{7-9}$$

$$\sum_{n\in N}\sum_{d\in D}X_{jd}^{n}(t)=X_j^2(t)\quad\forall j\in J,t\in T \tag{7-10}$$

$$Z_i(t)=Dec[X_i^1(t)-Y_iCp_i(t)]\quad\forall i\in I,\ t\in T \tag{7-11}$$

$$Z_j(t)=Dec[X_j^2(t)-Y_jCp_i(t)]\quad\forall j\in J,\ t\in T \tag{7-12}$$

$$X_{pi}^{n}(t)\geqslant 0\quad\forall_i\in I,\ p\in P,\ n\in N,\ t\in T \tag{7-13}$$

$$X_{ij}^{n}(t)\geqslant 0\quad\forall i\in I,\ j\in J,\ n\in N,\ t\in T \tag{7-14}$$

$$X_{id}^{n}(t) \geq 0 \quad \forall i \in I,\ n \in N,\ d \in D,\ t \in T \tag{7-15}$$

$$X_{jd}^{n}(t) \geq 0 \quad \forall j \in J,\ n \in N,\ d \in D,\ t \in T \tag{7-16}$$

$$Y_i(t) = \{0,\ 1\} \quad \forall i \in I,\ t \in T \tag{7-17}$$

$$Y_j(t) = \{0,\ 1\} \quad \forall j \in J,\ t \in T \tag{7-18}$$

在上述区域物流枢纽内部节点设施布局模型中，其目标函数代表整个规划期内总成本的净现值最小，总成本包括三个部分：第一项代表整个区域物流枢纽微网络内的运输成本；第二项代表各级物流节点设施的固定建造成本；第三项是各级物流节点设施扩建或关闭的成本。

约束条件（7－5）代表进入物流园区（一级节点设施）的物流量要小于其最大容量；约束条件（7－6）代表进入物流中心（二级节点设施）的物流量要小于其最大容量；约束条件（7－7）代表从各个物流节点设施到某个客户的物流量等于客户的需求；约束条件（7－8）代表物流中心（二级节点设施）输入量等于输出量；约束条件（7－9）代表进入物流园区的物流量；约束条件（7－10）代表进入物流中心的物流量；约束条件（7－11）至（7－12）分别对已经营运的物流园区和物流中心是否需要扩建；约束条件（7－13）至（7－15）表示进入各物流节点设施的物流量大于等于零；约束条件（7－16）、（7－17）判断各级物流节点设施在 t 时期是否营运。

7.2.4 求解算法分析

1. 总体的计算方法与思想

步骤1：采用枚举计算法，标定物流节点的适宜数量，记由枚举计算法计算出的一级物流节点和二级物流节点的数量分别为 $n(1)$，$n(2)$。

步骤2：以 $I=\{i/i\in[n(1)-k_1,\ n(1)+k_1],\ i>0\}$

$J=\{j/[n(2)-k_2,\ n(2)+k_2],\ j>0\}$

其中，k_1，k_2 为自然数，其取值根据实际的物流网络规模，一般取 k_1 的值为1，而 k_2 的值为2，以此将标定参数作为一级物流节点数量的合理区间。

步骤3：分别从 I，J 集合取值配对 $(n_i,\ n_j)$，$n_i\in I$，$n_j\in J$，由此得到适宜的一级物流节点和二级物流节点预案；在此基础上通过使用匈牙利法——粒子群算法确定在该预案下物流节点选址及其配送流量优化问题的最优解，

其目标函数值记为 $Z_1 = (n_i, n_j)$。

同理，计算所有可行预案，计算最优解，记为：$Z_1^* = \min\{Z_1(n_i, n_j), n_i \in I, n_j \in J\}$，该方案为 $T=1$ 时期的最佳预案。

步骤4：将 $T=2$ 时期的各需求点的物流量加载分配到 $T=1$ 时期最佳预案的网络上，并利用匈牙利法确定枢纽及其流量。如果所有的物流配送流量均已分配到网络上，转至步骤9，否则转至步骤5。

步骤5：判断未完成分配的需求点附近的物流节点是否需要扩充容量，并计算完成分配所需要的最小扩建费用，记为 $Z_2 = (E)$。

步骤6：判断未完成分配的需求点附近是否需要开放新节点，并计算完成分配所需要的最小新建费用，记为 $Z_2(O)$。

步骤7：比较 $Z_2(E)$ 与 $Z_2(O)$ 值的大小，若 $Z_2(E) < Z_2(O)$，则进行扩充容量；否则进行开放新节点。由此，可得到容量无法满足需求时 $T=2$ 时期的最优预案，转至步骤9。

步骤8：计算物流节点的效率并排序；判断效率较低的物流节点是否可以停止运营，由此可以得出容量远超过需求时 $T=2$ 时的最优预案，转步骤9。

步骤9：将 $T=3$ 时的流量加载到 $T=2$ 时的优化配置网络中，将步骤4至步骤8循环操作，然后计算 $T=3$ 时期的最优方案。

步骤10：输出 $T=1$ 到 $T=3$ 时期的最优方案。

2. 基于匈牙利法——粒子群算法的扩展运输问题求解

由运输枢纽节点、一级物流节点、二级物流节点和物流需求点构成的多层次物流网络流量分配问题，可以将其分解成三个子问题去求解（综合运输枢纽节点与一级物流节点的分配问题；一级物流节点与二级物流节点的分配问题；二级节点与物流需求点之间的分配问题），然后确定一级物流节点和二级物流节点的选址，再在物流网络中完成流量分配的预案，并利用匈牙利法选定采用的综合运输枢纽节点。其主要流程为：

步骤1：设定参数，包括进化最大代数 *Max_gen*，种群大小 *Popsize*，交叉概率 P_c，变异概率 P_m。

步骤2：对种群中所有个体粒子的方位参数和速度参数采用均匀分布的数据格式进行初始化生成。

设定种群中个体粒子数量为 N，则随机生成如下矩阵：

$$\begin{bmatrix} x_{11} & x_{12} & \cdots & x_{1n} & v_{11} & v_{12} & \cdots & v_{1n} \\ x_{21} & x_{22} & \cdots & x_{2n} & v_{21} & v_{22} & \cdots & v_{2n} \\ \vdots & \vdots & & \vdots & \vdots & \vdots & & \vdots \\ x_{N1} & x_{N2} & \cdots & x_{Nn} & v_{N1} & v_{N2} & \cdots & v_{Nn} \end{bmatrix} \tag{7-19}$$

其中，$\{x_{ij}, i=1, 2, 3, \cdots, n, j=1, 2, 3, \cdots, n\}$是个体粒子 i 的方位参数 j，v_{ij}是个体粒子的速度参数。

步骤3：适应度计算。根据求得的目标函数值，计算各个体粒子的适应度函数，并完成函数值的归一化与正定化处理工作。

步骤4：计算粒子所经历的最好方位。

$$pbest_i(t+1) = \begin{cases} pbest_i(t), \text{当} f(x_1(t+1), x_2(t+1), \cdots, x_n(t+1)) < pbest_i(t) \\ x_i(t+1), \text{当} f(x_1(t+1), x_2(t+1), \cdots, x_n(t+1)) > pbest_i(t) \end{cases} \tag{7-20}$$

计算全局最优方位。

$$Gbest_i(t) = \max\{f(pbest_i(t)), f(pbest_2(t)), \cdots, f(pbest_n(t))\} \tag{7-21}$$

步骤5：依据下式更新并优化个体粒子关于方位与速度的参数信息。

$$v_{ij}(t+1) = v_{ij} + c_1 r_1 (pbest_i(t) - x_{ij}(t)) + c_2 r_2 (Gbest_i(t) - x_{ij}(t)) \tag{7-22}$$

$$x_{ij}(t+1) = x_{ij}(t) + v_{ij}(t+1) \tag{7-23}$$

其中，c_1和c_2为学习速率，r_1和r_2为在［0，1］上均匀分布随机生成的数值。

步骤6：判断迭代次数是否等于最大代数 Max_gen，若没有，转至步骤2；否则输出计算结果与相应预案。

步骤7：采用匈牙利法求解综合运输枢纽的选择与流量分配。

粒子的编码采用二进制编码，编码形式如下：［u_1，u_2，…，u_m | v_1，v_2，…，v_n］，若 $u_1=1$ 表示在第 i 个节点修建一级节点。若 $v_i=1$ 表示在第 j 个节点修建二级节点。

3. 枚举计算法

步骤1：令一级物流节点数目 $n(1)=0$，二级物流节点数目 $n(2)=$

0，物流需求点集为 M，一级节点 i 的剩余容量 $\nabla U1_i = U1$，$i \in I$，二级节点 j 的剩余容量 $\nabla U2_j = U2_j$，$j \in J$。

步骤 2：根据需求量大小对物流需求点 D_d，$d \in M$ 进行排序。

步骤 3：根据排序结果，选取需求量较大的物流需求点 d，并选取与该点距离最短的二级物流节点 j，判断 k 需求量与 j 节点剩余容量大小，若小于 $\nabla U2_j$，则将 d 所有需求量其分配给 j，并 $\nabla U2_j = \nabla U_j - D_j$，从 M 中删除 k 点；若大于 $\nabla U2_j$，并且 $\nabla U2_j > 0$，将 d 的部分需求量分配给 j，将未分配的需求量分配给其他距离较短的二级物流节点，从 M 中删除 d 点，$D_d = D_d - \nabla U2_j$。

步骤 4：若 $M = \Phi$，转步骤 5，否则转至步骤 3。

步骤 5：计算满足 $\nabla U2_j \neq U2_j$，条件二级物流节点的数目 $N2$，并 n（2）$= N2$。

步骤 6：令 $M = \{j / \nabla U2_j \neq U2_j,\ j \in J\}$，计算二级物流节点 j 有效需求，记为 $L2_j = U2_j - \nabla U2_j$，并将其按照需求量大小排序。

步骤 7：对一级物流节点进行分配，方法同步骤 3。

步骤 8：若 $M = \Phi$，转步骤 9，否则转步骤 7。

步骤 9：计算满足 $\nabla U1_i \neq U1_i$；条件一级物流节点的数目，并 n（1）$= N1$。

步骤 10：输出 n（1），n（2），完成算法。

7.2.5 算例分析

假设某物流枢纽为了适应未来物流需求发展变化，需要进行物流枢纽内部物流节点设施的布局规划。规划建设将分阶段地进行，分为近期、中期和远期。近期规划为第一个阶段（1～5 年），中期规划为第二个阶段（6～10 年），远期规划为第三个阶段（11～15 年）。在枢纽城市现有的主要交通与物流设施包括各种运输方式场站（机场、港口、铁路和公路货运场站），需要对一级物流节点设施（物流园区）及二级物流节点设施（物流中心或配送中心）进行布局规划。假设交通运输港站有 3 个，即机场、铁路货运场站、港口各 1 个。物流园区的候选地址有 5 个，二级物流节点的候选地址共有 18 个，假设该枢纽有包括枢纽之外的需求点 35 个。各个港站和物流节点设施的相关成本、距离参数如表 7－1 至表 7－6 所示，对该枢纽内部节点设施布局配置进行规划（说明：由于数据获取较为困难的原因，本算例中的数据均为模拟数据）。

表 7－1　一级物流节点（物流园区）备选地址的相关数据

序号	固定成本（万元）	小容量（万吨/年）	残值（万元）	固定成本（万元）	大容量（万吨/年）	残值（万元）	变动成本（元/吨）	单位扩建成本（万元/千万吨）
1	40000	3000	16000	60000	4500	24000	0. 3	12000
2	30000	3000	12000	53000	4500	21200	0. 25	12000
3	29000	3000	11600	51000	4500	20400	0. 28	12000
4	32000	3000	12800	48000	4500	19200	0. 26	12000
5	28000	3000	11200	50000	4500	20000	0. 25	12000

表 7－2　二级物流节点（物流中心或配送中心）备选地址的相关成本

序号	固定成本（万元）	小容量（万吨/年）	残值（万元）	固定成本（万元）	大容量（万吨/年）	残值（万元）	变动成本（元/吨）	单位扩建成本（万元/千万吨）
1	5000	1000	2000	9000	1600	3600	0. 5	18000
2	4700	950	1700	8000	1400	3200	0. 48	16000
3	4300	900	1900	8500	1500	3400	0. 48	17000
4	5500	1100	2200	10000	1700	4000	0. 5	20000
5	4000	800	1300	8000	1400	3400	0. 48	17000
6	4250	850	1740	8000	1400	3240	0. 5	16000
7	4000	800	1600	7000	1200	2800	0. 5	15000
8	3900	750	1560	6500	1100	2600	0. 48	13000
9	4400	920	1680	7500	1300	3000	0. 5	15000
10	5000	1000	2000	9200	1650	3680	0. 5	18500
11	3000	550	1200	4900	950	1960	0. 48	10000
12	3800	700	1520	7200	1250	2880	0. 5	15000
13	4000	800	1600	7600	1320	3040	0. 5	15000
14	3000	550	1200	5500	1050	2200	0. 5	11000
15	3900	750	1160	4800	960	1920	0. 5	10000
16	3800	700	1520	7300	1280	2920	0. 5	15000
17	3500	680	1400	6700	1150	2680	0. 48	14000
18	3000	500	1200	5500	1050	2200	0. 48	12000

表 7－3　　物流需求点的各时期的物流需求量表

（单位：万吨/年）

序号	时期		
	T_1	T_2	T_3
1	232	324.8	487.2
2	245	343	514.5
3	204	285.6	428.4
4	249	348.6	522.9
5	235	329	493.5
6	230	322	483
7	220	308	462
8	213	298.2	447.3
9	195	273	409.5
10	184	257.6	386.4
11	170	238	357
12	163	228.2	342.3
13	150	210	315
14	140	196	294
15	130	182	273
16	115	161	241.5
17	90	126	189
18	98	137.2	205.8
19	89	124.6	186.9
20	93	130.2	195.3
21	86	120.4	180.6
22	84	117.6	176.4
23	70	98	147
24	76	106.4	159.6
25	70	98	147
26	60	84	126
27	60	84	126
28	65	91	136.5

续表

序号	时期		
	T_1	T_2	T_3
29	50	70	105
30	55	77	115.5
31	40	56	84
32	45	63	94.5
33	55	77	115.5
34	48	67.2	100.8
35	40	56	84

表 7-4　运输场站与一级物流节点之间的运输成本（包括时间成本和距离成本）

（单位：元/吨）

C_{pi}	1	2	3	4	5
机场	10	7	5	12	16
铁路货运场站	8	5	10	7	6
港口	12	16	8	6	10

表 7-5　一级物流节点与二级物流节点之间的运输成本

（单位：元/吨）

C_{ij}	1	2	3	4	5	C_{ij}	1	2	3	4	5
1	8	14	19	6	5	10	11	16	5	8	8
2	18	14	12	16	17	11	8	8	16	10	15
3	16	17	7	18	18	12	13	10	12	9	11
4	6	19	15	17	10	13	14	9	10	9	7
5	10	8	8	7	16	14	14	8	8	14	10
6	14	19	8	19	21	15	14	13	5	16	6
7	15	13	17	13	16	16	9	6	9	8	16
8	11	18	17	7	8	17	11	17	16	7	19
9	12	14	6	9	14	18	10	16	12	6	15

表 7-6　　二级物流节点与物流需求点之间的运输成本

（单位：元/吨）

序号	分别到第 1~35 个物流需求点的运输成本
1	12，9，8，4，3，12，12，9，11，6，7，11，7，12，12，5，8，8，6，5，5，10，7，6，11，3，11，12，3，9，11，4，12，11，12
2	11，12，3，10，11，5，8，11，9，4，5，7，5，8，11，9，5，9，8，6，6，12，5，7，9，4，11，5，4，4，12，10，9，5，12
3	4，11，4，12，8，6，5，8，5，8，5，8，11，9，10，10，5，5，12，7，4，12，9，12，11，5，8，8，7，12，4，5，8，3，11
4	12，10，9，12，6，8，10，9，9，8，11，5，8，7，7，4，9，4，9，6，6，8，8，6，5，11，5，8，6，9，4，11，9，5，4
5	8，3，6，9，7，12，5，12，6，7，7，3，8，12，9，6，7，5，11，11，10，8，11，4，5，8，10，7，7，7，6，7，5，12，6
6	6，3，6，11，5，8，5，3，6，10，5，12，10，8，6，7，6，5，4，4，6，5，8，6，8，4，5，5，5，9，7，3，10，3，6
7	4，3，9，10，8，3，3，7，8，7，13，9，8，7，11，5，4，9，11，6，4，7，11，7，12，5，1，10，3，9，3，10，3，8，9
8	5，9，8，11，11，7，8，10，12，7，4，5，6，6，9，11，4，8，9，7，4，6，8，3，9，4，5，5，11，7，4，4，7，11，6
9	3，6，11，11，8，11，10，3，12，13，6，3，10，11，6，10，4，4，4，11，6，7，8，3，4，7，8，9，5，4，6，8，9，9，10
10	10，4，12，4，9，5，10，5，10，9，8，4，6，4，6，12，12，8，12，5，9，8，6，5，7，7，7，5，10，12，5，6，10，6，4
11	7，4，4，8，12，8，4，3，9，7，8，6，4，11，12，4，6，7，10，7，9，6，9，8，5，11，4，3，6，4，8，8，5，5，4
12	9，6，3，6，8，5，11，4，10，5，5，8，12，4，3，11，8，3，10，3，8，6，7，4，3，7，11，8，12，5，8，7，4，6，12
13	12，9，4，10，10，4，12，3，6，7，4，10，8，6，6，5，7，4，5，12，3，11，10，7，8，9，11，3，10，10，7，6，4，6，9
14	7，5，12，6，4，7，11，5，3，8，8，12，6，5，11，10，7，11，4，7，6，8，8，5，9，11，12，5，12，8，12，7，8，3，8
15	5，5，5，10，3，6，4，6，6，10，3，12，8，8，11，6，10，11，6，10，12，6，12，4，11，5，12，4，5，11，9，3，12，6，4
16	9，6，8，9，8，11，6，12，7，11，6，12，10，9，7，8，11，9，4，8，8，4，12，9，7，8，7，5，8，6，5，9，11，5，9

续表

序号	分别到第 1 - 35 个物流需求点的运输成本
17	9, 5, 8, 6, 8, 9, 9, 4, 7, 7, 9, 5, 9, 11, 5, 8, 8, 5, 3, 4, 8, 4, 10, 9, 3, 3, 5, 7, 6, 6, 9, 5, 11, 5, 6
18	11, 7, 10, 6, 12, 11, 3, 3, 11, 11, 3, 8, 4, 7, 6, 9, 6, 12, 5, 4, 12, 11, 5, 6, 7, 3, 5, 6, 4, 12, 11, 12, 11, 12, 4

按照上述算法，利用 matlab 编程计算得到结果如下：

对于 $T=1$ 时期，采用贪婪算法可以获得优化结果为二级物流节点数目 6 个，一级物流节点 2 个。考虑到贪婪算法得到的结果并非精确解，可适当地扩大搜索范围（见算法描述第二步）。对本算例而言，取二级物流节点数目取值为 6、7、8、9，一级流节数目点为 2 个。结合匈牙利法（针对交通节点到一级物流园区）与改进遗传算法（针对一级物流节点到后续的二级物流节点与物流需求点），求得该规划时期以内物流节点的最优设置为：一级节点 2 个，二级节点 6 个。计算结果如表 7 - 7 所示。

表 7 - 7　　各种合理配置的处理结果

一级物流节点数量（个）	2	2	2	2
二级物流节点数量（个）	6	7	8	9
目标函数值（万元）	153438	167459	174128	163735

经过遗传算法计算，年均总成本为 153438 万元，其中固定投资为 82800 万元，运输成本与时间成本之和为 70638 万元，且 $T=1$ 期间总费用现值为 661644.1 万元，详细结果如表 7 - 8 与 7 - 9 所示。

表 7 - 8　　$T=1$ 时运输场站、一级物流节点与二级物流节点间的运量分配

一级物流节点	运量分配							
	运输场站		二级物流节点					
	机场	铁路货运站	1	5	8	10	13	15
3	2044	0	0	698	0	608	0	738
5	0	2305	986	0	538	0	781	0

表 7-9　　$T=1$ 时二级物流节点到物流需求点的运量分配

二级物流节点	物流需求点							总量
1	4	5	10	16	20	26	29	
运量	249	235	184	115	93	60	50	986
5	2	7	12	25				
运量	245	220	163	70				698
8	1	17	24	27	30	31	33	
运量	232	90	76	60	55	40	55	608
10	13	14	15	23	34			
运量	150	140	130	70	48			538
13	6	8	18	19	21	28		
运量	230	213	98	89	86	65		781
15	3	9	11	22	32	35		
运量	204	195	170	84	45	40		738

采用遗传算法进行求解，经过 85 次迭代，收敛到最优结果。目标函数值在遗传进化过程中的曲线如图 7-1 所示（其中遗传参数设置为：$p_0=0.8$，$p_m=0.2$，$Popsize=30$，$Max\_gen=120$）。

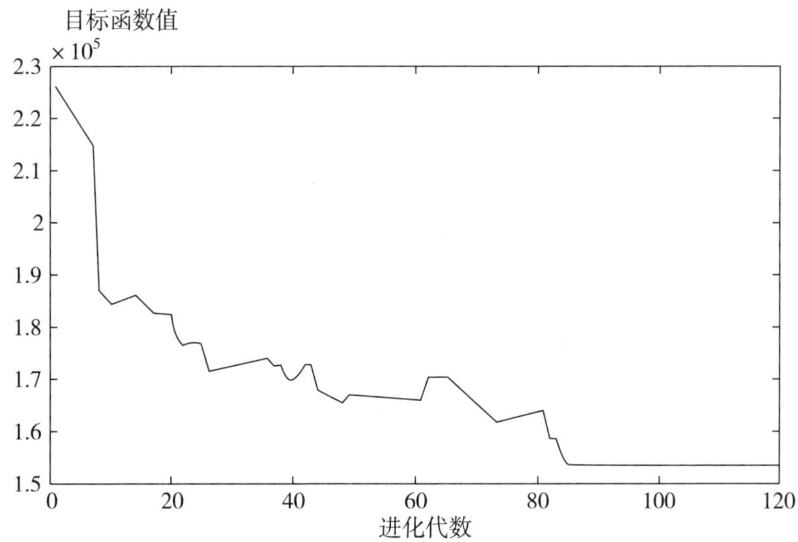

图 7-2　目标函数值在遗传进化过程中的曲线

根据启发式算法得到 $T=2$ 时期的优化结果如表 7-10、表 7-11 所示，

其中在 $T=1$ 的基础上，二级物流节点中新增了二级节点 3，并对二级节点 8 与 15 进行扩容；一级节点中，对一级节点 3 进行扩容。由此，可以得到 $T=2$ 时期内的优化运量。最终年均总成本为 214314.2 万元，其中固定成本为 112600 万元（含扩建成本），运输成本和时间成本为 101714.2 万元。$T=2$ 期间总费用现值为 924150 万元。

表 7-10　$T=2$ 时运输场站、一级物流节点与二级物流节点间的运量分配

一级物流节点	交通节点		二级物流节点						
	机场	铁路货运站	1	5	8	10	13	15	3
3	3351	0	0	667.6	0	871	0	912.4	900
5	0	2831.6	1000	0	1031.6	0	800	0	0

表 7-11　$T=2$ 时二级物流节点到物流需求点的运量分配

二级物流节点	物流需求点									总运量
1	4	5	10	16	20	26	29			
运量	249	235	70.8	161	130.2	84	70			1000
5	2	7	9	12	25					
运量	245	18.4	78	228.2	98					667.6
8	10	15	17	21	24	27	30	31	33	
运量	184.8	182	126	120.4	106.4	84	77	56	77	1013.6
10	2	4	8	13	23	34				
运量	98	99.6	298.2	210	98	67.2				871
13	6	14	18	19	28					
运量	322	196	137.2	53.8	91					800
15	5	9	11	19	22	32	35			
运量	94	273	238	70.8	117.6	63	56			912.4
3	1	3	7							
运量	324.8	285.6	289.6							900

根据启发式算法得到 $T=3$ 时期的优化结果如表 7-12、表 7-13 所示，其中在 $T=2$ 的基础上，二级物流节点中新增了二级节点 9、11、16，并对二级节点 13 进行扩容；一级节点中新增一级节点 2。由此，可以得到 $T=2$ 时期内的优化运量。

最终年均总成本为 306686.7 万元，其中固定成本为 157400 万元（含扩建成本），运输成本和时间成本为 149286.7 万元。$T=3$ 期间总费用现值为 1322472 万元。

表 7－12　$T=3$ 时运输场站、一级物流节点与二级物流节点间的运量计算

一级物流节点	运输场站		二级物流节点									
	机场	铁路货运站	1	3	5	8	9	10	11	13	15	16
2	0	2352.9	0	0	800	0	0	0	550	302.9	0	700
3	3780	0	0	900	0	0	920	1000	0	0	960	0
5	0	3000	1000	0	0	1046.8	0	0	0	953.2	0	0

表 7－13　$T=3$ 时二级物流节点到物流需求点的运量分配

二级物流节点	物流需求点							总运量
1	4	5	10	26	29			1000
运量	244.2	235	289.8	126	105			
3	3	9	34					900
运量	389.7	409.5	100.8					
5	2	12						800
运量	514.5	285.5						
8	10	11	12	13	17	24	31	1046.8
运量	96.6	212	50.4	255.2	189	159.6	84	
9	1	8	12					920
运量	487.2	426.4	6.4					
10	4	14	15	20	23	35		1000
运量	278.7	294	1	195.3	147	84		
11	3	13	16	27	30			550
运量	38.7	59.8	241.5	126	84			
13	6	8	18	21	25	28	33	1256.1
运量	483	20.9	205.8	180.6	147	103.3	115.5	
15	5	7	11	32				960
运量	258.5	462	145	94.5				
16	15	19	22	28	30			700
运量	272	186.9	176.4	33.2	31.5			

7.3 本章小结

本章主要是针对区域物流枢纽城市在区域物流网络中的地位和功能，对其内部的各级物流节点进行有机的合理布局，以实现区域物流枢纽在物流网络中的衔接和转换的功能。由于物流网络节点的选址决策属于战略决策，本章构建动态选址模型，并进行了算例分析。

8 研究结论与展望

8.1 主要研究工作

区域物流枢纽是区域物流网络的重要节点，是现代物流集约化、规模化、网络化发展特征下的必然产物，也是物流活动在网络规模经济驱动下形成的产业布局发展形态。本书主要以复杂系统理论、协同学理论、区位理论、空间经济学、运筹学、城市规划理论、城市交通规划理论等相关理论为指导，在分析国内外研究成果的基础上，研究区域物流枢纽演进机制及动态发展规划的问题。主要研究工作包括：

1. 对区域物流枢纽演化与发展的基础理论进行分析

通过对复杂系统论、区位及增长极理论、产业集群理论、协同学理论以及可持续发展的观点进行分析，探讨了这些理论对于区域物流枢纽的演进、规划和发展的重要启示，为后续章节的研究提供了理论基石。

2. 应用基础理论研究区域物流枢纽网络结构演化机理与动力

从区域物流发展规律层面，对区域物流网络结构的演化机理作了较详细的分析：论述了影响区域物流网络结构演化的外部影响因素；分析了区域物流网络结构演化的动力机制，分别就区域物流节点的空间相互作用机制、聚集与扩散作用、网络规模经济效应和节点竞争机制的作用进行了深入分析；探讨了区域物流枢纽形成机理，就基于区域经济演化的形成机理、基于城市范畴形成机理以及基于物流经济要素的运动的形成机理三个方面做了深入研究；指出了区域物流结构演化阶段和途径；阐述了区域物流枢纽的发展演变基础；提出了物流枢纽城市的发展模式。

3. 对区域物流网时间和空间的演化与生长规律进行建模研究

在研究演进机制、机理和规律的基础上，构建三个演化模型：区域物流网络时间演化模型、以节点吸引为基础的演化模型、基于各边非均衡权值的网络生长模型。分析结果表明，以物流节点成长为基础的区域物流网络演化，由于网络节点在选择与之连接的节点时具有择优性、不同吸引力、非均衡性，促进区域物流网络演进呈无标度网络，也就是具有层次网络结构。因而，通过三个演化模型进行了不同角度的分析和论证，对现实物流节点发展特点进行了理论探索和解释，也在理论上验证了前述章节对区域物流枢纽结构特征和演化机理的分析。

4. 构建区域物流枢纽分类的评价指标体系和聚类分析

首先，针对枢纽层次划分的影响因素分析，在对评价指标海选的基础上，采用因子分析对初始指标进行筛选和优化，构建了区域物流枢纽层次分类的宏观布局评价指标体系。其次，通过聚类分析，对一个区域不同物流节点根据构建的指标体系进行聚类分析。以期对我国区域物流枢纽的层次划分和发展规划提供理论基础。

5. 区域物流枢纽内的物流节点动态选址布局规划

针对区域物流枢纽城市在区域物流网络中的地位和功能，对其内部的各级物流节点进行有机的合理布局，以实现区域物流枢纽在物流网络中的衔接和转换的功能。由于物流网络节点的选址决策属于长期的战略决策，本书从短期、中期、远期三个时间阶段构建动态选址模型，并进行了算例分析。

8.2　主要创新点

本书主要的创新点包括：

（1）从区域物流枢纽的特征、演化的影响因素、动力机制、途径、阶段和模式等方面，全面、深入、系统的研究了区域物流枢纽的演变与发展的内在规律性问题。

（2）构建区域物流网络时间演化模型、以节点吸引为基础的演化模型、基于各边非均衡权值的网络生长模型；通过三个演化模型进行了不同角度的分析和论证，对现实物流节点发展特点进行了理论探索和解释。

（3）采用因子分析对区域物流枢纽层次划分构建了新的指标体系，引入了衡量区域物流枢纽的指标，通过AHP和层次聚类法将物流节点进行聚类和层次划分。

（4）对区域物流枢纽内部的物流园区、物流中心两个级别的物流节点设施，构建了近期、中期和远期的动态选址布局模型。

8.3 研究工作展望

本书虽然对区域物流枢纽特征、演进、发展以及规划问题进行了系统性的研究，但是仍然存在如下问题需要进一步开展深化研究。

（1）在区域物流枢纽演化模型中，仅仅考虑区域物流网络中点、线的连接以及线上的物流问题，而没有考虑信息流、资金流对网络发展演变的影响，从而对区域物流枢纽的演化造成的影响。

（2）在区域物流枢纽聚类分析中，可以进一步通过实证数据对各区域、都市圈、省市等进行物流节点的聚类分析，获得各个区域的物流节点的不同层次划分，来合理规划区域物流枢纽的建设与发展。

（3）电子商务的蓬勃发展，使得商流、信息流、资金流可以和物流分离，商业模式的变化导致未来物流发展模式与传统模式会有很大区别，物流枢纽的未来发展规划必然要考虑到这一趋势的巨大影响。

（4）区域物流枢纽效能评价体系的建设尚有待深化研究。区域物流枢纽规划任务的完成，仅仅是区域物流枢纽建设的第一步，要发挥区域物流枢纽的功能和作用，必须在规划的基础上对区域物流枢纽在区域物流中的组织、集聚效能进行评价和分析，以修正规划研究的偏差和不足。目前，关于区域物流枢纽规划评价方面的研究尚不深入，既有区域物流枢纽规划评价指标尚未形成系统性，很难对区域物流枢纽进行全面有效的评价，需要进行必要的研究和探索。

（5）区域物流枢纽内部节点设施的动态选址模型的求解算法，还可以采用其他算法进一步加以完善。

参考文献

[1] BOLTON, D ROSS. Industrial Structure and Economic Performance [M]. New York: Houghton Mifflin Company, 1993: 15-23.

[2] FRANCISCO J. Escobedo Value Chain on the Regional Logistics Planning System [M]. London: Pitman Publishing, 2001: 56-60.

[3] OLIVE FISHER. The Planning of Regional Logistics [J]. Journal of Melbourne University, 2002, 4 (2): 102-122.

[4] JORG ACKERMANN, EGON MULLER. Modelling, planning and Designing of Logistics Structures of Regional Competence - cell - based Networks with Structure Types [J]. Roboticsand Computer - Integreted Manufacturing, 2005, 6 (3): 6-14.

[5] EIICHI TANIGUCHI, MICHIHIKO NORITAKE, TADASHI YAMADA, et. Optimal Size and Location Planning of Public Logistics Terminals [J]. Transportation Research Part E, 1999, 35 (3): 207-222.

[6] EIICHI TANIGUCHI. City Logistics: Network Modeling and Intelligent Transportation System [M]. Oxford: Pergamon Press, 2001.

[7] TANIGUCHI EIICHI, THOMPSON RUSSELL G. Modeling City Logistics [J]. Transportation Research Record, 2002 (2): 45-51.

[8] YURIMOTO SHIGERU, KATAYAMA NAOTO. A Model for the Optimal Number and Locations of Public Distribution Centers and Its Application to the Tokyome tropolitanarea [J]. International Journal of Industrial Engineering: Theory Applications and Practice, 2002, 9 (4): 363-371.

[9] BOERKANMPS JHK, VANBINSBERGEN AJ, BOVY PHL. Modeling Behavioral Aspects of Urban Freight Movement in Supplychains [J]. Research Record, 2000 (1725): 17-25.

[10] 李旭宏，胡文友，毛海军．区域物流中心规划方法 [J]．交通运输工程学报，2002 (1): 85-87.

[11] 李春海，缪立新．区域物流系统及物流园规划方法体系 [J]．清

华大学学报：自然科学版，2004（44）3：398－401.

［12］李玉民，李旭宏，毛海军，等．主成分聚类分析在省域物流规划中的应用［J］．东南大学学报：自然科学版，2004，34（4）：549－552.

［13］林荣清．基于非均衡发展理论的区域物流系统规划模型研究［J］．西部科技，2004（12）：16－18.

［14］董千里，刘强，姚念轩．基于货运枢纽的区域物流系统研究［J］．物流技术，2005（7）：17－19.

［15］冯耕中．现代物流规划理论与实践［M］．北京：清华大学出版社，2005.

［16］韩美贵，周应堂．区域物流规划的研究［J］．铁道运输与经济，2006（4）：36－39.

［17］YAEL KONFORTY，ARIE TAMIR. The Single Facility Location Problem with Minimum Distance Constrains［J］. Location Science，1998，5（3）：147－163.

［18］TAMIR A. Locating two Obnoxious Facilities using the Weighted Maximin Criterion［J］. Operations Research Letters，2006，34（1），97－105.

［19］O'KELLY ME. Activity Levels at Hubfacilities in Interacting Networks［J］. Geographical Analysis，1986（18）：343－356.

［20］O'KELLY ME. A Geographer's analysis of Hub－and－Spoke network［J］. Journal of Transport Geography，1998，16（3）：171－186.

［21］GUNTHER ZPFET，MICHAEL WASNER. Planning and Optimization of Hub－and－Spoke Transpiration Networks of Cooperative Third－Party Logistics Providers［J］. Production Economics，2002（78）：207－220.

［22］NERO. A note on the Competitive Advantage of Large Hub－and－Spoke Networks［J］. Transportation Research Part E，1999（35）：225－239.

［23］冯湛青．长江经济带对上海集装箱枢纽港形成的促进作用［J］．特区经济，2006（2）：313－314.

［24］徐国平，宗蓓华．集装箱枢纽港形成机理探讨［J］．改革与战略，2007（10）：106－108.

［25］陆华，刘凯．物流枢纽形成与演进机理研究［J］．综合运输，2013（2）.

［26］周伟，姚志刚．公路运输枢纽形成机理与发展模式研究［J］．中外公路，2006，26（1）：5－8.

[27] 徐双应．公路货运枢纽站属性分析与发展模式重构［J］．公路交通科技，2004，21（4）：114－118.

[28] 姚志刚，武颖丽，周伟，等．公路运输场站空间结构演化分析［J］．长安大学学报：自然科学版，2007，27（2）：81－84.

[29] 姚志刚，周伟，王元庆．中国公路货运枢纽规模分布的分形特征［J］．交通运输工程学报，2009，9（4）：56－60.

[30] EIICHI TANIGUCHI，TADASHI YAMADA，YASUSHI KAKIMOTO. Models for Revaluating City Logistics Measures［J］. Proceedings of the Eastern Asia Society for Transportation Studies，2001，3（2）.

[31] 何明珂．高效物流体系为北京城市发展加速［N］．中国交通报，2003－08－27（3）.

[32] 鞠颂东，徐杰，卞文良，等．物流网络理论的提出与探究［J］．北京交通大学学报：社会科学版，2009，8（2）：16－20.

[33] 方虹．城市物流研究［M］．北京：高等教育出版社，2006.

[34] 张晓东．城市铁路物流园区选址规划方法［J］．城市交通，2009（5）.

[35] 彭欣，陈思源．现代城市物流规划的理论与实践研究［M］．北京：科学出版社，2012.

[36] 陶经辉．基于数据包络分析的物流园区投资规模规划方案评价［J］．系统工程理论方法应用，2006（2）：128－138.

[37] 王忠伟．我国物流园区规划中的战略问题［J］．四川经济管理学院学报，2008（4）：12－14.

[38] H S Nam，D W Song. Defining Maritime Logistics Hub And Its Implication for Container Port［J］. Maritime Policy & Management，2011，3（38）：269－292.

[39] HERCULES HARALAMBIDES，SIMME VELDMAN，ERICVAN DRUNEN，et al. Determinants of Aregional Port－Centric Logistics Hub：The Case of East Africa［J］. Maritime Economics & Logistics，2011（13）：78－97.

[40] DAOZHIZHAO，DEKUISUN，YOUDONGLI，et al. Research on Formation Mechanism of the Modern Regional Logistics Hub Based on System Dynamics［C］. System Science，Engineering Design and Manufacturing Informatization（ICSEM），2011.

［41］董雷，刘凯．北京市发展大型区域物流枢纽可行性分析［J］．综合运输，2007（6）：635－638.

［42］刘扬．区域物流枢纽城市内的物流节点布局研究［D］．北京：北京交通大学，2008.

［43］王淑琴．枢纽城市物流系统规划关键技术研究［D］．南京：东南大学，2005.

［44］O'KELLY ME. A Quadratic Integer Program for the Location of Interacting Hub facilities［J］. European Journal of Operational Research，1987，32（3）：393－404.

［45］AYKIN T. Lagrangian Relaxation Based Approaches to Capacitated Hub-and-Spoke Network Design Problem［J］. European Journal of Operational Research，1994，79（3）：501－523.

［46］FLEMING D K，HAYUTH Y. Spatial Characteristics of Transportation Hubs：Centrality and Intermediacy［J］. Journal of Transport Geography，1994，2（1）：3－18.

［47］BRYAN D L，O'KELLY ME. Hub－and－Spoke Networks in Air Transportation：Ananalytical review［J］. Journal of Regional Science，1999，39（2）：275－295.

［48］HORNER M W，O'KELLY ME. Embedding Economies of Scaleconcepts For Hub Network Design［J］. Journal of Transport Geography，1999，7（6）：101－112.

［49］丁金学，金凤君，王成金，等．综合运输枢纽的空间演进与发展机理［J］．地球科学进展，2012，31（4）：484－490.

［50］孟令兴．综合运输枢纽型经济的系统动力学模型构建与仿真研究［J］．中国铁路，2011（6）：38－42.

［51］马俊，荣朝和．交通网络演进的过程与机制研究［J］．物流技术，2012，31（2）：22－26.

［52］董千里，刘强，姚念轩．基于货运枢纽的区域物流系统研究［J］．物流技术，2006（7）：17－19.

［53］王战权．公路主枢纽向区域物流中心转化的方式和途径研究［J］．公路交通科技，2003，20（5）：138－142.

［54］刘念．陆港建设——构建区域物流枢纽的新思维［J］．综合运输，2010（6）：39－44.

[55] BOLTON ROSS. Industrial Structuring Economies Performance [M]. NewYork: Houghton Mifflin Company, 1993.

[56] MELENDEZ O, MARIA FERNANDA. The Logistics and Transportation Problems of Latin American Integration Efforts: The Andean Pact, a Case of Study [D]. Tennessee: The University of Tennessee, 2002.

[57] TAGE SKJOTT - LARSEN, ULF PAULSSON, STEN WANDEL. Logistics in the Oresund Region after the Bridge [J]. European Journal of Operational Research, 2003 (1): 247 - 256.

[58] 桂寿平，朱强，陆丽芳. 区域物流系统动力学模型及其算法分析 [J]. 华南理工大学学报：自然科学版，2003 (10): 36 - 40.

[59] 海峰，祖大为，杨明. 产业集群与区域物流网络空间系统演化机理研究 [J]. 物流工程与管理，2010，30 (12): 25 - 28.

[60] 杨光华，邹敏. 区域物流网络结构演化分析与实证 [J]. 物流科技，2010 (8): 40 - 42, 107.

[61] 李兆磊，吴群琪，张雅琪. 基于耗散结构理论的区域物流系统演化机理 [J]. 长安大学学报：社会科学版，2010 (4): 33 - 37.

[62] 王伟，黄莉，封学军. 基于耗散结构的区域物流系统科学发展机理研究 [J]. 中国市场，2010 (23): 9 - 12.

[63] 平海. 谈谈区域物流发展及规划 [J]. 中国物流与采购，2003 (5): 18 - 19.

[64] 王成金. 我国物流企业的空间组织研究 [D]. 南京：南京师范大学，2005.

[65] 张文尝，金凤君，荣朝和，等. 空间运输联系——理论研究、实证分析、预测方法 [M]. 北京：中国铁道出版社，1992.

[66] 况漠. 基于 TEB 演化机制的区域物流系统优化理论与方法研究 [D]. 成都：西南交通大学，2006.

[67] L AMARAL, J M OTTINO. Complex Networks: Augmengting the Framework for the Study of Complex Systems [J]. Science, 2004 (38): 147 - 162.

[68] 成思危. 复杂性科学探索 [M]. 北京：民主与建设出版社，1999.

[69] 约翰·冯，杜能. 孤立国同农业和国民经济的关系 [M]. 北京：商务印书馆，1997.

[70] 阿尔弗雷德·韦伯. 工业区位论 [M]. 北京：商务印书馆，1997.

［71］沃尔特·克里斯塔勒．德国南部中心地原理［M］．北京：商务印书馆．2010.

［72］廖什．经济空间秩序［M］．北京：商务印书馆，1995.

［73］陆大道．区域发展及其空间结构［M］．北京：科学出版社，1999.

［74］弗朗索瓦·佩鲁．增长极概念［J］．经济学译丛，1988（9）．

［75］颜鹏飞，邵秋芬．经济增长极理论研究［J］．财经理论与实践（双月刊），2001（2）：2－4.

［76］徐青青，廖立新．区域物流发展及研究综述［J］．物流技术，2006（4）：1－3.

［77］刘志学．现代物流手册［M］．北京：中国物资出版社，2001.

［78］保罗·克鲁格曼．发展地理学与经济理论［M］．北京：北京大学出版社，2000.

［79］冯耕中．现代物流与供应链管理［M］．西安：西安交通大学出版社，2003.

［80］海峰，张丽立，安进．怎样认识区域物流［J］．中国物流与采购，2003（10）：30－31.

［81］辞海编委会．辞海［M］．上海：上海辞书出版社，1999.

［82］王之泰．新编现代物流学［M］．北京：首都经济贸易大学出版社，2005.

［83］K. IO·斯卡洛夫．城市综合运输枢纽的发展［M］．北京：中国建筑工业出版社，1982.

［84］张国伍．交通运输规划决策支持系统［M］．北京：中国铁道出版社，1996.

［85］http：//www. gov. cn/zwgk/2009－03/13/content_ 1259194. htm.

［86］http：//www. gov. cn/gzdt/2013－10/18/content_ 2509728. htm.

［87］http：//www. china. com. cn/policy/txt/2011－03/30/content_ 22256905_ 3. htm.

［88］http：//finance. sina. com. cn/chanjing/cyxw/20141004/133320468310. shtml.

［89］http：//www. sdpc. gov. cn/zcfb/zcfbghwb/200906/t20090605_579688. html.

［90］http：//www. gov. cn/zwgk/2009－03/13/content_ 1259194. htm.

［91］张晓东．物流园区布局规划理论研究［M］．北京：中国物资出版

社，2004.

[92] 汉语大字典编辑委员会．汉语大字典 [M]．2 版．成都：四川出版集团・四川辞书出版社，2010.

[93] 刘振铎．新编中国四大辞书・现代汉语辞海 [M]．哈尔滨：黑龙江人民出版社，2002.

[94] 中国社会科学院语言研究所词典编辑室．现代汉语词典 [M]．6 版．北京：商务印书馆，2012.

[95] 夏征农，陈至立．辞海（典藏本） [M]．上海：上海辞书出版社，2011.

[96] 何明珂，等．中华人民共和国标准・物流术语 [S]．北京：中国标准出版社督局发布，2001.

[97] 华蕊．区域物流与区域经济的关系 [J]．物流科技，2004 (9)：78 – 79.

[98] 管楚度．交通区位论及其应用 [M]．北京：人民交通出版社，2000.

[99] 鞠颂东．物流网络：物流资源的整合与共享 [M]．北京：社会科学文献出版社，2008.

[100] HAGGETT P. Locational Analysis in Human Geography [M]. London：Edward Arnold Ltd，1965.

[101] 周涛，柏文洁，汪秉宏，等．复杂网络研究概述 [J]．物理，2005，34 (1)：31 – 36.

[102] 田野，刘大有，杨博．复杂网络聚类算法在生物网络中的应用 [J]．计算机科学与探索，2010，4 (4)：330 – 337.

[103] 郎丰平．区域物流网络系统规划研究 [D]．哈尔滨：哈尔滨工业大学，2006.

[104] 王子龙．区域物流网络结构及其功能研究 [D]．南京：南京航天航宇大学，2004.

[105] 翁克瑞．轴辐式物流网络设计的选址与线路优化研究 [D]．武汉：华中科技大学，2007.

[106] 张世翔．基于轴辐式网络模型的城市群物流配送系统规划研究 [D]．上海：同济大学，2006.

[107] 埃比尼泽霍华德．明日的田园城市 [M]．金经元，译．北京：商

务印书馆，2000.

［108］L C FREEMAN. Some Antecedents of Social Network Analysis［J］. Connections，1996（19）：39－42.

［109］A L BARABASI. Linked：The New Science of Networks［M］. Massachusetts：Persus Publishing，2002.

［110］艾尔弗雷德·D. 钱德勒．企业规模经济与范围经济［M］．北京：中国社会科学出版社，1999.

［111］FRIEDMAN J，WEAVER C. Territory and Function：The Evolution of Regional Planning［M］. London：Edward Amold，1979.

［112］http：//www. moc. gov. cn/zhuantizhuanlan/jiaotongguihua/shierwujiaotongyunshufazhanguihua/.

［113］查特菲尔德．时间序列分析导论［M］．北京：宇航出版社，1986.

［114］http：//baike. baidu. com/link? url＝qY4d－bzPmKOVlaHZseHUE6RXvloPbludeZ2Xgp2uWMb3U6d2YOxXjOm8_ r5M6QsWbDXereABrJWB99pS10xva.

［115］国家统计局城市社会经济调查司．城市统计年鉴［M］．北京：中国统计出版社，1993—2012.

［116］A L BARABASI. Linked：The New Science of Networks［M］. Massachusetts：Persus Publishing，2002.

［117］谭利．复杂网络模型及应用研究［D］．长沙：中南大学，2010.

［118］章忠志．复杂网络的演化模型研究［D］．大连：大连理工大学，2006.

［119］YANG B，LIU D Y，LIU J M，et al. Complex Network Clustering Algorithms［J］. Journal of Software，2009，20（1）：54－66.

［120］WATTS D J，Strogatz S H. Collective Dynamics of Small-World Networks［J］. Nature. 1998（393）：440－442.

［121］周琳，宋宇，刘艳伟．基于因子分析法的公司业绩评价［J］．经济经纬，2006（5）.

［122］刘圣春．基于因子分析的安徽省区域物流发展对策研究［J］．物流技术，2008，27（4）：76－78.

［123］刘明菲，周尧．物流产业集群创新能力影响因子分析与评价［J］. 商业研究，2008（10）：213－216.

［124］耿金花，高齐圣，张嗣瀛．基于层次分析法和因子分析的社区满

意度评价体系［J］．系统管理学报，2007，16（6）：673－677.

［125］傅新平，胡伶俐．基于云模型的综合交通系统服务水平评价［A］．2007年海峡两岸智能运输系统学术研讨会论文集［C］．天津：中国民航大学，2007.

［126］田园．综合运输枢纽客运站布局评价的定量优化方法研究［J］．交通标准化，2006（5）：32－36.

［127］李红启，刘凯．物流总量指标的构建与实证分析［J］．物流技术，2005（9）．

［128］汪波，杨天剑，赵艳彬．区域物流发展水平的综合评价［J］．工业工程，2005（1）：83－86.

［129］舒良友，李金华．对河南省物流业发展的综合评价［J］．经济论坛，2009（8）：71－73.

［130］李红启，刘凯，李电生．宏观物流指标体系研究［J］．北京交通大学学报：社会科学版，2005（3）：22－27.

［131］陈大伟，张鸽，李旭宏，等．城市对外客运枢纽综合评价研究［J］．交通与计算机，2007，25（1）：4－8.

［132］刘海强．城市化进程中干线公路网发展适应性评价体系研究［D］．南京：东南大学，2005（3）．

［133］叶静，黄德玉，陈琪名．国标《道路货物运输评价指标》的研究与制定［J］．交通标准化，2007（4）：17－21.

［134］中华人民共和国统计局．北京、上海、天津等31城市统计年鉴（2012—2013年）．北京：中通统计出版社．

［135］曾五一．统计学［M］．北京：北京大学出版社，2006.

［136］余锦华，杨维权．多元统计分析与应用［M］．广州：中山大学出版社，2006.

［137］王保进．多变量分析——统计软件与数据分析［M］．北京：北京大学出版社，2007.

［138］黄文江，李翔，林祥．基于Chameleon算法的文本聚类技术研究［J］．计算机技术与发展，2010，20（6）：1－4.

［139］曹长虎，李亚非．一种改进的Chameleon聚类算法［J］．科学技术与工程，2010，10（33）：8160－8163.

［140］蒋盛益，庞观松，张黎莎．Chameleon算法的改进［J］．小型微型

计算机系统，2010（8）：1643－1646.

［141］文俊浩，何光辉，任海军．利用改进变色龙算法进行有障碍物体聚类［J］．计算机工程与应用，2005（32）：28－29.

［142］张友，赵凤霞．基于 Chameleon 算法和谱平分法的聚类新方法［J］．大连民族学院学报，2010，12（1）：61－64.

［143］彭祖赠，孙锰玉．模糊（Fuzzy）数学及其应用［M］．武汉：武汉大学出版社，2002：142－144.

［144］CHAPMAN K，WALKER D. Industrial Location：Principles and Policies［M］. Oxford：Basil Blackwell，1987.

［145］孙会君．考虑路线安排的物流配送中心选址双层规划模型及求解算法［J］．中国公路学报，2003（2）：114－119.

［146］朱超才．供应链中配送中心选址模型的研究［J］．物流科技，2010（5）：56－59.

［147］丁浩．城市物流配送中心选址方法的研究［J］．华中科技大学学报：城市科学版，2004（3）：50－54.

［148］尚玲，物流配送中心选址模型及方法研究［M］．青岛：青岛大学，2010.

［149］朱辉，张为刚．冷链配送路径优化研究［J］．中国水运，2008（11）.

［150］崔珊珊．配送中心选址方法研究［J］．现代商业，2010（6）：10.

［151］许德刚．基于改进神经网络的粮食配送中心选址决策研究［J］．计算机应用研究，2010（3）：34－38.

［152］李艳冰．多物流配送中心选址及求解［J］．同济大学学报：自然科学版，2012（5）：789－799.

［153］李莹．供应链选址模型的改进及其在制造业中的应用研究［M］．北京：首都经济贸易大学，2008.

［154］鲁晓春．关于配送中心重心法选址的研究［J］．北京交通大学学报，2000（12）：108－110.

［155］FRANCISCO SALDANHA－da－Gama，ISABEL CORREIA，STEFAN NICK-EL. Single Assignment Location Problems with Multiple Capacity Levels［J］. Transportation Research Part B，2010（44）：1047－1066.

[156] OWENSN, DASKIN M S. Strategic Facility Location [J]. European Journal of Operational Research, 1998, 111 (3): 422-425.

[157] 徐利民. 仓储中心的动态规划选址及应用 [J]. 武汉理工大学学报: 交通科学与工程版, 2003 (2): 256-259.

[158] SUNIL CHOPRA, Designing the Distribution Network in a Supply Chain [J]. Transportation Research Part E, 2003 (39): 123-140.

[159] 张勇. 不确定多项目选址问题的微粒群优化算法 [J]. 系统仿真学报, 2009 (12).

[160] 段刚. 物流配送中心选址双层规划模型与算法 [J]. 交通运输系统工程与信息, 2011 (10): 126-129.

[161] 廖英武. 供应链环境下的物流配送中心选址研究 [D]. 长沙: 长沙理工大学, 2008.

[162] 李智勇, 林辉, 李伟. 基于 Baumol-Wolf 法连锁生鲜超市配送中心的布局 [J]. 物流科技, 2005, 28 (7): 19-23.

[163] 吴坚. 基于遗传算法的配送中心选址问题 [J]. 华南理工大学学报: 自然科学版, 2004 (6): 71-74.

[164] 周兴龙, 金鹏飞. 基于遗传算法的单点物流选址问题探析 [J]. 物流技术, 2010 (7).

[165] 许德刚. 基于改进神经网络的粮食配送中心选址决策研究 [J]. 计算机应用研究, 2010 (3): 34-38.

[166] 秦固. 基于蚁群优化的多物流配送中心选址算法 [J]. 系统工程理论与实践, 2006, 26 (4): 120-124.

附 录

附表 1　　31 个城市社会经济发展状况各指标原始数据

序号	城市	i_1 GDP（亿元）	i_2 GDP 增长率	i_3 人均 GDP（元）	i_4 全社会固定资产投资（亿元）	i_5 社会消费品零售总额（亿元）	i_6 第三产业的比重
1	北京	19500.6	0.077	93213	6847.1	8375.1	0.769
2	天津	14370.2	0.125	99607	9130.3	4470.4	0.481
3	石家庄	4863.6	0.095	46320	4400.0	2179.7	0.431
4	太原	2412.9	0.081	56547	1670.7	1281.5	0.548
5	呼和浩特	2710.4	0.112	90317	1504.8	1142.4	0.631
6	沈阳	7158.6	0.088	86850	6383.9	3186.1	0.435
7	长春	5003.2	0.083	66286	3408.4	1970.0	0.402
8	哈尔滨	5010.8	0.089	49565	5219.9	2728.3	0.534
9	上海	21602.1	0.077	90092	5647.8	8052.1	0.622
10	南京	8011.8	0.110	98011	5265.6	3504.2	0.544
11	杭州	8343.5	0.080	94566	4263.9	3531.2	0.529
12	合肥	4672.9	0.115	61555	4708.0	1480.8	0.394
13	福州	4678.5	0.115	63740	3834.2	2681.7	0.458
14	南昌	3306.1	0.107	64678	2909.8	1270.2	0.398
15	济南	5230.2	0.096	74717	2638.3	2633.9	0.553
16	郑州	6201.9	0.100	68070	4509.3	2586.4	0.416
17	武汉	9051.3	0.112	88564	6002.0	3878.6	0.477
18	长沙	7153.1	0.120	99570	4593.4	2802.1	0.408
19	广州	15420.1	0.116	119258	4454.6	6882.9	0.646
20	南宁	2803.5	0.103	38994	2475.1	1450.8	0.479
21	重庆	12656.7	0.123	42795	10429.6	4599.8	0.416

续表

序号	城市	i_1	i_2	i_3	i_4	i_5	i_6
		GDP（亿元）	GDP 增长率	人均 GDP（元）	全社会固定资产投资（亿元）	社会消费品零售总额（亿元）	第三产业的比重
22	成都	9108.9	0.102	63977	6501.1	3752.9	0.502
23	贵阳	2085.4	0.160	46137	1958.1	785.7	0.554
24	昆明	3415.3	0.128	52094	2931.5	1702.3	0.499
25	拉萨	260.1	0.124	45138	376.2	144.1	0.609
26	西安	4884.1	0.111	56871	5134.6	2548.1	0.522
27	兰州	1776.3	0.134	48799	1623.7	843.9	0.511
28	西宁	978.6	0.141	43346	9254.0	365.1	0.437
29	银川	1273.5	0.110	61684	1149.3	348.1	0.416
30	乌鲁木齐	2400.1	0.150	69364	1271.6	970.1	0.601
31	香港	16747.0	0.029	233014	5345.7	3653.1	0.929

附表 2　　31 个城市社会经济发展状况各指标标准化值

序号	城市	i_1	i_2	i_3	i_4	i_5	i_6
		GDP	GDP 增长率	人均 GDP	全社会固定资产投资	社会消费品零售总额	第三产业的比重
1	北京	0.901533	0.366412	0.279451	0.643653	1.000000	0.700018
2	天津	0.661144	0.732824	0.312406	0.870760	0.525610	0.161698
3	石家庄	0.215705	0.503817	0.037759	0.400243	0.247309	0.067290
4	太原	0.100876	0.396947	0.090470	0.128762	0.138185	0.287850
5	呼和浩特	0.114815	0.541985	0.264522	0.112261	0.121285	0.441121
6	沈阳	0.323239	0.450382	0.246655	0.597579	0.369578	0.076636
7	长春	0.222246	0.412214	0.140666	0.301609	0.221832	0.014953
8	哈尔滨	0.222602	0.458015	0.054484	0.481797	0.313959	0.261682
9	上海	1.000000	0.366412	0.263365	0.524360	0.960746	0.426912
10	南京	0.363216	0.618321	0.304180	0.486343	0.408225	0.280374

续表

序号	城市	i_1	i_2	i_3	i_4	i_5	i_6
		GDP	GDP增长率	人均 GDP	全社会固定资产投资	社会消费品零售总额	第三产业的比重
11	杭州	0.378758	0.389313	0.286424	0.386705	0.411505	0.252336
12	合肥	0.206770	0.656489	0.116282	0.430879	0.162398	0.000000
13	福州	0.207032	0.656489	0.127542	0.343963	0.308298	0.119626
14	南昌	0.142723	0.595420	0.132378	0.252014	0.136788	0.007477
15	济南	0.232882	0.511450	0.184121	0.225008	0.302491	0.297196
16	郑州	0.278412	0.541985	0.149861	0.411115	0.296720	0.041121
17	武汉	0.411923	0.541985	0.255492	0.559592	0.453712	0.155140
18	长沙	0.322981	0.694656	0.312215	0.419480	0.322913	0.026168
19	广州	0.710338	0.664122	0.413691	0.405674	0.818710	0.471028
20	南宁	0.119178	0.564885	0.000000	0.208765	0.158753	0.158879
21	重庆	0.580857	0.717557	0.019591	1.000000	0.541332	0.041121
22	成都	0.414622	0.557252	0.128765	0.609237	0.438440	0.201869
23	贵阳	0.085530	1.000000	0.036817	0.157350	0.077949	0.299065
24	昆明	0.147844	0.755725	0.067519	0.254173	0.189309	0.196262
25	拉萨	0.000000	0.725191	0.031671	0.000000	0.000000	0.401869
26	西安	0.216666	0.625954	0.092141	0.473313	0.292054	0.239252
27	兰州	0.071047	0.801527	0.050538	0.124087	0.085020	0.218692
28	西宁	0.033671	0.854962	0.022431	0.883064	0.026850	0.080374
29	银川	0.047488	0.541985	0.116947	0.076870	0.024784	0.041121
30	乌鲁木齐	0.100271	0.923664	0.156531	0.089064	0.100352	0.386916
31	香港	0.772511	0.000000	1.000000	0.037420	0.426303	1.000000

附表 3　　31 个城市工商业发展状况各指标原始数据

序号	城市	i_7	i_8	i_9	i_{10}
		工业增加值（亿元）	非国有工业企业数规模以上（户）	批发零售贸易业总额限额以上（亿元）	制造业总额（亿元）
1	北京	3536.9	3584	52383	10954.5
2	天津	6678.6	4767	23284	19569.5

续表

序号	城市	i_7	i_8	i_9	i_{10}
		工业增加值（亿元）	非国有工业企业数规模以上（户）	批发零售贸易业总额限额以上（亿元）	制造业总额（亿元）
3	石家庄	1955.4	2350	1865	6968.0
4	太原	772.1	352	4022	2412.8
5	呼和浩特	690.1	256	904	1643.1
6	沈阳	3348.6	3959	8151	12879.2
7	长春	2103.3	1046	1452	5842.5
8	哈尔滨	1191.9	990	1990	3505.6
9	上海	7236.7	9607	47751.5	29703.5
10	南京	2997.6	2520	9836	9669.7
11	杭州	3246.7	5871	13240	10145.9
12	合肥	1907.4	2274	3500	5934.1
13	福州	1654.5	2038	2789	3982.6
14	南昌	1398.6	979	1549	3330.2
15	济南	1690.6	1595	3394	5413.0
16	郑州	3101.4	2644	3247	10015.2
17	武汉	3645.3	2018	9032	10677.5
18	长沙	3352.3	2086	2934	10435.8
19	广州	4754.9	4298	22251	14701.0
20	南宁	820.6	341	1923	2315.1
21	重庆	5249.7	4512	8234	11669.8
22	成都	3493.1	3106	6286	10448.1
23	贵阳	608.3	626	1215	1339.0
24	昆明	1100.1	814	3693	3104.7
25	拉萨	32	42	38	70.6
26	西安	1484.6	900	3674	4062.9
27	兰州	614.5	254	2120	1263.1
28	西宁	440.8	175	953	1372.3
29	银川	530.4	314	807	1635.3
30	乌鲁木齐	794	348	3218	1787.3
31	香港	—	—	—	—

附表 4　　31 个城市工商业发展状况各指标标准化值

序号	城市	i_7 工业增加值	i_8 非国有工业企业数规模以上	i_9 批发零售贸易业总额限额以上	i_{10} 制造业总额
1	北京	0. 486474	0. 370308	1. 000000	0. 367292
2	天津	0. 922537	0. 493988	0. 444092	0. 658016
3	石家庄	0. 266965	0. 241296	0. 034903	0. 232763
4	太原	0. 102725	0. 032410	0. 076110	0. 079042
5	呼和浩特	0. 091343	0. 022373	0. 016544	0. 053067
6	沈阳	0. 460338	0. 409514	0. 154991	0. 432244
7	长春	0. 287493	0. 104966	0. 027013	0. 194781
8	哈尔滨	0. 160992	0. 099111	0. 037291	0. 115919
9	上海	1. 000000	1. 000000	0. 911520	1. 000000
10	南京	0. 411620	0. 259070	0. 187181	0. 323934
11	杭州	0. 446195	0. 609409	0. 252211	0. 340006
12	合肥	0. 260302	0. 233351	0. 066138	0. 197873
13	福州	0. 225200	0. 208677	0. 052555	0. 132017
14	南昌	0. 189682	0. 097961	0. 028866	0. 110000
15	济南	0. 230211	0. 162363	0. 064113	0. 180288
16	郑州	0. 426027	0. 272033	0. 061305	0. 335593
17	武汉	0. 501520	0. 206587	0. 171822	0. 357944
18	长沙	0. 460852	0. 213696	0. 055325	0. 349789
19	广州	0. 655530	0. 444956	0. 424358	0. 493723
20	南宁	0. 109456	0. 031260	0. 036011	0. 075746
21	重庆	0. 724208	0. 467329	0. 156577	0. 391431
22	成都	0. 480395	0. 320335	0. 119362	0. 350201
23	贵阳	0. 079989	0. 061056	0. 022485	0. 042804
24	昆明	0. 148250	0. 080711	0. 069825	0. 102392
25	拉萨	0. 000000	0. 000000	0. 000000	0. 000000
26	西安	0. 201618	0. 089702	0. 069462	0. 134728
27	兰州	0. 080850	0. 022164	0. 039775	0. 040244
28	西宁	0. 056741	0. 013905	0. 017480	0. 043928
29	银川	0. 069177	0. 028437	0. 014691	0. 052805
30	乌鲁木齐	0. 105764	0. 031992	0. 060751	0. 057936
31	香港	—	—	—	—

附表 5　　31 个城市对外贸易发展状况各指标原始数据

		i_{11}	i_{12}	i_{13}
序号	城市	实际利用外资额（亿美元）	进出口贸易总额（亿美元）	外商投资企业数（户）
1	北京	85.2	4291.3	4334
2	天津	168.3	1285.1	3975
3	石家庄	9.8	140	498
4	太原	9.44	91.6	354
5	呼和浩特	8.8	16	140
6	沈阳	58	143.3	1980
7	长春	44.4	204	1658
8	哈尔滨	22.62	65.4	2236
9	上海	167.8	4412.2	5875
10	南京	40.33	557.6	2075
11	杭州	52.76	650.7	2423
12	合肥	18.67	181.9	1336
13	福州	14.3	314.3	2455
14	南昌	29.6	97.2	853
15	济南	13.2	95.7	843
16	郑州	33.2	427.5	564
17	武汉	52.5	1350.4	434
18	长沙	34	98.9	435
19	广州	48	1188.9	4322
20	南宁	5.8	44.2	837
21	重庆	106	687	453
22	成都	87.6	505.8	226
23	贵阳	6.3	63.2	243
24	昆明	18	174.2	232
25	拉萨	2	30	13
26	西安	31.3	179.8	424
27	兰州	0.62	40.6	23
28	西宁	6.34	12.4	45
29	银川	1.3	24.1	23
30	乌鲁木齐	2.2	120	21
31	香港	746	11578	4385

附表 6　　31 个城市对外贸易发展状况各指标标准化值

序号	城市	i_{11}	i_{12}	i_{13}
		实际利用外资额	进出口贸易总额	外商投资企业数
1	北京	0. 113472	0. 369968	0. 737120
2	天津	0. 224959	0. 110042	0. 675879
3	石家庄	0. 012316	0. 011033	0. 082736
4	太原	0. 011833	0. 006848	0. 058171
5	呼和浩特	0. 010974	0. 000311	0. 021665
6	沈阳	0. 076981	0. 011318	0. 335551
7	长春	0. 058735	0. 016566	0. 280621
8	哈尔滨	0. 029515	0. 004583	0. 379222
9	上海	0. 224288	0. 380421	1. 000000
10	南京	0. 053275	0. 047140	0. 351757
11	杭州	0. 069951	0. 055190	0. 411122
12	合肥	0. 024216	0. 014656	0. 225691
13	福州	0. 018353	0. 026103	0. 416581
14	南昌	0. 038879	0. 007332	0. 143296
15	济南	0. 016877	0. 007202	0. 141590
16	郑州	0. 043709	0. 035891	0. 093995
17	武汉	0. 069602	0. 115688	0. 071818
18	长沙	0. 044783	0. 007479	0. 071989
19	广州	0. 063565	0. 101724	0. 735073
20	南宁	0. 006949	0. 002750	0. 140566
21	重庆	0. 141378	0. 058328	0. 075060
22	成都	0. 116692	0. 042661	0. 036336
23	贵阳	0. 007620	0. 004392	0. 039236
24	昆明	0. 023317	0. 013990	0. 037359
25	拉萨	0. 001851	0. 001522	0. 000000
26	西安	0. 041160	0. 014474	0. 070113
27	兰州	0. 000000	0. 002438	0. 001706
28	西宁	0. 007674	0. 000000	0. 005459
29	银川	0. 000912	0. 001012	0. 001706
30	乌鲁木齐	0. 002120	0. 009303	0. 001365
31	香港	1. 000000	1. 000000	0. 928218

附表 7　　　　31 个城市物流基础设施各指标原始数据

序号	城市	i_{15}	i_{16}	i_{17}	i_{18}
		物流园区数量（个）	物流园区数量密度（个/市域万平方公里）	物流园区面积规划（平方公里）	物流园区面积密度规划（平方公里/市域百平方公里）
1	北京	4	2.439	20.950	0.128
2	天津	12	10.084	56.380	0.474
3	石家庄	4	1.977	65.500	0.324
4	太原	5	7.246	2.720	0.039
5	呼和浩特	6	3.488	14.460	0.084
6	沈阳	7	5.385	56.000	0.431
7	长春	6	2.927	89.000	0.434
8	哈尔滨	3	0.564	8.520	0.016
9	上海	5	7.937	38.370	0.609
10	南京	6	9.091	26.770	0.406
11	杭州	3	1.807	12.220	0.074
12	合肥	4	3.478	56.140	0.488
13	福州	6	5	21.800	0.182
14	南昌	2	2.740	27.200	0.373
15	济南	3	3.659	4.600	0.056
16	郑州	5	6.667	62.100	0.828
17	武汉	6	7.059	63.720	0.750
18	长沙	4	3.390	14.460	0.123
19	广州	8	10.811	73.530	0.994
20	南宁	4	1.818	47.200	0.215
21	重庆	3	0.366	79.330	0.097
22	成都	4	3.306	10.270	0.085
23	贵阳	3	3.75	5.550	0.069
24	昆明	8	3.721	105.500	0.491
25	拉萨	1	0.315	0.600	0.002
26	西安	3	2.970	20.910	0.207
27	兰州	6	4.615	23.430	0.180
28	西宁	3	3.896	11.170	0.145
29	银川	6	6.742	8.790	0.099
30	乌鲁木齐	5	3.623	16.090	0.117
31	香港	—	—	—	—

附表 8　　**31 个城市物流基础设施各指标标准化值**

序号	城市	i_{15}	i_{16}	i_{17}	i_{18}
		物流园区数量	物流园区数量密度	物流园区面积	物流园区面积密度规划
1	北京	0. 272727	0. 202334	0. 193994	0. 126897
2	天津	1. 000000	0. 930752	0. 531745	0. 475811
3	石家庄	0. 272727	0. 158291	0. 618684	0. 324479
4	太原	0. 363636	0. 660380	0. 020210	0. 037839
5	呼和浩特	0. 454545	0. 302316	0. 132126	0. 082860
6	沈阳	0. 545455	0. 482991	0. 528122	0. 432442
7	长春	0. 454545	0. 248812	0. 842707	0. 435847
8	哈尔滨	0. 181818	0. 023673	0. 075500	0. 014240
9	上海	0. 363636	0. 726136	0. 360057	0. 612202
10	南京	0. 454545	0. 836127	0. 249476	0. 407069
11	杭州	0. 181818	0. 142136	0. 110772	0. 072318
12	合肥	0. 272727	0. 301353	0. 529457	0. 490323
13	福州	0. 454545	0. 446344	0. 202097	0. 181268
14	南昌	0. 090909	0. 230985	0. 253575	0. 373792
15	济南	0. 181818	0. 318529	0. 038132	0. 054655
16	郑州	0. 363636	0. 605145	0. 586273	0. 832974
17	武汉	0. 454545	0. 642510	0. 601716	0. 753970
18	长沙	0. 272727	0. 292927	0. 132126	0. 121653
19	广州	0. 636364	1. 000000	0. 695234	1. 000000
20	南宁	0. 272727	0. 143180	0. 444233	0. 214420
21	重庆	0. 181818	0. 004802	0. 750524	0. 095640
22	成都	0. 272727	0. 284919	0. 092183	0. 083673
23	贵阳	0. 181818	0. 327244	0. 047188	0. 068043
24	昆明	0. 636364	0. 324474	1. 000000	0. 492868
25	拉萨	0. 000000	0. 000000	0. 000000	0. 000000
26	西安	0. 181818	0. 252954	0. 193613	0. 206842
27	兰州	0. 454545	0. 409698	0. 217636	0. 179820
28	西宁	0. 181818	0. 341165	0. 100763	0. 144362
29	银川	0. 454545	0. 612282	0. 078074	0. 097677
30	乌鲁木齐	0. 363636	0. 315161	0. 147664	0. 115655
31	香港	—	—	—	—

附表 9　　31 个城市交通设施各指标原始数据（1）

序号	城市	i_{24} 货物运输港站的吞吐量（万吨）	i_{25} 全社会的货物运输量（万吨）	i_{26} 周转量（亿吨公里）
1	北京	13328.498	29536	1051.100
2	天津	58432.457	45233	3097.400
3	石家庄	6578.367	28755	432.890
4	太原	4243.467	15342	423.300
5	呼和浩特	3303.375	18278	613.300
6	沈阳	5437.174	16708	569.500
7	长春	6465.854	14368	476.985
8	哈尔滨	1643.445	12382	444.500
9	上海	78568.874	84305	14332.700
10	南京	21928.275	44052	5080.500
11	杭州	9702.774	30700	456.400
12	合肥	2269.896	39100	776.400
13	福州	12770.735	27645	659.984
14	南昌	2282.332	10534	376.700
15	济南	10111.232	26030	1368.000
16	郑州	3055.654	26653	685.300
17	武汉	16723.987	44528	2556.000
18	长沙	3684.764	26145	301.700
19	广州	51947.987	89300	6662.500
20	南宁	1800.743	33594	870.343
21	重庆	1617.567	87241	2298.900
22	成都	814.957	39569	325.200
23	贵阳	1526.716	21281	658.689
24	昆明	2329.384	16725	255.600
25	拉萨	536.127	3547	31.987
26	西安	875.880	50118	647.100
27	兰州	1008.217	9671	89.054
28	西宁	493．854	3273	226.500
29	银川	491.906	15277	224.000
30	乌鲁木齐	2085.363	18218	342.900
31	香港	28017.864	30753	14739.55

附表 10　　31 个城市交通设施各指标标准化值（1）

序号	城市	i_{24}	i_{25}	i_{26}
		货物运输港站的吞吐量	全社会的货物运输量	周转量
1	北京	0. 096669	0. 261255	0. 058623
2	天津	0. 436334	0. 487754	0. 203662
3	石家庄	0. 045835	0. 296209	0. 015877
4	太原	0. 028252	0. 140293	0. 014126
5	呼和浩特	0. 021172	0. 174422	0. 027593
6	沈阳	0. 037241	0. 156172	0. 024488
7	长春	0. 044988	0. 038046	0. 015877
8	哈尔滨	0. 008672	0. 105885	0. 015629
9	上海	0. 587975	0. 941937	1. 000000
10	南京	0. 161431	0. 474026	0. 344220
11	杭州	0. 069364	0. 318819	0. 016472
12	合肥	0. 013390	0. 416462	0. 039153
13	福州	0. 092468	0. 038046	0. 015877
14	南昌	0. 013483	0. 084404	0. 010823
15	济南	0. 072440	0. 264533	0. 081085
16	郑州	0. 019307	0. 271775	0. 032696
17	武汉	0. 122239	0. 479559	0. 165288
18	长沙	0. 024044	0. 265870	0. 005507
19	广州	0. 387501	1. 000000	0. 456350
20	南宁	0. 009856	0. 352459	0. 015877
21	重庆	0. 008477	0. 976066	0. 147065
22	成都	0. 002433	0. 421914	0. 007173
23	贵阳	0. 007793	0. 209330	0. 015877
24	昆明	0. 013838	0. 156370	0. 002240
25	拉萨	0. 000333	0. 038046	0. 015877
26	西安	0. 002892	0. 544538	0. 029989
27	兰州	0. 003888	0. 074372	0. 015877
28	西宁	0. 000015	0. 000000	0. 000177
29	银川	0. 000000	0. 139538	0. 000000
30	乌鲁木齐	0. 012000	0. 173725	0. 008427
31	香港	0. 207290	0. 319435	0. 015877

附表 11　　31 个城市交通设施各指标原始数据（2）

序号	城市	i_{27}	i_{28}	i_{29}	i_{30}
		高速公路网密度（公里/万平方公里）	铁路网密度（公里/万平方公里）	航空航线网络密度（条）	航运航线网络密度（公里/万平方公里）
1	北京	562.805	778.232	167	—
2	天津	926.891	709.244	98	740.353
3	石家庄	235.730	399.858	76	—
4	太原	417.391	497.634	69	—
5	呼和浩特	387.907	168.000	66	—
6	沈阳	389.375	364.964	76	—
7	长春	345.908	387.984	75	—
8	哈尔滨	375.961	465.634	79	—
9	上海	1293.651	739.524	124	3600.000
10	南京	768.200	534.856	86	653.234
11	杭州	331.325	465.980	87	45.356
12	合肥	385.220	427.987	74	43.896
13	福州	406.750	476.231	81	23.567
14	南昌	468.493	387.976	76	55.732
15	济南	432.927	412.735	79	—
16	郑州	600.000	583.987	78	—
17	武汉	726.353	452.967	81	643.426
18	长沙	501.695	412.479	78	576.246
19	广州	1089.200	2233.800	130	1155.400
20	南宁	395.907	354.875	75	434.256
21	重庆	280.583	203.883	73	525.607
22	成都	489.256	287.985	109	234.987
23	贵阳	365.675	2665.867	67	23.546
24	昆明	238.140	274.921	65	543.542
25	拉萨	11.861	56.906	56	—
26	西安	266.337	460.396	79	—
27	兰州	245.976	290.418	54	254.899
28	西宁	2976.465	310.491	53	—
29	银川	145.867	287.546	57	—
30	乌鲁木齐	139.130	187.766	45	—
31	香港	934.909	786.098	180	4655.654

附表 12　　31 个城市交通设施各指标标准化值（2）

序号	城市	i_{27} 高速公路网密度	i_{28} 铁路网密度	i_{29} 航空航线网络密度	i_{30} 航运航线网络密度
1	北京	0.429824	0.948771	0.903704	0.000000
2	天津	0.713869	1.000000	0.392593	0.042121
3	石家庄	0.174653	0.336797	0.229630	0.000000
4	太原	0.316378	0.336797	0.177778	0.000000
5	呼和浩特	0.009254	0.059276	0.155556	0.000000
6	沈阳	0.009254	0.336797	0.229630	0.000000
7	长春	0.009254	0.336797	0.222222	0.000000
8	哈尔滨	0.009254	0.336797	0.251852	0.000000
9	上海	1.000000	0.884829	0.585185	1.000000
10	南京	0.590065	0.336797	0.303704	0.181453
11	杭州	0.249233	0.336797	0.311111	0.012598
12	合肥	0.291279	0.336797	0.214815	0.011326
13	福州	0.308076	0.336797	0.266667	0.007699
14	南昌	0.356246	0.336797	0.229630	0.015418
15	济南	0.328498	0.336797	0.251852	0.000000
16	郑州	0.458842	0.336797	0.244444	0.000000
17	武汉	0.557417	0.336797	0.266667	0.178659
18	长沙	0.382148	0.336797	0.244444	0.168068
19	广州	0.840496	3.353237	0.629630	0.320944
20	南宁	0.009254	0.336797	0.222222	0.120626
21	重庆	0.209645	0.000000	0.207407	0.146986
22	成都	0.372444	0.336797	0.474074	0.065274
23	贵阳	0.009254	0.336797	0.162963	0.006541
24	昆明	0.176533	0.336797	0.148148	0.150984
25	拉萨	0.000000	0.336797	0.081481	0.000000
26	西安	0.198531	0.423735	0.251852	0.000000
27	兰州	0.009254	0.336797	0.066667	0.070805
28	西宁	0.009254	0.336797	0.059259	0.000000
29	银川	0.009254	0.336797	0.088889	0.000000
30	乌鲁木齐	0.099290	0.336797	0.000000	0.000000
31	香港	0.009254	0.336797	1.000000	1.293237

附表 13　　31 个城市地区政策原始数据

序号	城市	i_{33}	i_{34}	i_{35}	i_{36}
		地区行政级别	地区口岸级别	是否区域交通枢纽规划城市	是否享有特殊扶持政策
1	北京	3	6	1	0
2	天津	3	4	1	0
3	石家庄	1	3	1	1
4	太原	1	2	1	1
5	呼和浩特	2	2	1	1
6	沈阳	1	2	1	1
7	长春	1	2	1	0
8	哈尔滨	1	4	1	1
9	上海	3	6	1	0
10	南京	2	4	1	0
11	杭州	1	2	1	0
12	合肥	1	2	1	1
13	福州	2	5	1	0
14	南昌	1	3	1	0
15	济南	1	2	1	0
16	郑州	1	4	1	0
17	武汉	1	4	1	0
18	长沙	1	2	1	0
19	广州	2	12	1	0
20	南宁	2	2	1	1
21	重庆	3	4	1	0
22	成都	2	4	1	0
23	贵阳	2	2	1	0
24	昆明	2	2	1	1
25	拉萨	2	2	1	1
26	西安	2	2	1	0
27	兰州	2	2	1	1
28	西宁	2	2	1	1
29	银川	2	3	1	0
30	乌鲁木齐	2	2	1	1
31	香港	3	12	0	0

附表 14　　31个城市地区政策标准化值

序号	城市	i_{33}	i_{34}	i_{35}	i_{36}
		地区行政级别	地区口岸级别	是否区域交通枢纽规划城市	是否享有特殊扶持政策
1	北京	1.000000	0.400000	1.000000	0.000000
2	天津	1.000000	0.200000	1.000000	0.000000
3	石家庄	0.000000	0.100000	1.000000	1.000000
4	太原	0.000000	0.000000	1.000000	1.000000
5	呼和浩特	0.500000	0.000000	1.000000	1.000000
6	沈阳	0.000000	0.000000	1.000000	1.000000
7	长春	0.000000	0.000000	1.000000	0.000000
8	哈尔滨	0.000000	0.200000	1.000000	1.000000
9	上海	1.000000	0.400000	1.000000	0.000000
10	南京	0.500000	0.200000	1.000000	0.000000
11	杭州	0.000000	0.000000	1.000000	0.000000
12	合肥	0.000000	0.000000	1.000000	1.000000
13	福州	0.500000	0.300000	1.000000	0.000000
14	南昌	0.000000	0.100000	1.000000	0.000000
15	济南	0.000000	0.000000	1.000000	0.000000
16	郑州	0.000000	0.200000	1.000000	0.000000
17	武汉	0.000000	0.200000	1.000000	0.000000
18	长沙	0.000000	0.000000	1.000000	0.000000
19	广州	0.500000	1.000000	1.000000	0.000000
20	南宁	0.500000	0.000000	1.000000	1.000000
21	重庆	1.000000	0.200000	1.000000	0.000000
22	成都	0.500000	0.200000	1.000000	0.000000
23	贵阳	0.500000	0.000000	1.000000	0.000000
24	昆明	0.500000	0.000000	1.000000	1.000000
25	拉萨	0.500000	0.000000	1.000000	1.000000
26	西安	0.500000	0.000000	1.000000	0.000000
27	兰州	0.500000	0.000000	1.000000	1.000000
28	西宁	0.500000	0.000000	1.000000	1.000000
29	银川	0.500000	0.100000	1.000000	0.000000
30	乌鲁木齐	0.500000	0.000000	1.000000	1.000000
31	香港	1.000000	1.000000	0.000000	0.000000

	i_1	i_2	i_3	i_4	i_5	i_6	i_7	i_8	i_9	i_{10}	i_{11}	i_{12}	i_{13}
i_2	-0.0249												
i_3	0.3345	0.3757											
i_4	0.9196	0.0664	0.5708										
i_5	0.7887	0.0008	0.3975	0.9572									
i_6	0.6754	0.0087	0.0081	0.4640	0.7432								
i_7	0.8991	0.0799	0.4537	0.9385	0.9332	0.4357							
i_8	0.9396	0.1024	0.3989	0.9102	0.9434	0.7046	0.9345						
i_9	0.8586	0.0109	0.4419	0.6774	0.9812	0.9452	0.9337	0.6778					
i_{10}	0.8719	0.0023	0.1528	0.7317	0.6577	0.7835	0.7837	0.8098	0.7643				
i_{11}	0.7778	0.1951	0.5911	0.8895	0.7976	0.8619	0.8451	0.8534	0.8835	0.4978			
i_{12}	0.7081	0.1429	0.4738	0.8389	0.1321	0.8046	0.8055	0.7986	0.8542	0.4432	0.6867		
i_{13}	-0.1638	0.5205	0.0019	-0.1445	0.7687	-0.1065	-0.1021	-0.1753	-0.1325	-0.1576	0.9654	0.6231	
i_{15}	0.7765	0.0975	0.7538	0.8754	0.2132	0.8532	0.7543	0.7754	0.7851	0.8654	0.3498	0.2313	0.6656
i_{16}	0.7895	0.0648	0.7653	0.8233	0.2414	0.9076	0.7143	0.7536	0.7653	0.8435	0.3267	0.2543	0.4532
i_{17}	0.7635	0.0324	0.7479	0.8636	0.2421	0.8907	0.7534	0.7967	0.7896	0.8594	0.2145	0.1232	0.4321
i_{18}	0.7862	0.0354	0.7844	0.8232	0.2415	0.8923	0.7432	0.7853	0.7789	0.8354	0.1254	0.1325	0.5642
i_{24}	0.6754	0.2158	0.7964	0.7547	0.6523	0.7886	0.7278	0.7954	0.7985	0.7463	0.7213	0.7523	-0.0118
i_{25}	0.8225	0.3258	0.1965	0.7643	0.7868	0.7854	0.7242	0.7375	0.6792	0.7863	0.5213	0.6632	-0.2704
i_{26}	0.4532	0.2326	0.5425	0.3214	0.2342	0.5648	0.4543	0.5432	0.5857	0.6843	0.3241	0.3241	0.0945
i_{27}	0.4186	0.2132	0.7635	0.5975	0.5325	0.4532	0.4343	0.4563	0.4653	0.3429	0.5213	0.5121	-0.1732
i_{28}	0.0867	0.3065	0.7191	0.3503	0.5065	0.3664	0.1633	0.1423	0.1645	0.1341	0.1643	0.1426	0.1431
i_{29}	0.1423	0.2530	0.6941	0.1423	0.1654	0.1326	0.0853	0.1218	0.1263	0.1325	0.2141	0.3521	0.2431
i_{30}	0.0975	0.1423	0.5329	0.1767	0.0968	0.1538	0.0152	0.1325	0.1643	0.0966	0.2164	0.5652	0.4573
i_{33}	-0.0324	0.3714	0.5552	0.1810	0.4421	0.0843	0.0754	0.0032	0.0143	0.0953	0.2132	0.2531	0.1121
i_{34}	0.4556	0.1135	0.5045	0.4807	0.0021	0.5234	0.4325	0.4532	0.4574	0.2476	0.4621	0.4621	0.0706
i_{35}	0.8313	0.4323	0.1735	0.7423	0.5454	0.8245	0.8067	0.8321	0.8532	0.5764	0.7543	0.7341	-0.1667
i_{36}	-0.6421	-0.0541	-0.4562	-0.6654	-0.6321	-0.5939	-0.6075	-0.6654	-0.6743	-0.5976	-0.4653	-0.3654	0.1374

	i_{15}	i_{16}	i_{17}	i_{18}	i_{24}	i_{25}	i_{26}	i_{27}	i_{28}	i_{29}	i_{30}	i_{33}	i_{34}	i_{35}
i_{16}	0.9712													
i_{17}	0.0422	0.4531												
i_{18}	0.0865	0.4621	0.9691											
i_{24}	0.0034	0.7842	0.7832	0.7745										
i_{25}	-0.1276	0.7984	0.5421	0.7986	0.9567									
i_{26}	0.0043	0.5421	0.4685	0.6754	0.6453	0.6215								
i_{27}	0.1264	0.6842	0.4353	0.6754	0.6658	0.6432	0.6247							
i_{28}	0.1423	0.1344	0.1864	0.4767	0.5422	0.2542	0.2141	0.2434						
i_{29}	0.2649	0.2134	0.2765	0.5163	0.5462	0.4553	0.2142	0.3421	0.2131					
i_{30}	0.3532	0.2657	0.2754	0.5632	0.6527	0.5422	0.2643	0.3564	0.3235	0.2141				
i_{33}	0.0242	0.7486	0.6843	0.5678	0.5764	0.6532	0.6258	0.6428	0.6342	0.6521	0.6753			
i_{34}	0.0675	0.8943	0.8943	0.8453	0.8479	0.8976	0.8453	0.6065	0.7125	0.9043	0.7904	0.4954		
i_{35}	-0.1655	0.9436	0.9042	0.8764	0.8675	0.8976	0.8674	0.8965	0.8014	0.8721	0.7084	0.5012	0.4674	
i_{36}	-0.1542	-0.4351	-0.5631	-0.5464	-0.5865	-0.6787	-0.6575	-0.6432	-0.4543	-0.6231	-0.6437	-0.4531	-0.6539	-0.6743

附图　指标之间的相关系数矩阵